本书是国家社会科学基金项目"中国模式的哲学研究"的最终结题成果,并获得重庆三峡学院"马克思主义与当代中国发展问题研究"创新团队研究基金的资助

"中国模式"的哲学研究

詹宏伟 主编

中国社会科学出版社

图书在版编目(CIP)数据

"中国模式"的哲学研究/詹宏伟主编 .—北京：中国社会科学出版社，2016.8
ISBN 978-7-5161-9214-6

Ⅰ.①中… Ⅱ.①詹… Ⅲ.①中国特色社会主义—社会主义建设模式—研究 Ⅳ.①D616

中国版本图书馆CIP数据核字(2016)第266499号

出 版 人	赵剑英
责任编辑	田　文
特约编辑	陈　琳
责任校对	张爱华
责任印制	王　超

出　　版	中国社会科学出版社
社　　址	北京鼓楼西大街甲158号
邮　　编	100720
网　　址	http://www.csspw.cn
发 行 部	010-84083685
门 市 部	010-84029450
经　　销	新华书店及其他书店
印　　刷	北京明恒达印务有限公司
装　　订	廊坊市广阳区广增装订厂
版　　次	2016年8月第1版
印　　次	2016年8月第1次印刷
开　　本	710×1000　1/16
印　　张	15.75
插　　页	2
字　　数	227千字
定　　价	59.00元

凡购买中国社会科学出版社图书，如有质量问题请与本社营销中心联系调换
电话：010-84083683
版权所有　侵权必究

目　　录

导论　为"中国模式"理论命题辩护……………………（1）

第一章　"中国模式"研究述评与概念界定……………（11）
　一　国内外学界关于"中国模式"研究的综述…………（11）
　　（一）国外学者对"中国模式"的研究现状…………（11）
　　（二）国内学界对"中国模式"的研究现状…………（17）
　二　"中国模式"的指称问题……………………………（29）
　三　"中国模式"的多维内涵……………………………（30）
　　（一）"中国模式"的经济之维…………………………（32）
　　（二）"中国模式"的政治之维…………………………（33）
　　（三）"中国模式"的社会之维…………………………（34）
　　（四）"中国模式"的文化之维…………………………（34）
　　（五）"中国模式"的生态之维…………………………（36）
　四　"中国模式"内涵的总体概括………………………（36）

第二章　"中国模式"与马克思主义哲学（上）
　　　　——"中国模式"的辩证唯物主义蕴含……………（38）
　一　"中国模式"蕴含的马克思主义世界观……………（38）
　　（一）"中国模式"体现了实践第一的哲学理念………（38）
　　（二）"中国模式"体现了遵循客观规律与发挥主观
　　　　　能动性的辩证统一的哲学理念…………………（40）

(三)"中国模式"体现了物质世界是多样性统一的
　　　　哲学理念 …………………………………………… (42)
二　"中国模式"蕴含的马克思主义价值观 ……………… (43)
　　(一)"中国模式"以人为本的价值诉求体现了价值目的
　　　　和价值创造的统一 ………………………………… (45)
　　(二)"中国模式"以人为本的价值选择体现了
　　　　个体价值和整体价值的统一 ……………………… (46)
　　(三)"中国模式"以人为本的价值目标体现了理想和
　　　　现实的辩证统一 …………………………………… (47)
三　"中国模式"蕴含的马克思主义方法论 ……………… (49)
　　(一)"中国模式"蕴含了理论联系实际的科学方法 …… (49)
　　(二)"中国模式"蕴含了统筹协调的科学方法 ………… (50)
　　(三)"中国模式"蕴含了循序渐进的科学方法 ………… (52)
四　"中国模式"蕴含的马克思主义辩证法 ……………… (54)
　　(一)从"中国模式"的产生形成看,体现了理论性和
　　　　实践性的辩证统一 ………………………………… (54)
　　(二)从"中国模式"的基本特征看,体现了普遍性和
　　　　特殊性的辩证统一 ………………………………… (56)
　　(三)从"中国模式"的探索方式看,体现了开放性和
　　　　批判性的辩证统一 ………………………………… (58)
　　(四)从"中国模式"追求的目标看,体现了科学性和
　　　　价值性的辩证统一 ………………………………… (60)

第三章　"中国模式"与马克思主义哲学(下)
　　——"中国模式"对唯物史观的运用和创新 ………… (63)
一　"中国模式"对唯物史观的运用 ……………………… (63)
　　(一)对生产关系一定要适合生产力状况
　　　　规律的运用 ………………………………………… (63)
　　(二)对上层建筑一定要适合经济基础状况
　　　　规律的运用 ………………………………………… (71)

（三）对马克思主义人民主体论的运用 ……………………（77）
　二 "中国模式"对唯物史观的创新 ………………………………（83）
　　（一）对经典马克思主义社会革命理论的创新 ……………（84）
　　（二）对人民主体论的发展 …………………………………（87）
　　（三）重新认识资本主义、社会主义及两者的关系 ………（90）
　　（四）对马克思主义生态文明思想的深化和发展 …………（93）

第四章 "中国模式"与社会主义观 ………………………………（98）
　一 社会主义观演变史 …………………………………………（98）
　　（一）空想社会主义者的社会主义观 ………………………（98）
　　（二）马克思恩格斯的科学社会主义观 ……………………（100）
　　（三）列宁、斯大林及苏联社会主义观 ……………………（103）
　　（四）毛泽东的社会主义观 …………………………………（110）
　　（五）中国特色社会主义的社会主义观 ……………………（112）
　　（六）社会主义观历史演进的哲学启示 ……………………（123）
　二 "中国模式"与社会主义观的创新 ………………………（127）
　　（一）继续深化对社会主义认识 ……………………………（127）
　　（二）生产力论与共同富裕论的辩证统一 …………………（131）
　　（三）社会主义与市场经济相结合的哲学蕴含 ……………（133）
　　（四）社会和谐与社会主义的本质 …………………………（135）
　　（五）精神文明建设与社会主义核心价值观的
　　　　　建立 ………………………………………………………（138）
　　（六）社会主义观发展展望 …………………………………（140）

第五章 "中国模式"与新型现代性 ………………………………（145）
　一 现代性问题概述 ……………………………………………（145）
　　（一）"现代性"内涵 ………………………………………（145）
　　（二）现代性与现代化的关系 ………………………………（147）
　　（三）现代性的特征 …………………………………………（148）
　　（四）传统现代性的弊端 ……………………………………（152）

（五）后现代主义的兴起及其对现代性的批判 ……… (153)
二　"中国特色现代化模式"蕴含的新型
　　现代性分析 ……………………………………… (158)
　　（一）中国特色社会主义现代化模式探索的历程 …… (159)
　　（二）"中国特色现代化模式"建构的原则和
　　　　　指导思想 ………………………………………… (160)
三　"中国模式"新型社会主义现代性的特点 ………… (174)
　　（一）把现代化、社会主义和中国特色统一起来，是具有
　　　　　中国特色的社会主义现代性，与资本主义的
　　　　　现代性有本质的区别 …………………………… (174)
　　（二）在经济方面，开辟了中国经济的市场化道路，
　　　　　初步构建了中国经济的现代化 ………………… (176)
　　（三）在政治方面，确立了中国政治民主化目标，
　　　　　初步建构了中国政治的现代化 ………………… (176)
　　（四）实行对外开放，吸收发达国家先进的
　　　　　技术成果 ………………………………………… (182)
　　（五）强调人的现代化，确立了人的主体性地位，
　　　　　形成了以人为本的价值追求 …………………… (182)
　　（六）在社会发展战略上选择科学发展的
　　　　　价值取向 ………………………………………… (183)

第六章　"中国模式"与中国传统哲学 …………………… (185)
　一　中国传统哲学主体思想与"中国模式"概述 ……… (185)
　二　"中国模式"的中国传统哲学底蕴 ………………… (189)
　三　"中国模式"推动中国传统哲学的现代转型 ……… (202)
　　（一）从小农思维转向现代思维 ………………………… (204)
　　（二）从经验思维转向理性思维 ………………………… (206)
　　（三）从人治思维走向法治思维 ………………………… (210)
　　（四）从朴素辩证法转向科学辩证法 …………………… (213)

第七章　完善和发展"中国模式"的哲学思考 (218)
一　"中国模式"转型的实质 (218)
（一）温饱型向全面小康建设阶段的转变 (218)
（二）增长主义发展模式向科学发展模式转变 (220)
（三）以"缩差共富"为转型目标 (223)
二　对"中国模式"转型方向的思考 (225)
三　"中国模式"转型的根本指导与根本方法 (227)
（一）科学发展观是转型的根本指导思想 (227)
（二）实事求是：转型的根本方法论 (229)
（三）群众路线是社会模式转型的根本工作方法 (231)
四　"中国模式"转型的策略与重点 (234)
（一）充分认识转型过程的复杂性 (234)
（二）坚持渐进式改革方略 (235)
（三）正确处理好经济改革和政治改革的关系 (236)
（四）切实转变政府职能 (236)
五　历史唯物主义视野中的"中国模式"转型 (237)
（一）利益格局调整与发展模式转型之间的关系 (238)
（二）转变发展模式需打破旧利益格局、构建新利益格局 (239)
（三）调整和转换利益格局的方法与策略 (240)

后记 (243)

导论 为"中国模式"理论命题辩护

本书界定的"中国模式"特指改革开放三十余年来，中国在改革发展过程中逐渐形成的一套关于社会主义现代化建设和发展的方式、方法与道路。"中国模式"命题的理论旨趣是，总结中国社会主义现代化建设、改革和发展的成功经验，揭示其中蕴含的规律，以指导我们更好地发展中国特色社会主义事业。但在深入研究"中国模式"之前，必须先行解决如下问题。

一 "中国模式"的提出背景

改革开放以来，中国在经济社会发展上取得了令世人惊叹的成就。改革开放以前，中国还在贫困和落后中挣扎，是世界上最贫穷的国家之一。可是，改革开放后短短三十多年，在中国共产党的领导下，中国不断改革和完善社会主义体制，推动了社会生产力的迅速发展和综合国力的快速提升，中国的国际地位也不断提高。2010年中国经济总量赶超日本，成为世界第二大经济体，中国在世界经济体系中的地位不断上升，发挥越来越重要的作用。特别值得一提的是，中国经受了各种严峻考验：20世纪90年代初国际共产主义运动遭受严重挫折，但中国的社会主义不仅经受住了严峻考验，而且不断发展壮大；当2008年美国次贷危机和金融危机袭击世界的时候，世人都在揣测中国这个市场经济的"新生儿"能否抵御这场危机的冲击时，中国却能够在经济危机的风暴中很快站稳脚跟，率先走出危机，实现经济总体回升向好，各项事业取得重要进展。

中国的发展成就、中国抗危机的能力，令世人惊叹，人们争相探讨中国的成功经验和谜底，并提出了"中国模式"这一概念。2004年5月美国高盛公司政治经济问题资深顾问乔舒亚·库珀·雷默在比照"华盛顿共识"的基础上，提出了"北京共识"，引起世界很多国家的强烈反响，"中国模式"一时成为世界瞩目的焦点，"中国模式"的概念自此以后开始流行起来。[①]

国内则在突破和摆脱苏联社会主义模式的探索中，也悄然兴起和逐渐展开了有关"中国式现代化"乃至中国特色社会主义、"中国模式"的讨论。

二 "中国模式"概念的合法性问题

但国内外有不少学者不赞成"中国模式"这一提法。其理由主要有三种：一是认为中国改革开放虽然取得了很大成绩，但不是我们有什么自己的独特模式，不过是学习和模仿西方模式的结果；二是认为我们的改革发展问题还很多，"中国模式"远没有定型，还需要不断完善，担心提出"中国模式"这一命题，有可能束缚自己，导致僵化、故步自封；三是担心国际上反华势力以此为借口，指责中国输出自己的模式，渲染"中国威胁论"。

要确立"中国模式"概念的合法性，就必须驳倒上述三种观点。

首先，第一种观点，表象是关于"中国模式"概论的合法性问题，但实质上是关于"中国模式"的自信问题。

"中国模式"的自信问题是一个前提性的问题，如果对"中国模式"没有充分的自信，甚至否定"中国模式"的存在，那就谈不上探讨"中国模式"成功秘诀的问题。

改革开放三十多年来，我国经济社会发展在取得了巨大成就的

---

① 徐崇温：《有关中国模式的若干问题》，《文汇报》2010年2月10日。

同时也伴随着不少问题。总体上如何评价这三十余年的中国改革和发展呢？概而言之，有两种极端的观点，它们虽然有分歧，但都借口问题的存在否定改革开放以来我们走出了成功的"中国模式"。一种观点以贫富差距、腐败和环境污染等问题为借口否定改革开放及其成效，主张回到过去封闭僵化的老路上去；另一种观点同样借口贫富差距、腐败和环境污染等问题，否定中国特色的社会主义现代化之路，主张照搬西方的道路和模式。具体而言，经济上主张彻底私有化和完全自由化，对公有制存在深深的偏见，也否认宏观调控和政府的必要作用；政治上主张西方式的民主政治模式，对于中国共产党领导下的多党合作制和协商民主等中国特色社会主义的民主制度颇有微词。

撇开持这两种观点的人士的政治立场和理论立场不说，他们的主要问题是在思维方式上缺乏辩证思维：第一，矛盾无时不有、无处不在，幻想只有成绩而没有问题的发展道路，是缺乏矛盾思维的表现。唯物辩证法告诉我们，不能因为改革开放三十多年出现的问题而否定成就；第二，分清矛盾的主要方面和次要方面，事物的性质由矛盾的主要方面决定。对中国改革开放以来的发展当然要进行一分为二的评价，但是只要不带偏见，客观理性地看，三十余年来，我们的成就是主要的，成就远大于缺点。因此，我们要充分肯定三十多年的改革开放及其开拓的中国特色社会主义道路，我们对这条道路要有充分的自信心。

其次，第二种观点的担心是多余的。"模式"不过是一定条件下或一定发展阶段上人们实践活动的方法或样式。人与动物不同，人的实践、行为是在观念支配下展开的，任何实践都是在一定的方式、方法、样式或模式下进行的，除非大脑神经错乱，理性无法支配行为。而且，"模式"本身会随着条件的变化而变化，随着发展阶段的推进而转型。例如，改革开放三十多年，我们的改革发展实践是有自己的模式的，而且如果承认中国改革开放三十余年来取得的巨大成就，就应该肯定这三十余年来采取的发展模式的历史合理性。当前正大力提倡和推动中国发展方式转型，实际上意味着过去曾经有效的发展模式已经不适应新的历史条件和新的发展阶段，因此，"中国模式"会进一步发展。同时，我们提出"中国模式"命题的目的不是为了孤芳自赏、自我陶醉、骄傲自满，而是为了：第一，总结自己的成功经验，获得规律性认识，以指导我们今后进一步发展；第二，骄傲而不自满，"骄傲"就是自信，对自己的理论、道路和制度充分自信，没有自信是无法立起的，也是无法战胜前进道路上的艰难险阻的。可见，"骄傲"不一定导致自满，反而可以鼓起前进道路上克服困难的勇气，从而促进中国发展更上一层楼。

最后，第三种观点是不可取的。这种观点过分把学术政治化。政治和学术还是有差别和分工的。在政治上和外交上，为了避免不必要的误解和麻烦，可以不用"中国模式"这个命题，但学者完全可以从学术的角度采用这个命题，并进行深入研究。而且，和平发展、互利共赢是"中国模式"的重要追求和重要特点，世界为什么要害怕这种发展模式呢？相反，我们从理论研究方面深入揭示"中国模式"的这一追求和特点，并加强宣传，可能会增强中国的软实力，让世界觉得中国可亲可敬。可见，我们提出并研究"中国模式"的正效应是十分巨大的。

总之，"中国模式"概念具有理论合法性，对"中国模式"进行理论研究具有重要的意义。其具体意义下面具体分析。

三　本课题的研究意义

（一）"中国模式"哲学研究的深刻性

哲学思维一个根本特点是刨根究底或追根究底，以抓住事物的深层本质，真正深刻而有效地把握事物。在研究"中国模式"过程中，我们需要借助这种哲学思维，超越或深化各门具体学科对"中国模式"的研究，揭示"中国模式"的深层本质，帮助人们深刻认识"中国模式"。

(二) 理论意义

第一,在理论上,厘清"中国模式"的双重内涵,解决概念的混乱问题;第二,彰显马克思主义哲学和中国传统优秀文化的当代价值;第三,对"中国模式"的哲学研究是促进马克思主义哲学当代化和中国化的有效途径,尤其可以促进唯物史观关于人类社会发展规律理论的深化、具体化。

(三) 实践意义

第一,坚定中国特色社会主义实践的自觉性和必胜信念;第二,发挥科学理论对实践的导向和牵引作用,从总体上结束实践的盲目性和随意性;第三,增强中国在国际上的话语权及软实力,增强中国特色社会主义的国际影响力;第四,为当代中国伟大实践提供合法性辩护;第五,为解决当代人类生存和发展问题提供哲学启示。

四 本课题研究的主要内容、基本思路、研究方法、重点难点、基本观点和创新之处

(一) 本课题研究的主要内容

主要围绕以下几个问题展开研究:第一,"中国模式"的双重内涵;第二,"中国模式"与社会主义观的更新;第三,"中国模式"与现代化观的革新;第四,"中国模式"与新型现代性的构建;第五,"中国模式"与新时代观;第六,"中国模式"的马克思主义哲学底蕴;第七,"中国模式"对唯物史观关于人类社会发展理论的深化和创新;第八,"中国模式"与中国传统文化的关系,等等。

(二) 本课题研究的基本思路

双向互动的思路:一方面,运用现有的马克思主义哲学基本思

想和优秀的中国传统哲学理念为指导，分析、解读和整合已有的实践经验和研究材料（各门具体学科对"中国模式"的研究成果），这是一种将实践经验纳入理论框架的思路；另一方面，从鲜活而丰富的实践经验及各门具体学科的研究成果中提炼出新的哲学思想，或丰富和深化已有的哲学思想，这是一种从实践经验及实证材料中提炼理论的思路，是一种从具体学科上升到哲学理念的思路。两种研究路向有机联系，双向互动，相互激励，相互促进。

（三）本课题的研究方法

第一，反思法。反思法即黑格尔所谓的"从后思考"的方法。充分占有各门具体学科的研究成果，对其进行再思考、再加工，进行哲学提炼。

第二，理论分析与事实分析相结合的方法。这一方法是理论联系实际原则的具体运用。既用马克思主义哲学指导解读"中国模式"，又从大量鲜活的实际材料中发现问题，提炼新思想和新理论。

第三，交叉融合法。本课题将哲学与经济学、政治学、社会学、教育学、历史学等学科交叉融合，其中，马克思主义哲学提供根本的方法论和思维架构，其他具体学科（经济学、政治学、历史学、教育学和社会学等）提供原材料或半成品，多维度、多学科对"中国模式"进行综合研究。

（四）本课题研究的重点难点

第一，"中国模式"与社会主义观的创新；

第二，"中国模式"与新型现代性；

第三，"中国模式"与唯物史观的深化、具体化和创新；

第四，"中国模式"与中国传统哲学。

（五）本课题研究的基本观点

第一，"中国模式"具有双重内涵：一是指中国特色的社会主义模式，主要针对苏联社会主义模式；二是中国特色的现代化模式或发展模式，主要针对西方发达国家的现代化模式；

第二，"中国模式"富有深厚的马克思主义哲学底蕴，彰显了马克思主义哲学的当代价值；

第三，"中国模式"是对唯物史观关于人类社会发展规律的深化、具体化和新发展，它揭示了当代人类社会发展的新规律和新机制。如它深化了人民群众主体论，形成了社会发展的公平发展论、和谐发展论、和平发展论等；

第四，社会主义观的变迁与"中国模式"的生成和发展之间存在着内在的关联；

第五，"中国模式"超越了传统的现代化理念，它正创造着一种新型现代性；

第六，"中国模式"富有深厚的中国传统文化底蕴，"中国模式"的成功发扬光大了中国传统文化，展示了中国优秀传统文化的当代价值。

（六）本课题研究的创新之处

第一，"中国模式"与社会主义观和现代化观之间的内在关联，学界关注或开掘不够。本课题将揭示社会主义观的革新与"中国模式"之间的内在关系，并明确提出着力研究"中国模式"与"新型现代性"这一理论命题；

第二，"中国模式"对唯物史观的深化和发展，这是一个理论富矿，远未充分开掘。本课题从人民群众主体论的当代化、公平发展论、和谐发展论、和平发展论等方面深化唯物史观关于社会发展的理论。

五 本书结构与主要内容

除导论外，本专著包括七章。第一章对"中国模式"研究现状进行了仔细的梳理，界定了"中国模式"的含义，为后面各章的研究打下基础。以下各章分别从辩证唯物主义、历史唯物主义、中国哲学、现代性理论、社会主义观等方面解读"中国模式",最后一章对"中国模式"的发展和完善问题进行了分析。

导论部分是本书的总论,主要是确立"中国模式"概念的合法性,指出本课题研究的重要意义,为本课题的研究提供前提条件。

第一章梳理了"中国模式"的研究现状,并界定了"中国模式"概念的含义。这一章也是本课题后面研究的前提条件。本章详细梳理了国内外关于"中国模式"的研究现状,介绍了关于"中国模式"含义的各种争论,并从经济、政治、社会、文化等方面,揭示了"中国模式"的多维内涵,最后归纳总结,从总体上规定了"中国模式"的含义:"中国模式"概念具有双重内涵:一是指中国特色的社会主义模式,主要区别于苏联模式的社会主义;二是指中国特色的现代化模式,主要区别于西方现代化模式。一句话,本课题指称的"中国模式",指在改革开放的实践过程中,我国逐渐形成的具有中国特色的社会主义模式和具有中特色的现代化模式,即具有中国特色的社会主义现代化模式。

第二章深入、全面地揭示了蕴含在"中国模式"之中的辩证唯物主义的科学的世界观和方法论。主要如下:"中国模式"体现了实践第一的哲学理念;"中国模式"体现了遵循客观规律与发挥主观能动性的辩证统一的哲学理念;"中国模式"体现了物质世界是多样性统一的哲学理念;"中国模式"以人为本的价值诉求体现了价值目的和价值创造的统一;"中国模式"以人为本的价值选择体现了个体价值和整体价值的统一;"中国模式"以人为本的价值目标体现了理想和现实的辩证统一;"中国模式"蕴含了理论联系实际的科学方法;"中国模式"蕴含了统筹协调的科学方法;"中国模式"蕴含了循序渐进的科学方法;从"中国模式"的产生形成看,体现了理论性和实践性的辩证统一;从"中国模式"的基本特征看,体现了普遍性和特殊性的辩证统一;从"中国模式"的探索方式看,体现了开放性和批判性的辩证统一;从"中国模式"追求的目标看,体现了科学性和价值性的辩证统一;

第三章深入揭示了"中国模式"与历史唯物主义之间的关系,

揭示了"中国模式"对唯物史观的运用和创新。"中国模式"的形成和发展始终坚持唯物史观的指导,是对唯物史观的运用:"中国模式"是对生产关系一定要适合生产力状况规律的运用;"中国模式"是对上层建筑一定要适合经济基础状况规律的运用;"中国模式"对马克思主义人民主体论的运用。"中国模式"还深化、丰富和发展了唯物史观,对唯物史观的创新表现在:"中国模式"对经典马克思主义社会革命理论的新发展;对人民主体论的创新和发展;"中国模式"对社会主义和资本主义旧关系的超越;"中国模式"对马克思主义生态文明思想的深化和发展。

第四章从社会主观的高度解读"中国模式",详细梳理了空想社会主义观、马克思恩格斯的社会主义观、列宁的社会主义观、斯大林的社会主义观、毛泽东的社会观和中国特色社会主义观,并总结经验教训,揭示对社会主义发展规律性的认识,并深入揭示"中国模式"蕴含的科学的社会主义观,揭示中国特色社会主义观和社会主义模式对马克思主义社会主义观的坚持和发展。

第五章揭示了"中国模式"对传统现代性的扬弃和超越,揭示了"中国模式"创造的新型现代性。坚持马克思主义为指导是中国新型现代性建构的首要原则;坚持社会主义是中国现代性建构的根本原则;实现中国的现代化必须坚持走中国特色的发展道路,决不走封闭僵化的老路,也决不走改旗易帜的邪路;促进人与社会的全面发展是中国现代性建构的根本目标。中国新型现代性既遵循现代化建设的基本规律和普遍原则,又积极扬弃传统现代性,高度重视中国的特殊国情,在现代性的普遍性规定中注入来自中国的特殊性和特殊创造:中国式现代性把现代化、社会主义和中国特色统一起来,是具有中国特色的社会主义现代性,与资本主义的现代性有本质的区别;在经济方面,开辟了中国经济的市场化道路,初步建构了中国经济的现代化;在政治方面,确立了中国政治民主化目标,初步建构了中国政治的现代化;实行对外开放,吸收发达国家先进的技术成果;在人的现代化方面,确立了人在社会主义现代化中的主体地位,形成了以人为本的价值追求;在社会发展战略上选择科学发展的价值取向。

第六章揭示了"中国模式"与中国传统哲学的关系。"中国模式"既得益于马克思主义的指导，又深受中国自己的传统文化的影响，中国传统哲学是中国传统文化的核心。本章深入揭示了"中国模式"与中国传统哲学的内在关系，"中国模式"的形成和发展都深受中国优秀传统哲学的影响：阴阳五行学说强调事物双方的对立统一、相辅相成的辩证法思想为"中国模式"主张统筹兼顾，要求总揽全局、科学筹划、协调发展、兼顾各方的思想，为物质文明与精神文明"两手抓两手都要硬"提供了思想方法，避免了苏联文化发展模式的悲剧之路；天人合一学说强调人与自然的同一性和一致性，这种人文主义情怀所体现的民胞物与，以民需求为目的、为归宿的民本思想为"中国模式"坚持以满足"人民日益增长的物质文化需要"为主要目标以及社会主义初级阶段理论提供理论支撑，避免了其他社会主义国家发展模式的"左"或右的错误；中和中庸学说体现的"中道"思想，强调不偏于一执，要善用从事物自身所处的实际客观环境从发，与事实结合，采取一种无过和无不及的最适宜的方法，这为"中国模式"主张从中国生产力发展现状、商品经济客观存在现实出发，走中国特色社会主义市场经济道路，实现计划与市场的有机结合，为撇清经济手段的姓"社"姓"资"误区提供了恰当的方法；修身克己学说强调从自我角度的修身养性，主张自我修养的目的在于提升自己，并在提升自我的过程中要敢于要善于"传道"，传递的思想是在不断提高自身能力的同时敢于承担历史责任，绝不恃强凌弱，这为"中国模式"主张和平发展，构建和谐世界，为避免大国沙文主义、霸权主义提供理论依据。本章还深入揭示了"中国模式"对中国传统哲学的影响，促进中国传统哲学的现代转型：从小农思维转向现代思维；从朴素辩证法转向科学辩证法等。

第七章从哲学高度具体研究了"中国模式"的转型升级问题。尤其是从利益关系的独特视角，运用历史唯物主义分析了"中国模式"的发展完善和转型问题。

第一章 "中国模式"研究述评与概念界定[①]

本章详细梳理了国内外关于"中国模式"的研究现状,并在此基础上对"中国模式"概念的含义做了一个明确的界定,为后面各章的研究打下理论基础。

一 国内外学界关于"中国模式"研究的综述

(一) 国外学者对"中国模式"的研究现状

发轫于美国的国际金融危机,本质上是资本主义生产资料私人占有同生产社会化矛盾不可调和的产物,集中反映了资本主义国家在政治制度、经济制度和价值观等方面的危机。经济危机除了对资本主义国家造成不同程度破坏之外,还严重损害了整个世界经济的发展。在世界经济一片混乱、萧条的同时,中国经济却依然蓬勃发展,迅速崛起,可以说是风景这边独好;近年来,中国经济发展虽然遇到一些困难,但这是发展中的困难,是转型升级过程中的困难,中国经济发展进入了"新常态",其与西方发达国家进入的"新平庸"有本质差别。中国的发展成就不得不让世界重新审视中国、关注中国发展模式。中国发展的成功模式迅速成为国外很多学者与专家研究的焦点。外国学者主要围绕什么是"中国模式"、

[①] 重庆三峡学院思想政治教育专业 2016 届本科生连学斌同学参与了本章部分资料的搜集和整理工作。

"中国模式"的价值与经验、"中国模式"的困局等问题而展开。

1. 什么是"中国模式"

"中国模式"概念的兴起源于"北京共识"的提出。雷默提出的"北京共识",是西方学者第一次公开认为"是一个涉及经济、政治、社会、国际关系等多个领域的新的发展模式"。①雷默把"中国模式"概括为与"华盛顿共识"相对立的"北京共识",二者实际上并不是同一回事情,甚至与"中国模式"的本意和宗旨背道而驰。但是也得承认,正是雷默提出的"北京共识"概念推动了讨论"中国模式"的热潮。美国国际战略研究中心认为,"中国模式"最重要的原则是经济改革优先。"中国模式"在意识形态方面做了调整,更加灵活开放,同时保留了主要银行和大型国有企业,视之为"经济稳定器"。而且,地方政府在经济和社会发展方面拥有极大的权力,具有相当大的自主权。可以说,"中国模式"是实用、自由和市场竞争力的结合体。英国《金融时报》发表文章指出,西方是市场在资源配置中起主导作用,而"中国模式"同时重视发挥政府对经济的干预作用。俄罗斯共产党领导人久加诺夫提出了一个关于"中国模式"的公式:社会主义+中国民族传统+国家调控的市场+现代化技术和管理。有相同观点的学者指出:"中国模式反映在政治、经济和社会各个方面,是中国改革开放的产物。"中国模式"不仅属于中国历史,也属于世界历史。"②印度尼孔塔帕里认为,"中国模式"是"中国在不偏离社会主义方向的前提下,在实践层面奉行务实变通,理论层面实行兼收并蓄、继承发展,从而形成了一整套紧密结合国情的发展方略"。③

一些国外学者把中国特色的社会主义解读为中国特色的资本主义或变相的资本主义;有的学者把中国特色社会主义定性为实用主

---

① Joshua Cooper Ramo, "The Beijing Consensus". The Foreign Policy Center. May 2004.

② 郑永年:《中国模式——经验与困局》,浙江人民出版社2010年版,第1、100页。

③ 《经典中国·辉煌30年:伟大旗帜指引伟大道路》(http//finance. people. corn. Cn/GB/8118830. html)。

义,并视中国的崛起是对世界的威胁。这反映了支配其思维深层的是西方中心论和形而上学的社会发展观,也反映了面对中国的独特经验,西方现有理论和思维方式显得捉襟见肘。近几年来,越来越多的外国人开始认识到"中国模式"的独特性和价值。不仅发展中国家如拉美、非洲希望借鉴"中国模式",而且苏东地区及西方发达国家的学者也对"中国模式"十分感兴趣。美国未来学家奈斯比特在其新著《中国大趋势》中充分肯定了"中国模式",系统概括了中国的独特经验。这类学者开始突破了形而上学的和西方中心论式的社会发展观,认识到人类发展模式的多样性。约翰·奈斯比特对"中国模式"的研究相当精深,在《中国大趋势》一书中,他总结了中国改革发展模式的八大支柱,其中第二个支柱就是"自上而下"与"自下而上"的结合。奈斯比特的可贵之处在于以一个旁观者的身份,看到了中国共产党的独到之处和"中国模式"成功的秘诀。[①]

印度的一些中国问题专家也对"中国模式"十分关注,他们分别从经济、外交、政治以及军事等方面分别对"中国模式"进行了概括。他们的观点是:第一,在经济上,"中国模式"制定了适合本国国情的对外开放政策,趋利避害,参与到全球化浪潮之中;第二,在外交上,"中国模式"强调与邻为善、稳固周边;第三,在政治上,"中国模式"稳步推进适合自己国情的民主改革和民主政治;第四,在军事上,"中国模式"一方面积极推进国防现代化;另一方面将大量原本投入到军事领域的宝贵资源转为民用,极大地减轻国家的负担。

学者张建君比较全面地概况了国外学界对"中国模式"内涵的各种看法:[②]"中国模式"的主要特征,就是比较成功地实现了体制转型,并积累了相当充分的发展经验。国内外学者大都从这样的发展角度来探讨和研究"中国模式"。首先,美国学者马丁·哈特－兰兹伯格和保罗·伯克特就认为,中国对改革和经济快速发展

---

① 参见[美]约翰·奈斯比特、[德]多丽丝·奈斯比特:《中国大趋势》,吉林出版集团、中华工商联合出版社2009年版,第39—60页。

② 张健君:《论中国模式的内涵及民主价值》(http://www.gmw.cn 2011-07-23)。

让很多人把中国的做法看作另一种发展模式,"中国模式"的经验表明,在资本主义的制度和模式之外,还存在另外一种可行的、可供选择的发展模式。其次,法国的中国问题专家皮埃尔·皮卡尔认为,"中国模式"把本国特殊国情与具体实践有机地、巧妙地结合在一起,它把过去和未来有机结合起来、把中国发展和世界进步有机结合起来,是一种双赢的发展模式。再次,美国杜克大学教授高柏把"中国模式"与日本模式做了深入的比较,他称"中国模式"为新发展主义,认为"中国模式"的前途值得期待。最后,伦敦经济学院教授林春指出,"中国模式"的渊源可以追溯到中国共产党战争年代的做法和经验,如武装割据、以农村包围城市等,还可以追溯到新中国建设实践,然后才是改革开放初期的中国自我改革和主动转型。结果是中国走出了一种独特的现代化的道路,或者说创造了独特的现代化模式。他还认为,"中国模式"成功的奥秘,包括中华民族自主自强的奋斗精神、重新定义社会主义的本质、批判继承社会主义的传统。

当然国外也有许多学者对到底是否存在一个"中国模式"提出质疑。如托马斯·海贝勒认为,中国正处于从计划经济向市场经济的转型期,因此"中国模式"并不存在;中国的这一转型期将伴随着急剧的社会变革和政治改革,这一过程是渐进的、增量的,在这样的条件下谈论"中国模式"还为时过早。华生也不认为有什么"中国模式"或"北京共识",最多可以说中国正在探索一条道路,因为它还不清晰、不定型和不稳定。而所谓模式,应当已形成一个较固定的框架,具有相当的稳定性,乃至在一定的情况下可以复制,所以,"中国模式"现在还不存在。当然这些关于"中国模式"未定的观点,从社会发展模式是一个固定的或现成的框架这个视角来研究中国发展,他们没有看到"中国模式"已初步形成并不断完善发展中,他们静止地看问题,根本把握不了事物的本质。

2."中国模式"的价值与经验

(1)西方学者对"中国模式"价值的探讨

西方学者除了对什么是"中国模式"进行了探讨之外,还对

第一章 "中国模式"研究述评与概念界定

"中国模式"的价值进行了探讨。

关于"中国模式"的价值很多学者认为"中国模式"的成功经验将对其他国家的发展产生积极影响。有学者指出:"'中国模式'对于西方发达国家和其他发展中国家具有不同的意义。如果说'中国模式'对发展中国家来说更多的是发展经验问题,那么对西方国家尤其是美国来说,则更多的是一种价值问题。"[①] 这显然超出了西方思维中所接受的范围,因而会被西方视为对西方价值的挑战和竞争,进而认为"中国模式"是对西方的威胁。但是,世界是多元性与特殊性的统一,不同国家的发展有各自不同的路径和模式。因此,不能拿西方标准来衡量"中国模式"。诺贝尔经济学奖获得者斯蒂格利茨对"中国模式"给了充分肯定,认为中国经济的巨大成功,对世界经济产生了积极的影响,其他国家也分享到中国经济的成果。在全球经济持续低迷的背景下,"中国模式"具有很好的启示性[②]。约瑟夫·奈说:中国的经济增长不仅让发展中国家获益巨大,中国特殊的发展模式和道路也被一些国家视为可效仿的榜样;更重要的是中国倡导的政治价值观、社会发展模式和对外政策,将来会进一步在世界公众中产生共鸣和影响力[③]。全球著名财经专家、中国问题专家洛丽塔指出:"到目前为止,'中国模式'为我们更好地理解西方的社会危机和资本主义的衰落提供了一个很好的借鉴,也有助于我们纠正过去20年所犯的错误。"[④]

(2)西方学者对"中国模式"经验的探讨

国际著名中国问题专家郑永年指出:"如果把中国的发展经验放在国际发展这样一个大背景下,中国的确有很多经验可以为发展中国家所借鉴。中国的发展经验有很多,但从政治和经济发展的关系来说,主要可以从以下五个方面来讨论。第一,不能说中国没有

---

① 郑永年:《中国模式——经验与困局》,浙江人民出版社2010年版,第2页。
② Joseph E. Stiglitz. Towards a New Model of Development [BE/OL]. http://www.cdrf.org.cn/en/data/view.php? aid: 1070.
③ 席来旺:《专访美国著名学者约瑟夫·奈》,《环球时报》2008年2月26日。
④ [意]洛丽塔·纳波利奥尼(Loretta Napoleoni):《中国道路》,中信出版社2013年版,第14页。

政治改革。中国坚持改革的渐进性和阶段性，使得中国有时间和空间来不断调整政治体制来适应不断变化中的经济和社会。第二，社会政治秩序不可或缺。虽然中国有各种不同形式的社会运动或者群体事件，但政府保证了基本的社会政治秩序。第三，通过政治与行政手段保护产权的方法转型到法治。第四，社会正义是持续发展的前提。第五，社会多元促进政制改革。"[1] 有学者认为："中国的经验则表明，如果经济最大限度地掌握在代表人民利益的而不是精英利益的政府手中，经济发展将产生更好的结果。"[2] 我们可以明确地看出一个国家的发展强大都必须以人文本，坚持人民群众是实践的主体、是历史的创造者这一唯物主义历史观，尊重和保护人民的合法权益。有学者指出："1989 年之后，只有中国在研究其他经济理论的同时继续研究马克思主义。中国的这一举措形成了一种全新的、以实用主义为标志的现代经济模式。'中国模式'能够灵活调整经济体制模式，使其与当今世界经济急剧发生的、具有历史意义的变化相适应。"[3] 中国经济的迅速崛起，得益于中国坚持了马克思主义与中国特色的社会主义市场相结合，也就是说中国实现了马克思主义中国化。关于中国经济腾飞的另一个经验则是中国坚持了改革开放。邓小平坚信改革开放是唯一可以拯救中国、避免重蹈苏联覆辙的正确道路。[4] 改革开放在维护社会主义制度的前提下保持了经济增长，提高了人民的生活水平，改革开放是中国很好地把握住了全球化的机遇，中国实行改革开放政策 30 年，不仅造就了内部经济社会的持续发展，而且融入世界体系并起到越来越大的作用，这不得不说是一个伟大的成就。

（3）西方学者对"中国模式"存在问题的探讨

国外学者对"中国模式"存在的问题的研究，主要集中在政治

---

[1] 郑永年：《中国模式——经验与困局》，浙江人民出版社 2010 年版，第 2—7 页。
[2] ［意］洛丽塔·纳波利奥尼（Loretta Napoleoni）：《中国道路》，中信出版社 2013 年版，第 13 页。
[3] 同上书，第 22 页。
[4] 同上书，第 99 页

改革滞后和经济社会发展失调两个方面。有学者指出,中国的医疗卫生改革没有合理的方案;社会保障制度远离社会客观需要;环境污染日益严重;收入分配和社会分化继续恶化。这四大问题表明,中国迫切需要在危机中继续寻求新的模式。他还认为,"中国模式"改进的关键在于通过社会改革而确立社会制度,从而保障社会经济的可持续发展。① 有学者指出,由于重大的社会问题没有解决,经济的稳定发展缺乏稳定根基,社会发展滞后使经济发展结构失调。社会发展与经济增长的不协调,使就业问题、社会两极分化、城乡差距变得越来越严重。

上述观点客观地指出了"中国模式"存在的深层矛盾及面临的严峻考验。因此我们对"中国模式"要清醒、冷静的思考,要看到长处也要看到不足,要敢于发现问题,解决问题,让"中国模式"在实践和发展中不断完善。

(二)国内学界对"中国模式"的研究现状

"中国模式"自提出起就引起众多争议,大致有这样一些议论:是否存在"中国模式","中国模式"首先由谁提出,"中国模式"提法是否合适,"中国模式"的含义等。关于是否存在"中国模式"的问题,或者说"中国模式"的提法是否合适的问题,本书导论部分做了详细讨论,论证了"中国模式"概念或理论命题的理论合法性。本章重点探讨学界对"中国模式"内涵的争论,这种争论是有益的,因为"真理是越辩越明的",同时也有利于促进"中国模式"的不断发展和完善。综观国内学界对"中国模式"内涵的看法和界定,可以说是"仁者见仁智者见智",国内外学者们也从不同的立场和角度来审视、理解"中国模式",提出了一些富有启发的见解。

1. 国内学者对"中国模式"含义的看法

对于"中国模式"这一概念的用法,国内学术界有不同意见。

---

① 郑永年:《中国模式——经验与困局》,浙江人民出版社2010年版,第109页。

"中国模式"的哲学研究

从国内来看，目前关于"中国模式"的讨论非常热烈。学者们纷纷撰文，对"中国模式"提出了各种各样的看法，可以说是众说纷纭，莫衷一是。

徐崇温先生认为，[①]"中国模式"就是中国在革命、建设、改革中间所走的道路，所确立的制度，所采取的方式方法，这个综合体就叫"中国模式"。正如美国有美国模式，英国有英国模式一样，都有个模式。他特别强调，对于"中国模式"，很多解释忽略了重要的一条："中国模式"就是中国特色社会主义的模式。他还进一步指出，从横向来看，中国的经济模式就是，公有制为主体，又发展非公有制经济，坚持"两个毫不动摇"；中国的政治模式就是：人民代表大会制度；政治协商制度；民主区域自治制度；基层自治制度。

俞可平的观点是，[②] 用"北京共识"的提法不如用"中国模式"的提法，因为"共识"的基本意义是广泛认可的或一致同意的解决方案，而"模式"所指的是一系列带有明显特征的发展战略、制度和理念。俞可平因此认为，"中国模式"的提法比"北京共识"的提法更合理。俞可平还指出，[③] 关于"中国模式"的含义，中国共产党的十七次全国代表大会大报告中已经有了现存的深刻而全面的看法。十七大报告关于"中国模式"作出了"三个一"这样的概括，即：一面旗帜、一条道路、一个体系。具体而言是，"一面旗帜"就是高举中国特色社会主义的旗帜；"一条道路"就是坚持走中国特色社会主义的道路；"一个体系"就是中国特色社会主义的理论体系。他认为，如果从国际比较的角度看，中国特色社会主义道路，也可以称作"中国道路""中国经验"或"中国模式"，是中国在全球化背景下实现社会现代化的一系列战略策略。

---

① 徐崇温：《"中国模式"的世界意义》，原文发表于《新华日报》，摘编于江苏卫视播出的马克思主义理论研究和建设工程首席专家大型系列访谈栏目《时代问答》原脚本。

② 俞可平：《关于"中国模式"的思考》，《红旗文稿》2005年第19期。

③ 《俞可平谈"中国模式"与"普世价值"》（http://www.gmw.cn, 2011-09-13）。

第一章 "中国模式"研究述评与概念界定

俞可平还进一步指出,"中国模式"是不同于改革开放前传统的社会主义模式,即不同于苏联社会主义模式。同时,"中国模式"也不同于西方发达国家的社会发展模式。"中国模式"与西方社会发展模式的区别也是极其明显的,这主要表现在以下几个方面:第一,在所有制方面,中国土地私有化,不实行全面私有化,而实行以公有经济为主导、多种所有制经济平等、共同发展的混合所有制,其中,公有经济仍然控制着国家的经济命脉,尤其是土地和森林、矿山等重要资源不实行私有化;第二,在资源配置上,"中国模式"虽然我们采用了市场经济,但政府调节和干预的程度比西方国家要强大得多;第三,在政治上的区别就更明显。中国不照搬西方多党制和议会政治,不盲目模仿西方的立法、行政、司法的"三权分立"体制,而是具有自己特色的民主制度和政治制度、政治体制和政治运作机制;第四,在意识形态上,中国一方面允许不同思想流派的存在,思想多元化存在;另一方面仍然坚持马克思主义在政治意识形态领域中的主导地位。这些方面决定了"中国模式"与西方发展模式的基本区别。但是,这也不是说,在社会发展战略方面,中国与其他国家没有任何共同之处,不是说"中国模式"是游离于人类文明之外的另一种模式。"中国模式"的成功之处,恰恰就在于它一方面立足于中国的具体国情;另一方面充分学习和借鉴了人类文明优秀成分的结果。[①]

学者张维为研究员从中国改革的侧重点、改革的方式等方面所表现的特征来界定"中国模式"。他认为,所谓"中国模式",是指"重大的经济改革和较小规模的政治改革的有机结合",是以一种循序渐进、摸索和积累的方式,从易到难进行改革,并吸取中外一切优秀的思想和经验的改革和发展模式。与西方主导的模式相比,"中国模式"确实有自己的独到之处:首先,在处理稳定、改革和发展三者的关系方面,中国找到了平衡点:在坚持稳定的前提

[①] 《俞可平谈"中国模式"与"普世价值"》(http://www.gmw.cn, 2011 - 09 - 13)。

下,大力推动改革开放和经济发展。实现了中国近代史上从未有过的连续近30年一个长时期、大跨度的发展,为中国走向一个真正的世界强国奠定了良好的基础。并且不断地试验、不断地总结和汲取自己和别人的经验教训、不断地进行大胆而又谨慎的制度创新,这使中国避免了很多发展中国家和转型经济国家盲目采用西方模式而带来的困境。同时,中国改革开放展现了一个清晰的格局:改革的顺序是先易后难;先农村改革,后城市改革;先沿海后内地;先经济改革为主,后政治改革。这种做法的好处是,第一阶段的改革为第二阶段的改革创造了条件。改革不求一步到位,但求持续渐进、分轻重缓急,最后通过逐步积累而完成。实践证明这是一条务实有效的成功之路,对中国的政治改革也有启迪。①

学者沈云锁从发展道路和经验的角度给"中国模式"做了独特的界定。他认为,"中国模式"指改革开放30多年来,中国形成的独特的社会发展道路或发展经验。从全球角度或世界视野来看,中国社会发展道路确有独到之处,可以称为也称为"中国道路""中国经验"或"中国模式"。

学者吴增基将"中国模式"概念定义为:以强势有效政府领导下进行的,以经济建设为中心,经济、社会、环境等方面协调发展的,以人民共同富裕为目标的,既积极借鉴中外一切优秀的文明成果又立足于中国的具体国情,坚持独立自主的、渐进式的、和平的改革与发展道路。他认为"中国模式"具有以下基本特点:其一,中国的改革和发展不是自发放任的,自始至终在强有力的党和政府的领导下展开和推进。这既是"中国模式"的一个重要特色,也是"中国模式"可持续的重要保障。它确保了改革和发展的稳定的政治环境与社会环境,并确保了史无前例的极其复杂的中国改革和发展事业的有序推进和平稳进行。其二,以经济建设为中心,经济社会环境协调发展。以经济建设为中心,是我们党制定的基本路线的核心内容之一。然而,加快经济建设、提高经济增长速度并不是我

---

① 张维为:《关于中国发展模式的思考》,《学习时报》2008年第2期。

第一章 "中国模式"研究述评与概念界定

国现代化建设的唯一目标。经济建设不能以无节制地掠夺自然资源、牺牲人的生存环境为代价，而必须是经济、社会、自然环境和人自身的全面协调发展。其三，以人民的共同富裕为发展目标。虽然通过非均衡发展启动了改革和经济发展，但不仅理论而且实践中始终强调共同富裕，并注意在激发和保持经济发展的活力和动力与缩小发展差距两者之间寻找平衡点。其四，既积极借鉴中外一切优秀的文明成果，又立足于中国的具体国情，坚持走独立自主的发展道路。我们的社会主义现代化建设、改革和发展不是关起门来进行的，而是打开大门，积极主动融入国际社会，积极主动地顺应和深度参与全球化浪潮，大胆吸收和借鉴包括资本主义国家在内的人类社会创造的一切文明成果。与此同时，我们又始终强调要从中国的具体国情出发，不能照抄照搬别国经验和模式，高度重视从自己的实际情况出发。其五，渐进式、累积式的变革之路。中国的改革是一种循序渐进、摸索和积累的方式，从易到难进行改革。"摸着石头过河"和"增量改革模式"是对中国改革模式的准确描述。其六，和平崛起或和平发展是"中国模式"的重要特点。中国的改革和发展是建立在和平发展的基础之上的。这是"中国发展模式"与西方资本主义发达国家的一个根本区别，西方发展模式或西方现代化模式是依靠暴力、战争、掠夺殖民地等手段获得发展的。"中国模式"成功超越了西方这一发展模式，依靠中国人民自己的辛劳、汗水和智慧实现了大发展。①

学者江金权从经济学的角度提出，②"中国模式"亦称中国发展模式，是指改革开放以来中国经济发展道路，包括中国特色的发展理念、发展战略、发展体制。它是社会主义基本制度同市场经济机制相结合的产物，因而可以称为"中国特色社会主义市场经济"，简称为"中国特色市场经济"。就其社会主义基本制度同市场经济机制相结合的特性看，这是现代经济学史上未曾出现过的独

---

① 吴增基：《论"中国模式"可持续的条件》，《理论探讨》2005年第1期。
② 江金权：《中国模式研究——中国经济发展道路解析》，人民出版社2007年版；江金权：《解析"中国模式"》，《瞭望新闻周刊》2005年第25期。

特经济发展模式。他认为对这一概念的讨论应集中在经济体制、经济发展道路这个范畴内来进行。"中国模式"实质上就是中国作为一个发展中国家在全球化背景下实现社会现代化的一种战略选择,是中国在改革开放过程中逐渐发展起来的一整套应对全球化挑战的发展战略和治理模式。他认为"中国模式"的另一个名词就是"中国特色社会主义市场经济"。

学者蔡拓对"中国模式"的基本内涵是这样概括的:[①] 其一,积极回应和参与全球化。"中国模式"审时度势,以一种开放的眼光和世界的胸怀,充分利用、吸收、借鉴人类文明的一切优秀成果,以建设性的态度对待和参与国际机制,趋利避害,力争最大限度地为自身的发展创造条件。其二,从计划经济向市场经济转型。"中国模式"坚持市场导向的全面改革,同时又注重国家、政府的宏观调控,试图在两者的互动中找到平衡点。并未把经济转型引导到私有化的轨道,把市场化与私有化严格区别开来,坚定不移地推进市场化,不断完善宏观调控,中国的经济社会转型走了一条渐进之路,避免了"休克疗法"。其三,强调经济、政治、文化、社会、生态协调发展。"中国模式"吸收世界各国发展模式的经验教训,根据当代人类面临的最新问题和自己发展的经验教训,在突出经济发展的同时,充分考虑到生态和非经济因素对经济发展的制约性,坚持统筹安排、协调发展,提出科学发展观,强调可持续发展、低碳发展、绿色发展。其四,人本发展理念的复归。人的全面发展是社会主义应当始终坚持的价值目标。"中国模式"不断凸显和强调人本价值理念,以人为本的价值取向与理念的确立使"中国模式"更加人性化,同时也凝聚了人类文明的成果,使中国发展模式更加契合世界发展潮流和时代趋势。其五,逐步关注和重视社会建设。"中国模式"日益发展提升,不仅坚持经济建设这一中心,而且日益注意社会功能、挖掘社会潜力、发挥社会作用。我们日益认识到,国家、政府等传统政治领域之外还存在一个社会空间,这个空

[①] 蔡拓:《探索中的"中国模式"》,《当代世界与社会主义》2005年第5期。

间是真实存在的，它对推动社会发展具有不可或缺的作用；我们还日益清醒地认识到，积极化解社会矛盾、凝聚社会力量、促进公民参与对于和谐社会建设的重要意义，自觉提出和践行和谐社会理念和实践。这表明"中国模式"具有与时俱进的鲜明特点，使中国站到了时代的前列。其六，坚持社会主义、强调民族特色，但同时又倡导不同社会制度和意识形态"共处竞争、对话合作"。社会主义是中国的历史选择，所以在指导思想、价值目标上中国毫不隐讳自己的主张和立场。同时，中国又是一个有着悠久历史传统的文明古国，在一个多元、复杂的世界，存在众多的目标、价值和追求。我们必须学会在多样性的价值、文化、制度、社会中对话与合作，学会宽容与相互尊重，在共存竞争中推动社会的发展和人类文明的进步。

学者胡伯项等认为，[1] "中国模式"包括四大部分：第一，系统优化模式：发展由片面向全面转变，人的全面发展是最终目的和最高价值。第二，协调发展模式：宏观上要求人与自然协调发展，物质、政治、精神和生态文明的协调发展；中观和微观上要求城乡、区域以及阶层协调发展等。第三，可持续发展模式：建立环境友好型的资源循环经济以及公平的可持续新型适度消费模式。第四，内生增长模式：把知识积累、技术创新和人力资本增值作为持续发展的动力。

学者张建君在概括国内外对"中国模式"内涵看法的基础上，提出自己的看法。[2] 所谓的"中国模式"，就是中国的现代化发展道路，是中国应对全球化浪潮在社会制度不断创新基础上的转型经验、发展方式和战略对策的理论概括。如此概括的原因就在于，其一，"中国模式"源自全球化浪潮的中国发展，即中国的改革开放国策，并将面对下一轮更为严峻的全球化浪潮；其二，全球化浪潮

---

[1] 胡伯项、张斌：《全面建设小康社会发展模式的理论探讨》，《马克思主义与现实》2008年第1期。

[2] 张健君：《论中国模式的内涵及民主价值》（http://www.gmw.cn 2011-07-23）。

对"中国模式"最为猛烈的冲击莫过于20世纪90年代苏、东社会主义国家的纷纷解体,由此使得中国必须采取最为大胆和开放的社会主义制度创新,"周虽旧邦,其命惟新"的制度创新动力将永不枯竭;其三,向市场经济转型的成功经验,不但使得中国的现代化发展道路得以坚持,而且赢得了对中国现代化发展方式和战略对策最为重要的实践基础和思考空间;其四,"中国模式"作为中国的现代化发展道路,必须在过去经验的基础上,采取更加富有战略性的对策拓展发展道路,引领全球化浪潮。因此,"中国模式"的研究正当其时。

国内学者还认为,"中国模式"就是中国共产党领导下的社会主义建设成功经验的总结。如潘维认为,"中国模式"是关于共和国60年成功之路的理论解释,即因果抽象。有类似观点的陈青山认为:"'中国模式'是指中国发展的成功模式。从实质上讲,模式就是解决某一类问题的方法论。'中国模式'蕴含了成功解决中国问题的方法论,是中国发展道路的经验总结。"张维为认为,所谓"中国模式"是指"重大的经济改革和较小规模的政治改革的有机结合,是以一种循序渐进摸索和积累的方式,从易到难进行改革,并吸取中外一切优秀的思想和经验的改革和发展模式"。俞可平认为:"'中国模式'或'北京共识'实质上就是中国作为一个发展中国家在全球化背景下实现社会现代化的一种战略选择。它是中国在改革开放过程中逐渐发展起来的一整套应对全球化挑战的发展战略和治理模式。"[1] 李炳炎与向刚认为:"中国的改革是社会主义经济体制改革的一个成功典型,我们称之为'中国模式'。"[2] 与他们有相似观点的还有中国人民大学的郑杭生教授,在他看来,"所谓'中国模式'或'中国经验',简要地说,是当代中国自改革开放以来,在社会经济发展方面比较突出的特点和过程所构成的

---

[1] 俞可平、庄俊举:《关于"北京共识"与中国发展模式的对话》,《当代世界与社会主义》2004年第5期。

[2] 李炳炎、向刚:《"中国奇迹"与"中国模式"——中国30年经济改革的巨大成就与基本经验》,《江苏科技大学学报》(社会科学版)2009年第1期。

特定类型。"① 秦宣指出："所谓'北京共识'或'中国模式'是国际上对中国发展经验的最新概括。它探讨的是像中国这样一个发展中国家到底是如何组织的，以及中国经验对世界上其他国家的适用性问题"，"北京共识"是相对于华盛顿共识而言的，而"中国模式"则是相对于其他几种发展模式而言的。② 蔡拓认为，"'中国模式'是全球化背景下，积极回应、参与全球化的社会发展模式。它以一种开放的眼光和世界的胸怀，充分利用、吸收、借鉴人类文明的一切优秀成果，以建设性的态度对待和参与国际机制，趋利避害，力争最大限度地为自身发展创造条件。这是'中国模式'中最富时代性的内容，离开了全球化来谈'中国模式'就没有抓住核心"。③

2. 国内学者对"中国模式"的实质的认识

国内学者对"中国模式"实质的看法可以归纳为以下几点：

第一，"中国模式"是改革开放以来中国经济发展道路。

有学者认为，应从经济制度和经济体制机制的角度来界定中国发展模式，即中国特色的发展理念、发展战略、发展体制，也可以称为中国特色市场经济。④ 有的认为，中国创造奇迹般的经济增长的改革开放方式、社会主义市场经济体制和自己独特的经济发展道路，称作"中国发展模式"，并侧重于从体制或制度上分析中国发展模式的生成、动力、制度框架、支撑条件、实现途径和运行机理。⑤

第二，"中国模式"是政治、经济、文化、社会、外交等全方位的发展模式。

---

① 郑杭生：《中国模式或中国经验与当代中国社会学研究》，《江苏社会科学》2010 年第 6 期。

② 《中国人民大学秦宣教授谈"北京共识"、"中国模式"与中国现代化之路》，《中国教育报》2004 年 9 月 28 日。

③ 蔡拓：《探索中的"中国模式"》，《当代世界与社会主义》2005 年第 5 期。

④ 江金权：《"中国模式"研究——中国经济发展道路解析》，人民出版社 2007 年版，第 17 页。

⑤ 韩保江：《中国奇迹与中国发展模式》，四川人民出版社 2008 年版，第 14 页。

有学者认为,"中国模式"在经济建设上体现为"四主型制度";政治建设上体现为"三者统一、四层制度";文化建设上体现为"一个体系、两个主体";社会建设上体现为"一个格局、一个网络、四个机制"。① 北京大学的潘维教授把"中国模式"分解成三个子模式——"社稷"社会模式、"民本"政治模式、"国民"经济模式。他在论证每个子模式的基础上,判断这三者的关系,把它们整合在一起,抽象出"中国模式"。② 潘维从理论上对经济、政治和社会三个层面剖析了"中国模式"。虽然缺少了对中国文化模式、中国外交模式的分析,但这是目前国内对"中国模式"内涵最完善、最全面的表述。

第三,"中国模式"是改革开放 30 年来中国的政治、经济、社会发展的理念、政策、实践的过程及其结果。③

"中国模式"实质上是中国作为一个发展中国家在全球化背景下实现社会现代化的一种战略选择,是中国在改革开放过程中逐渐发展起来的一整套应对全球化挑战的发展战略和治理模式。④ 蔡拓提出了"中国模式"的基本内涵:第一,积极回应和参与全球化;第二,从计划经济向市场经济转型;第三,强调经济、政治、文化、社会、生态协调发展;第四,以人的全面需求和全面发展为归依;第五,开始关注社会功能、挖掘社会潜力、发挥社会作用;第六,坚持社会主义、强调民族特色,但同时又倡导不同社会制度和意识形态共处竞争、对话合作。⑤

第四,"中国模式"是"中国特色社会主义道路"。

有学者认为,"中国模式"的实质是共产党领导的、以中国特

---

① 程恩富:《如何理解"中国模式"》,《人民日报》2010 年 9 月 15 日。
② 玛雅:《道路自信:中国为什么能》,北京联合出版公司,2015 年 4 月第 3 次印刷,第 239 页。
③ 赵启正:《中国无意推广自己的模式》,《中国日报》2010 年 3 月 11 日。
④ 俞可平、黄平等:《"中国模式"与"北京共识"——超越"华盛顿共识"》,社会科学文献出版社 2006 年版,第 11 页。
⑤ 蔡拓:《探索中的中国模式》,载俞可平、黄平等《中国模式与北京共识 超越华盛顿共识》,社会科学文献出版社 2006 年版。

色社会主义为奋斗旗帜、以中国特色社会主义理论体系为指导思想的完全新型的现代化道路。[①] 马龙闪以中国特色社会主义与苏联模式及斯大林体制的重大区别为论据，认为中共十七大报告全面、系统地论述了中国特色社会主义道路和理论体系，实际上标志着"中国模式"的正式诞生。[②]

学者们对"中国模式"内涵的总结各有侧重，如有的强调中国发展的理念，有的强调发展的经验或道路，这些都有道理。但我认为，"中国模式"是一个体现独特性、综合性、全面性的概念。我们想要全面认识和把握"中国模式"的科学内涵应该做到：第一，"中国模式"体现在中国的政治、经济、文化、外交等各领域并呈现其独特性。第二，"中国模式"与中国共产党的关系。中国共产党是中国特色社会主义事业的领导核心。第三，用发展的眼光去看待发展着的"中国模式"。第四，正确把握中国崛起与世界历史发展潮流，中国是中国的也是世界的。第五，认识和实践的结合往往能擦出耀眼的光芒。"中国模式"的最大成功在于符合了中国实际，符合了中国社会经济发展的客观规律，遵循了客观真理和历史规律。第六，"中国模式"离不开正确的思想路线。道路自信、理论自信和制度自信，为中国的发展提供了"合法性"依据。第七，"中国模式"所依靠的力量。工人、农民和知识分子是建设中国特色社会主义事业的根本力量。

3. 国内外研究现状述评

许多外国学者把中国特色的社会主义解读为中国特色的资本主义或变相的资本主义；有的学者把中国特色社会主义定性为实用主义，并视中国的崛起是对世界的威胁。这反映了支配其思维深层的是西方中心论和形而上学的社会发展观，也反映了面对中国的独特经验，西方现有理论和思维方式显得捉襟见肘。近几年来，越来越多的外国人开始认识到"中国模式"的独特性和价值。不仅发展中

[①] 张西立：《中国模式的特质及其意义》，《新华文摘》2009年第15期。
[②] 马龙闪：《中国特色社会主义就是"中国模式"》，《北京日报》2008年6月2日。

国家如拉美、非洲希望借鉴"中国模式",而且苏东地区及西方发达国家的学者也对"中国模式"十分感兴趣。"中国模式"概念最先就是由美国学者乔舒亚·库珀·雷默出来的。美国未来学家奈斯比特在其新著《中国大趋势》中充分肯定了"中国模式",系统概括了中国的独特经验。这类学者开始突破了形而上学的和西方中心论式的社会发展观,认识到人类发展模式的多样性。

国内学界大多从具体学科的角度研究"中国模式",哲学角度的研究还不多,主要有:高清海在《中华民族的未来发展需要有自己的哲学理论》中较早提出了从哲学高度总结中国特色的发展道路问题。郝立新等在《"中国模式"的哲学意蕴》一文中提出,在历史观层面上,中国发展模式体现了社会发展合规律性和合目的性的统一;在认识论层面上,体现了系统思维的基本原则;在价值论层面上,体现价值关怀的理想和现实的统一。漆思在《"中国模式"发展问题的哲学反思》一文中尝试从哲学视野揭示"中国模式"之谜,揭示了"中国模式"包含的实事求是、以人为本、统筹协调、和谐世界和和谐发展等理念。张维为概括了"中国模式"蕴含的七大理念。一些学者试图揭示"中国模式"与中国传统文化的关系,如辛鸣的《中国道路的三重意蕴》、杨金海的《刚柔相济:"中国模式"的深层哲学智慧》等。

总体看来,各门具体学科对"中国模式"有较深入的研究,尤其经济学的研究成果最丰富。但是哲学层面的研究还很不够,"中国模式"的哲学研究还是初步的,尚存在如下问题:第一,对"中国模式"内涵的界定存在明显欠缺,没有清晰地看到"中国模式"的两重内涵;第二,对"中国模式"哲学研究的视野不够开阔;第三,对现代化观与现代化道路(模式)、社会主义观与社会主义道路(模式)缺乏区分,对模式背后的深层理念追问不够;第四,哲学理念的创新性不够。如马克思主义人民主体论的当代化问题,社会主义与市场经济相结合的哲学意涵,"中国模式"对唯物史观的深化、具体化和创新等,急需要厚实的理论研究。

二 "中国模式"的指称问题

关于"中国模式"的指称问题，从上文国内外研究现状的梳理来看，有的讨论者和研究者视野中的"中国模式"是指改革开放30余年的中国特色社会主义现代化道路及其成功经验的总结。另一些研究者认为，只有从中国共产党成立、成长、壮大这一历史大尺度上理解"中国模式"，才能赋予"中国模式"厚重的历史感，才有利于揭示"中国模式"的深层奥秘。

笔者提出这样一个观点："中国模式"概念有广义和狭义之分。所谓狭义的"中国模式"概念，特指中国特色社会主义道路，指中国改革开放以来逐步形成的解决中国发展问题和社会主义建设问题的方法和做法的总称，是中国改革发展实践的样式和途径，是为实现中国社会主义建设以及改革和发展目标所作出的抉择、所走道路、所用方法。所谓广义的"中国模式"概念，泛指中国共产党领导中国人民在解决中国民主革命问题、社会主义改造问题、社会主义建设问题、改革和发展问题过程中，所创造的解决不同历史时期问题的方法和途径的总称。狭义的"中国模式"概念着眼于改革开放30余年实践经验的总结。广义的"中国模式"概念涵盖了狭义的"中国模式"概念，着眼于对中国共产党成立90多年来实践经验的总结，它的理论旨趣是揭示中国共产党在不同历史时期能够取得一个又一个胜利的共有的根本经验和根本原因——即"中国模式"成功的奥秘。

本课题指称的"中国模式"是狭义的"中国模式"。因为，虽然研究狭义的"中国模式"一定会涉及广义的"中国模式"，但是，任何研究的重点和旨趣是有侧重的，我们侧重于总结改革开放30余年的中国特色社会主义现代化道路及其成功经验，意在揭示规律，指导中国社会主义现代化更好地发展。

三 "中国模式"的多维内涵

综合和吸收国内外学者的研究成果,本课题致力于从总体上把握"中国模式"的内涵。为此,有必要从政治、经济、社会、文化等方面,多维度揭示"中国模式"的内涵,这是对"中国模式"内涵的总体概括的前提和基础。

所谓"中国模式"既不同于传统的苏联社会主义模式,也不同于西方的自由资本主义模式,与改革开放前的中国发展模式亦有很大区别,其实质是"中国特色社会主义现代化道路"。首先,它明确了"中国模式"的社会主义性质,中国选择的是社会主义道路。其次,"中国特色"有效解决了全球化条件下全球性与民族性、普遍化与特殊化的矛盾问题。"中国模式"是建立在中国国情基础上的,始终扎根于整个深厚的民族文化、独特的国情和发展实践之中。同时,社会主义的中国又是在全面融入全球化的进程中发展完善"中国模式"的。世界多样性中的"中国模式"既融入全球化,又不依附于西方发达国家;既借鉴吸收资本主义因素,又坚持社会主义的方向。"中国模式"从世界主流发展模式中汲取了营养,既是对社会主义传统发展模式即苏联模式进行反思的结果,又是对西方资本主义发展模式的借鉴的结果,凝聚着几代中国人的智慧,是中国人民对世界的贡献。最后,"中国模式"是中国在全球化背景下实现社会现代化的一种战略选择。不同于西方国家的现代化道路,中国是在中国共产党的坚强领导下,引入了市场体制,使政治权威与经济自由达成某种平衡,在渐进主义改革的基础上,通过"纲领性"的计划来促进经济发展,形成了独特的发展道路,从而开辟了人类现代化道路的新地平线。总之,改革开放30年来,在中国共产党的领导下,我们逐步探索出了一条既切合中国国情,又符合世界潮流的中国特色的社会主义现代化发展道路。这一发展道路既是本土的、独特的,又是世界的、普遍的;既是社会主义性质的，又是应对全球化、发展现代化的。①

需要特别指出来的是，"中国模式"不是凝固不变的，它是随着中国改革开放和发展的过程逐步形成的，它是一个正在生成的、处于不断完善之中的模式，它远未定型。因此，绝不能把"中国模式"绝对化，因为这不利于中国经济社会的进一步发展。

我们可以给"中国模式"一个形式化的或一般化的定义，我们可以说，"中国模式"是中国改革开放以来逐步形成的解决中国发展问题的方法和做法的总称，是中国发展实践的样式，是为实现中国改革和发展目标所作出的抉择、所走道路、所用方法。

但是，我们对"中国模式"含义的理解不能停留于一般意义之上，而应该探讨它的具体含义和多方面的规定。因为一个社会发展的内容是多方面的，从而一个社会对发展模式也应该包含着多个方面的内容。同样的道理，作为当代中国经济社会发展的基本模式，"中国模式"也应该反映中国经济社会整体的发展状况，其内容和内涵当然是丰富多彩的。必须指出，一般人侧重从经济的角度理解"中国模式"，这本无可厚非，因为经济建设和发展是当代中国发展的基础和中心。但是也不能由此走向唯经济主义，任何社会，包括中国社会的发展和中国现代化的发展，绝不是仅仅只包含经济发展，因为现代化不仅包括社会生产力的发展，而且涉及政治体制的完善、社会结构的转变、思想文化的更新、人的全面发展以及生态环境的改善等诸多因素和内容。可见，我们所指称的"中国模式"概念，内容上应该包括经济、政治、社会、文化、生态、人的发展等领域。

研究"中国模式"的学者有一个共识："中国模式"集中展现了中国改革开放30多年来的理论创新、实践创新、制度创新和道路创新，具有鲜明的实践特色、民族特色、时代特色。这些特色具体体现在以下几个方面：第一，关于发展理念，"中国模式"坚持

---

① 杨生平、谢玉亮：《热话题与冷思考——关于近年来中国发展模式研究述评》，《中国特色社会主义研究》2010年第5期。

以发展着的中国化的马克思主义为指导,即以中国特色社会主义理论体系为指导;第二,关于发展布局,"中国模式"坚持社会主义经济建设、政治建设、文化建设、社会建设以及生态文明建设的全面发展,形成"五位一体"的发展和建设布局;第三,关于发展方式,"中国模式"积极从传统的经济发展模式或现代化模式转向新型的科学发展模式,即转向全面的发展、协调的发展、可持续的发展;第四,关于改革策略,"中国模式"坚持渐进式改革、增量改革,注重改革、发展、稳定三者之间的关系,重视改革对力度、发展对速度和人们承受的程度三者的相互适应;第五,关于发展路径,"中国模式"重视工业化、信息化、城镇化、市场化、国际化、全球化来促进发展;第六,关于发展目的,"中国模式"逐渐明确了"以人为本"的价值理念,这种模式把人的发展和人民群众的利益视为根本。

可以说,要具体而深入地揭示和把握"中国模式"的内涵,就必须从政治、经济、文化等各个具体方面进行深入的挖掘,多维度揭示"中国模式"的内涵。

(一)"中国模式"的经济之维

中国的经济模式实质上就是中国特色社会主义的经济模式,与美英及苏联经济模式相比较,中国经济模式的显著特点表现在以下几个方面:第一,独特的所有制结构。苏联模式的所有制结构是由全民所有制和集体农庄所有制组成,改革开放前我国所有制结构与苏联模式几乎完全相同,是纯而又纯的公有制。改革开放后形成的"中国模式"的所有制结构是以公有制为主体、多种所有制共同发展的所有制结构。同时,公有制实现形式的多样化,促进了公有制经济的发展壮大,也促进了整个国民经济的迅速发展。第二,独特的分配方式。"中国模式"的分配方式是以按劳分配为主体,多种分配方式并存。这种分配方式是与我国现阶段生产力发展水平相适应的,是由我国以公有制为主体、多种所有制经济共同发展的所有制结构决定的,是发展社会主义市场经济的客观要求。其优势是明显的：坚持以按劳分配为主体、多种分配方式并存的制度，把按劳分配与按生产要素分配结合起来，激发了社会成员积极投身国家建设的热情，对于激活各种生产要素，对于加快经济发展起到了巨大的促进作用，有力地促进了各种创造财富的源泉充分涌流。第三，独特的经济运行体制。以社会主义市场经济体制取代了传统的高度集中的计划经济体制即苏联模式经济体制，是科学社会主义运动史上一个重大创新。"中国模式"对社会主义市场经济体制既避免了西方市场经济模式（英美模式）过度自由放任造成的贸易赤字、金融泡沫和两极分化的弊端，又避免了像苏联高度集中计划经济模式导致的经济结构严重失衡，经济缺乏活力等缺陷，把市场和计划有机统一起来，坚持社会主义与市场经济的结合，充分发挥市场对资源配置的基础性作用乃至决定性作用和更好的发挥政府的宏观调控作用。这是中国特色的经济模式的一个显著特点。

（二）"中国模式"的政治之维

经济与政治始终密切联系，不可分离，"中国模式"的内涵也包括政治方面的规定。西方人谈论"中国政治模式"的时候，总是带着其特有的有色眼镜，常常拿西方的标准来审视中国的事情，指责中国政治"不民主""不透明"，是"极权主义模式"等。这是荒谬的。相比于美国等西方国家的政治模式，中国政治制度和政治模式的优势是很大的。其一，人民代表大会制度是具有中国特色的政权组织形式和适合中国国情的根本政治制度。充分地表现了我国政治制度的中国特色，充分显示了我国政治制度的优越性，体现了人民当家作主的政治宗旨，把共产党的领导、人民当家作主与依法治国有机统一起来了。其二，中国实行共产党领导的多党合作和政治协商制度，也极具特色和优势。我国是人民当家作主的国家，同这种国情相适应的政党制度是共产党领导的多党合作和政治协商制度。这一政党制度根本不同于资本主义国家政治模式中的多党制或两党制，也有别于苏联等一些社会主义国家政治模式中的一党制。它反映了人民当家作主的社会主义民主的本质，体现了我国政治制度的特点和优势。其三，中国实行民族区域自治制度，也具有很大的优势。中国是一个统一的多民族国家，在单一制下实行民主区域自治，是我国国家结构形式的一大特色，也是我国的一项基本政治制度。

（三）"中国模式"的社会之维

学术界一般是从社会结构、社会分层来探讨的，认为中国是一个二元结构非常明显的社会分层模式，但这是社会学的解读。我们需要从现代化发展模式的角度来探讨中国社会模式。潘维认为中国的社会模式是中国政治模式的直接原因，它由四个支柱构成：分散流动的家庭构成中国社会的基本单元；平等的社区和单位构成了中国的社会网络；社会网络和行政网络天然重合，在基层彼此嵌入、相互依存，形成弹性开放的立体网络；家庭伦理观渗透社会组织和行政管理的逻辑。在社会网络与行政网络的关系问题上，潘维的观点是二者重叠且相互依存，但实际上两个网络是有区别的，而且不是相互依存，社会网络依存于行政网络之中，甚至可以说是行政网络的一个特殊部分。这是中国与西方的最大区别之处。西方的市民社会是作为行政网络的对立面而存在的，且通过批评行政系统来发挥对社会秩序的维护功能，但其结果往往适得其反。中国的公民社会网络虽然也是在市场经济环境中培育起来，但这个网络与行政网络在价值取向上保持相对一致而存在，而且它是通过作为行政网络的重要补充来发挥对社会秩序的维护功能的。从实践来看，其维护社会秩序的效果远比西方市民社会要好。中国的公民社会网络不仅共享行政网络的价值，而且也共享行政网络的利益，并通过政治参与、经济参与等行为合理地"消费"行政网络所提供的各种资源。[①]

（四）"中国模式"的文化之维

中国的经济模式、政治模式和社会模式之所以不同于西方，从文化价值的角度看，其原因在于中国拥有不同于西方的文化价值。

---

① 参见胡键《争论中的中国模式：内涵、特点和意义》，《社会科学》2010年第6期。

中国传统文化既是"中国模式"的智慧来源,也是"中国模式"的重要组成部分。

20世纪20年代,梁漱溟先生在《东西文化及其哲学》这本书中,首次从现代化的视角,对以儒学为核心的中国传统文化在现代社会中的世界意义进行了分析。其实,中国文化不是一种单质文化,中国文化的主体是儒、道、佛三家,各有自己的核心价值和特点。道家以"道"为本,强调人与自然之间的关系和谐与生命本真的价值提升;儒家以"仁"为本,强调人与人之间的社会关系的和谐和人的内在价值的提升;佛家以"德"为本,注重人内心的和谐和心智价值的提高。除这三家之外,中国传统文化还有许多非主流的但影响很大的文化价值。在几千年的历史发展中,中国边缘少数民族文化、非中国文化圈的他者文化,大多能被中国主体文化吸收和同化,成为中华文化的一个部分。因此,可以断言,多样性与包容性是中国文化的最大特点,中国文化模式是一个"包容型"的模式。

"中国的品格"根植于中国传统文化之中,是中华文明所打造出来的一种特有的品质。文化是民族的血脉,是人民的精神家园,也是政党的精神旗帜。中国共产党是一个具有高度文化自觉和文化自信的马克思主义政党,代表中国文化的前进方向,在领导中国革命、建设、改革各个历史时期,高度重视文化建设,不断探索文化发展规律,在实践中走出了一条中国特色的文化发展道路,不仅丰富和发展了马克思主义文化理论,也创造了具有中国特色的社会主义新文化。"中国模式"所有特点的背后都有中国文化底蕴的支撑。"中国模式"体现着"民生为大""和谐中道""以和为贵"的文化思想。

中国文化模式还应该包括中国共产党奋斗90多年形成的红色文化传统,例如,北伐时期共产党人的风范,红军时期的井冈山精神、抗日战争和解放战争时期的延安精神等,中国共产党人无私奉献、密切联系群众的作风、为人民服务对宗旨等,都沉淀到中国文化系统的深处,构成中国文化传统的新成分和新特点,是所谓新传统。这种中国共产党人创造的中国文化的新传统、新特质，也是支撑"中国模式"的重要乃至关键文化因素。

"中国模式"不同于资本主义发展模式，也不同于传统社会主义发展模式，而是一种在经济全球化时代还处在发展过程中的中国特色社会主义发展模式。它从经济层面建构了一种崭新而高效的社会主义基本经济制度；从政治层面建构了一种全新而有效的社会主义基本政治制度；从文化层面则建构了一种开放包容、富有活力的社会主义思想文化体系。

（五）"中国模式"的生态之维

中国现代化模式正在避免西方现代化过程中的是生态危机。西方是现代化完成后才重视生态环境的保护，而中国在现代化尚未完成的时候就高度重视生态保护问题，中国的现代化内在地包含着生态环境保护。我国早就确立了坚持节约资源和保护环境的基本国策，提倡社会主义生态文明建设，强调正确处理人与自然的关系，提出了建设中国特色社会主义生态文明的任务，正在走出一条和谐发展、全面发展、可持续发展和循环发展的道路。

四 "中国模式"内涵的总体概括

综合国内外对"中国模式"概念的实际使用，可以发现，这一概念具有双重内涵：一是指中国特色的社会主义模式，主要区别于苏联模式的社会主义；二是指中国特色的现代化模式，主要区别于西方现代化模式。

研究"中国模式"的旨趣是，推动中国成功地在社会主义道路上实现现代化，即社会主义现代化。中国特色的社会主义不是苏联模式的社会主义，也不同于马克思主义经典作家书本上描绘的社会主义，而是"中国模式"的社会主义；中国特色的现代化模式不同于西方发达国家的现代化模式，而是社会主义道路上的社会主义，是社会主义制约和范导下的现代化。总之，"中国模式"就是社主义与现代化成功结合的模式,是社会主义与现代化互文、互促、共进的模式。但是,国内外分析和研究"中国模式",往往是片面的,要么只是把"中国模式"视为一种发展模式或现代化模式,要么只是把"中国模式"视为一种社会主义模式。实际上,"中国模式"是社会主义模式和现代化模式的有机统一,是二位一体的。

因此,本课题指称的"中国模式",指在改革开放的实践过程中,我国逐渐形成的具有中国特色的社会主义模式和具有中国特色的现代化模式,即具有中国特色的社会主义现代化模式。这个模式是本课题的研究对象,本课题就是要从哲学的角度揭示这个模式的本质、特征、成功规律、重大意义、发展趋向等重大问题。

第二章 "中国模式"与马克思主义哲学（上）
——"中国模式"的辩证唯物主义蕴含

客观地看，"中国模式"在实践中已经取得巨大成就，其原因是什么呢？各门具体学科对此都发出了自己的声音，但马克思主义哲学的声音还不够响亮。本章从辩证唯物主义的角度解读"中国模式"，下一章从历史唯物主义的角度解读"中国模式"，力图以马克思主义哲学为指导，揭示"中国模式"成功的奥秘。

"中国模式"是在全球化背景下，中华民族在中国共产党领导下把马克思主义的普遍原理与当代中国国情和历史文化传统、社会制度以及时代特征相结合，成功走出的一条后发国家现代化之路。这是一条以改革开放和社会主义现代化建设为实践基础的、以中国特色社会主义为奋斗目标的、以中国特色社会主义理论体系为指导思想的完全新型的现代化道路。"中国模式"蕴含了丰富的辩证唯物主义科学的世界观和方法论。

一 "中国模式"蕴含的马克思主义世界观

（一）"中国模式"体现了实践第一的哲学理念

实践是马克思主义哲学的基石。实践观是马克思主义首要的基本的观点，马克思主义的理论实质就是以实践性为根本特征的实事求是精神，坚持一切从实际出发，理论联系实际，在实践中认识、检验和发展真理，就要用实事求是精神来把握马克思主义的理论实质。中国共产党在领导中国人民探索社会主义建设道路的过程中不是照搬马克思主义的教条，而是运用马克思主义的基本立场、观点和方法，立足于中国社会主义建设、改革开放的实际，科学审视面临的新情况、新问题，不断回答时代提出的新课题，从而产生了作为中国现代化道路指导思想的中国特色社会主义理论体系。改革开放以前，我们对马克思科学社会主义理论背得滚瓜烂熟并在实践中逐字逐句的照搬，但社会主义的优越性却没能得到充分的发挥，反思这一历史过程，使我们党认识到，探索社会主义发展的具体道路，不能拘泥于马恩的经典论述，社会主义道路应该怎样走，不是靠本本，而是靠实践，靠实事求是。在思考"什么是社会主义、怎样建设社会主义"这个首要的基本问题上，我们党从我国脱胎于半殖民地半封建社会、生产力落后、人民生活水平低下的实际出发，从解放和发展生产力的高度理解和把握社会主义本质，围绕经济建设这个中心，制定和实施各项战略部署。在思考"建设一个什么样的党、怎样建设党"这个基本问题上，坚持从实际出发、实事求是、与时俱进的科学态度，客观看待党的时代任务、科学判断党的历史方位、执政环境以及由此引起的阶级结构的变化和特点，注重以改革创新精神全面推进党的建设新的伟大工程。在思考"什么是发展，中国应该实现怎样的发展"问题上，进一步解放思想、实事求是。在总结我国发展和其他国家发展正反两方面经验、科学分析社会主义初级阶段在新世纪新阶段的阶段性特征基础上，借鉴国外先进发展理念，提出了以人为本的科学发展观。在思考"什么是马克思主义，怎样坚持和发展马克思主义"的问题上，坚持用历史的、具体的、实践的、发展的眼光来科学对待马克思主义，一方面坚持"老祖宗"不能丢；另一方面又运用马克思主义的基本原则来分析、看待中国改革开放和现代化建设实践面临的新情况、新问题，说出"老祖宗"没有说出的"新话"，不断开拓马克思主义中国化的新境界。正如胡锦涛所说："中国特色社会主义道路之所以完全正确、之所以能够引领中国发展进步，关键在于我们既坚持了科学社会主义的基本原则，又根据我国实际和时代特征赋予其鲜明的中国特色。"①

（二）"中国模式"体现了遵循客观规律与发挥主观能动性的辩证统一的哲学理念

"中国模式"是中国共产党把马克思主义的普遍原理和中国社会主义现代化建设实践相结合，领导人民进行创造性实践所取得伟大成果。既顺应了人类社会发展的基本趋势、遵循了现代化建设一般规律，同时，也是我们党领导人民发挥聪明才智不断进行实践创新所取得的历史成果，充分体现了尊重客观规律与发挥主观能动性的统一。马克思从来既承认客观物质世界的规律性，又承认人的主观能动性，并把二者辩证统一起来。在他看来，整个物质世界包括自然界、人类社会和思维都有不以人的意志为转移的客观规律性，人类社会如同自然界一样也是一个"自然历史过程"，有着不以人的意志为转移的客观发展趋势。同时又认为人作为历史发展的主体，并不是只能消极地适应必然，而是可以通过认识和把握规律，发挥能动作用，自觉地创造历史。社会规律给人的活动所提供的并不是一种唯一的现实可能性，而往往是一个由多种现实可能性组成的可能性空间，至于何种可能性成为现实，则离不开人的主观能动性发挥，离不开人的自觉选择。马克思主义哲学要求把客观规律的决定作用与主体的能动选择有机地统一起来，反对将其简单对立以及片面化、极端化。"中国模式"的形成，首先顺应了社会历史发展的客观规律。人类社会是经济、政治、文化生态等方面有机统一的整体，它们之间的协调、有序和可持续发展是社会文明进步的重要标志。在探索中国特色社会主义道路的过程中，中国共产党把实现经济、政治、文化、生态和社会的协调发展、为广大人民谋福祉作为其矢志不渝的追求和奋斗目标。中国共产党领导人民夺取新民主主义革命的胜利，建立人民当家作主的国家，就是要改变旧中国

---

① 胡锦涛：《高举中国特色社会主义伟大旗帜　为夺取全面建设小康社会新胜利而奋斗》，人民出版社2007年版，第11页。

经济、政治、文化社会等方面极为不协调的面貌;改革开放和现代化建设的新时代,中国共产党把握时代潮流,立足中国国情,在科学分析世情、国情和党所处历史方位的基础上,树立以人为本,全面、协调、可持续的科学发展观,制定把我国建设成为富强、民主、文明、和谐的现代化国家的发展目标,有效地保证了中国社会和谐、有序、健康的发展。从这个意义上说,"中国模式"是遵循社会历史发展规律的模式。同时,"中国模式"既是中国发展道路的选择,又是中国共产党人领导中国人民不断开拓创新的选择,充分发挥了中国人民的聪明才智。现代化是一切国家民族摆脱贫穷落后走向富强的必经之路,体现了历史发展的必然趋势。作为历史必然性,任何国家和地区必须经过现代化道路,中国也不例外。但是,由于不同国家所处时代不同、具体国情不同、面临环境不同、历史文化传统不同、动力机制不同,推进现代化的战略、道路、体制、政策等必然存在很大的差异,因此,现代化没有统一固定的模式。过去,我们对此缺乏科学认识,简单照抄照搬苏联模式,使我们在现代化道路上走了很多弯路,遇到了很多曲折。总结历史经验,我们认识到作为后发现代化国家,我们可以学习借鉴别国的先进经验,以他人之长补我之短,减少发展代价,但绝不能简单移植,而必须充分发挥我们的主观能动性,选择适合自己的发展模式。基于此,我们在经济转轨的路径选择上,与苏联和东欧国家不同,没有采取激进的"休克疗法",没有谋求一步到位,而是采取了"摸着石头过河"的渐进式改革模式。我国的渐进式改革是以从农村到城市、从非公有制经济到公有制经济、从沿海到内地、从小城市到大城市、从外围到核心等逐步推进,正确处理改革、发展、稳定的关系,人民群众的生活水平和整个社会的市场观念在改革过程中稳步提高,国家的综合实力和竞争能力也明显加强。政治上,坚持四项基本原则,始终坚持中国特色社会主义政治发展道路,积极稳妥地推进政治体制改革,使政治体制改革与经济体制改革相匹配,并随着经济社会发展而不断深化。经济上,把社会主义市场经济体制同社会主义基本制度有机地结合起来,努力把社会主义基本制度的优势同市场的优势结合起来，充分利用市场对各种经济信号反应比较灵敏等优点，发挥市场在资源配置中的基础性作用，同时通过宏观调控克服市场经济的盲目性、自发性等弱点，使我国社会主义制度的优越性更加充分地发挥出来。文化上，在敏锐认识到日趋激烈的文化软实力竞争说到底就是核心价值观竞争的情况下，我们努力把社会主义核心价值体系融入文化建设的各个方面，坚持用社会主义核心价值体系引领社会思潮，使全社会形成统一的指导思想、共同的理想信念、强大的精神支柱和基本的道德规范。外交上，中国顺应和平与发展的时代潮流，在发展道路的选择上，没有重蹈一些国家军事扩张的覆辙，不是通过掠夺别国和把矛盾和问题转嫁给其他落后国家来发展自己，而是选择的一条和平发展道路，充分利用国际和平环境，依靠本国人民独立自主的发展壮大。可见，正是中国共产党领导中国人民不断发挥主观能动性，才使"中国模式"打上了鲜明的"中国烙印"，体现出"中国特征"和"中国气派"。

（三）"中国模式"体现了物质世界是多样性统一的哲学理念

"中国模式"、中国道路的选择，既看到了世界的普遍联系，具有统一性、普遍性的一面性，又尊重不同阶层、不同民族、不同国家在具体诉求方面的差异性，求同存异，体现了世界多样性统一的哲学理念。马克思主义认为，世界是多样性的统一。不同的国家因为具体国情和自身利益的不同，在发展道路、社会制度和价值观念上的选择自然也就不同，不能强求一致，但也不能因为特殊性而无视或否定事物相互之间的普遍联系。中国有句古话说得好，"和实生物，同则不济"。强求一律，只会导致人类社会僵化衰落。遵循这一原则，"中国模式"提出的一系列建设和发展举措都显现出多元一体，相得益彰的特点。公有制为主体，多种所有制经济共同发展的基本经济制度，使社会生产力获得了巨大的解放，按劳分配为主体，多种分配方式同时并存，使公平和效率的矛盾在一定程度上得到了较好解决，党的民族区域自治政策使一个拥有 56 个民族的国家形成了多元统一、和谐发展的局面;"一国两制"的科学构想,成功解决了香港、澳门的回归和治理问题;"百花齐放、百家争鸣"方针为繁荣和发展社会主义文化提供了科学指南;而对内构建和谐社会、对外构建和谐世界更是物质世界是多样性统一哲学思想的生动体现。"中国模式"在处理不同利益诉求方面既求同存异、又凝聚共识。随着改革开放社会主义市场体制的不断推进,我国已进入改革发展的关键期,经济体制深刻变革、社会结构深刻变动、利益格局深刻调整、思想观念深刻变化,这种空前的社会变革,使社会产生了不同的社会阶层,它们在与人民群众根本利益一致的前提下,产生了自己的不同利益诉求、思想观念和价值判断,对于这些不同观点的争鸣,我们党善于区分学术观点与政治立场、注重分析思想观点和是非立场问题,注重在多元中寻求主导,于多样中寻求共识,强调既要"弘扬主旋律,"又要"提倡多样化",在积极营造日益宽松的舆论环境的同时,极大地凝聚了社会各界关于改革发展的共识,最大限度地汇集了各方智慧,团结一切可以团结的力量共同致力于中国特色社会主义建设事业。"中国模式"在处理国家关系方面也遵循了多样统一原则,互惠共赢,和平发展。和平共处、合作交流、互利共赢一直以来是中国奉行的外交战略。在和平、发展、合作成为时代主题的今天,中国摆脱贫穷走向富强决不能重复其他国家走过的老路,尤其是在全球化以不可阻挡之势扑面而来,任何一个国家的发展都必须融入全球化洪流之中,国与国之间的相互依赖已千丝万缕,在国际金融危机面前,任何形式的单边主义或贸易保护主义行径,结果只能是损人不利己,甚至两败俱伤,唯有携手合作,共同应对,在充分尊重各自核心利益的同时,竭力发展和维护共同利益,才能共渡难关,共克危机。中国走和平发展道路,不当头、不称霸的根本立场给世界带来了机遇,也给自身发展赢得了机遇。

二 "中国模式"蕴含的马克思主义价值观

价值观是指人们在处理价值问题所持的立场、观点、态度的总和。中国特色社会主义发展道路的选择，中国经济、政治、文化、社会等方方面面的发展归根到底是为了满足人民群众日益增长的物质文化需求，促进人的全面发展。这种以人为本的价值观，是马克思主义价值观的生动体现。马克思主义认为，人类历史的发展过程既是人类按照世界的本来面目去认识和改造世界的过程，即追求真理的过程，又是人类按照自己的利益、需要、目的去认识和改造世界的过程，即实现价值的过程。"历史不过是追求着自己目的的人的活动而已"[①]，人的一切社会活动的最终目的，社会的发展最终目标都是为了人，为了满足人们不断增长的物质文化需要，为了实现人的自由全面发展。马克思、恩格斯在《共产党宣言》中指出："代替那存在着阶级和阶级对立的资产阶级旧社会的，将是这样一个联合体，在那里，每个人的自由发展是一切人的自由发展的条件。"[②] 人类按照这一"目的"的理想性诉求规范和校正着人类的实践活动，从而使人类的实践活动成为实现人自身目的的历史过程。中国共产党自成立之日起，就始终把全心全意为人民服务作为根本宗旨，把实现好、维护好、发展好最广大人民群众的根本利益作为其根本的价值取向。中国现代化的发展历程也是一个实现人的发展这一价值目标在现代化发展战略中日益凸显的过程。改革开放前的很长一段时间，由于"以阶级斗争为纲"，偏离是人的发展的目标，使人的发展问题一度受到极大地伤害。改革开放以来，随着我们党的工作重点从过去"以阶级斗争为纲"转移到"以经济建设为中心"的轨道上来，我国经济社会发展取得了长足进展，人的发展问题得到了很大改善。步入 21 世纪，我国进入全面建设小康社会的新阶段，我们党把努力促进人的全面发展作为其奋斗目标。而科学发展观的提出，把以人为本作为社会发展的核心价值理念，更是彰显了社会发展的人文价值关怀，为人的发展的价值目标赋予了现实意义。

---

① 《马克思恩格斯全集》第 2 卷，人民出版社 1957 年版，第 118—119 页。
② 《马克思恩格斯选集》第 1 卷，人民出版社 1995 年版，第 294 页。

(一)"中国模式"以人为本的价值诉求体现了价值目的和价值创造的统一

价值反映着客体与主体之间的效用关系,在本质上是客体满足主体需要的属性。中国现代化道路作为主体的实践活动,它的价值目的理应是作为价值主体的人民群众需要的满足。"中国模式"把以人为本作为核心理念,首先肯定了人的目的性价值和意义。强调社会的一切发展,都要围绕着人而展开,都是为了满足人的需要,为人的全面发展提供条件和手段。它把是否满足价值主体的需要作为根本目的,从而引导和规范着现代化实践的价值选择和价值追求。同时,"中国模式"以人为本的核心理念,又肯定了人的手段性价值和意义。从事实践活动的人本身就是目的和手段的统一。在人与人的关系中,"每个人的自由发展是一切人的自由发展的条件"。每个人的全面发展都离不开自我主体的发展和同样作为主体的他人的发展,在以我为目的的东西可能成为他人发展的手段,他们互为目的和手段。在人与社会的关系中,人的全面发展,既是社会发展的价值追求,又是社会发展的重要手段。在实践活动中,人既是价值主体,又是实践主体(价值创造的主体),作为价值主体,人是目的,作为实践主体,人又是手段。人的全面发展,人民群众物质文化生活的满足,劳动者科学文化素质的不断提高既是社会发展的价值追求,也是社会发展和文明进步的重要手段。江泽民指出"推进人的全面发展,同推进经济、文化的发展和改善人民群众物质文化生活,是互为前提和基础的。人越全面发展,社会的物质财富就会创造得越多,人民的生活就越能得到改善,而物质文化条件越充分,又越能推进人的全面发展"。中国共产党在探索现代化道路的过程中,始终坚持群众路线和群众观点,把"一切为了群众"实现人民群众的根本利益作为其工作的出发点和归宿点,把"一切依靠群众"作为"一切为了群众"的重要途径和手段。"三个有利于"标准把提高人民的生活水平作为衡量价值实践的尺度;"三个代表"重要思想把是否代表中国最广大人民群众的根本利益作为判断党的先进性的重要标准;科学发展观把以人为本作为核心价值理念，"中国模式"以人为本的核心理念，强调发展为了人民、发展依靠人民，充分尊重人民群众的首创精神是贯彻党的群众路线的必然要求。

（二）"中国模式"以人为本的价值选择体现了个体价值和整体价值的统一

"中国模式"注重整体发展，树立全局协调的观念，绝不否定或排斥个体的发展。核心价值理念中以人为本的"人"，既包括人民群众这一整体，也包括人民群众中的每一个个体。社会历史发展的价值主体有整体和个体两个层次，社会历史发展存在着整体利益与个体利益的矛盾。一方面，个体的人是一切社会存在的前提，是社会存在、运行和发展的具体承载主体。社会进步必须以实现人的个体利益等现实需要为出发点，只有个体的需要得到满足，对个人的正当权利和差异性给予合理尊重，才有人类社会的存在、发展和文明进步。因此，以人为本首先表现为以个体为本。另一方面，个体在社会中不是孤立的而是结为群体的存在，群体一旦形成便成为个体不能摆脱的社会环境。离群索居的个体在现实生活中是不存在的。因此，从这个意义上说，以人为本就必然要以人民群众整体为本。社会的发展进步表现为人民群众整体需要的满足。社会发展决定着人的发展，只有社会不断发展才能为人的全面发展提供物质的、精神的条件。中国在现代化建设实践中既关照人民群众个体的利益，又关照人民群众的整体利益，实现了个体价值和整体价值的有机统一。改革开放以来，随着社会主义市场经济体制的建立，我们走出了过去在计划经济体制下片面地强调"集体本位"、个体的价值和独立性淹没在集体之中的误区，人们的独立性、主体性进一步增强，独立的"个人"已成为社会的现实，个体的独立性、主动性、创造性空前提高。我国农村和城市的经济体制改革，极大地解放了生产力，独立的生产经营个体、独立的商品生产者大量涌现，人们在经济生活中的独立性日益显现。与此同时，个人的政治地位和权益不断得到重视和确认。对改革开放以来新涌现出的民营科技企业的创业人员和技术人员、受聘于外资企业的管理技术人员、个体户、私营企业主、中介组织的从业人员、自由职业人员等新的社会阶层的政治地位给予了充分肯定，明确提出他们也是中国特色社会主义事业的建设者，并允许这些新阶层的先进分子入党。同时，在修改宪法时还把"尊重和保护人权"、"公民合法私有财产不受侵犯"等保护个人利益和权利的思想载入了宪法之中，将个人的发展推进到了新的阶段。

（三）"中国模式"以人为本的价值目标体现了理想和现实的辩证统一

建设有中国特色社会主义，把以人为本促进人民现实的物质文化生活水平提高和促进人的全面发展统一起来，在价值目标上体现了理想和现实的有机统一。努力促进人的全面发展是中国现代化发展的理想追求，促进人民群众物质文化生活水平的提高则是我们党在现阶段推进社会主义现代化的实践诉求。实现"人的自由全面发展"，是人作为类存在的最高价值体现，是人类为之奋斗的终极目标，也是衡量和评价社会发展进步的理想尺度。然而，实现"人的自由全面发展"是一个永无止境的漫长过程，人类至善至美的最高理想要通过无数发展阶段人们的不懈追求才有可能实现。每一个具体发展阶段由于面临的具体矛盾不同，实现人的全面发展的理想目标就会具体化为各个阶段的具体奋斗目标。在我国现阶段人民群众日益增长的物质文化需求同落后的社会生产的矛盾决定了我们必须把发展生产力作为根本任务，把提高人民群众物质生活水平作为奋斗目标，积极为促进人的自由而全面发展创造条件，而以人为本则是为我们立足现实实践、追求理想目标指明了方向。它要求我们要把以人的全面发展为目标，从人民群众的根本利益出发谋发展、促发展，不断满足人民群众日益增长的物质文化需要，切实保障人民群众的经济、政治、文化权益，让发展的成果惠及全体人民。对人类终极价值和社会发展进步终极理想目标的追求，体现了对人的终极关怀；对人的现实价值生活和社会发展进步的现实具体目标的追求，体现了对人的现实关怀。"中国模式"的价值目标，兼具终极性目标和阶段性目标两个层次，体现了党的最高纲领和最低纲领的统一。一方面，党的最终目标是实现共产主义的社会制度，社会主义的最终价值目标在于人的"自由而全面的发展"；另一方面，人的全面发展又是一个逐步实现的历史过程，"每个人自由全面发展的共产主义理想是对现实社会中的人的全面发展走向未来的价值指引；而现实的人的全面发展每前进一步都是对前者的接近和证明"。[①] 江泽民在"七一"讲话提出要"不断推进人的全面发展"，科学发展观的核心强调以人为本。胡锦涛在美国耶鲁大学的演讲中指出："中华文明历来注重以民为本，尊重人的尊严和价值。早在千百年前，中国人就提出，民惟邦本，本固邦宁，天地之间，莫贵于人，强调要利民、裕民、养民、惠民。今天，我们坚持以人为本，就是要坚持发展为了人民、发展依靠人民、发展成果由人民共享，关注人的价值、权益和自由，关注人的生活质量、发展潜能和幸福指数，最终是为了实现人的全面发展。"[②] 以胡锦涛为总书记的领导集体，把以人为本作为中国社会主义现代化的价值选择，清楚地表达了中国社会发展的目的。在党的十七大报告中，胡锦涛总书记指出："全心全意为人民服务是党的根本宗旨，党的一切奋斗和工作都是为了造福人民。要始终把实现好、维护好、发展好最广大人民的根本利益作为党和国家一切工作的出发点和落脚点，尊重人民主体地位，发挥人民首创精神，保障人民各项权益，走共同富裕道路，促进人的全面发展，做到发展为了人民、发展依靠人民、发展成果由人民共享"。[③] 在十八大报告中他再次强调："为人民服务是党的根本宗旨，以人为本、执政为民是检验党一切执政活动的最高标准。任何时候都要把人民利益放在第一位，始终与人民心连

---

① 王锐生：《论人的两种全面发展》（对话），《首都师范大学学报》（社会科学版）2002年第1期。

② 胡锦涛：《在美国耶鲁大学的演讲》，新华网（www.xinhuanet.com）2006年4月22日。

③ 《解放思想党员干部学习读本》，中央文献出版社2008年版，第263—264页。

心、同呼吸、共命运，始终依靠人民推动历史前进。"这正是对马克思人的全面发展思想的继承、发展和在现阶段的具体化，是人的全面发展的当代形态。在社会主义初级阶段我们尚不具备实现人的全面发展的条件，但是我们党能够坚持以人为本的发展观，自觉地在实现人的全面发展的未来理想引导下，实事求是、脚踏实地为促进人的全面发展条件，实现了理想与现实的互动。

三 "中国模式"蕴含的马克思主义方法论

"中国模式"是中国共产党人运用马克思主义的基本立场、观点、方法在分析中国国情、社会制度以及时代特征基础上，走出的一条现代化道路，它既遵循了马克思主义所揭示的人类历史发展的规律，又是我们党领导中国人民进行的实践性创新，蕴含了马克思主义科学的方法论。

（一）"中国模式"蕴含了理论联系实际的科学方法

一切从实际出发，理论联系实际、实事求是，在实践中检验真理和发展真理是我们党的思想路线，也是中国现代化建设遵循的科学方法。马克思主义理论是关于自然界、人类社会和人的思维发展的普遍规律的理论，它揭示了人类社会基本发展趋势，体现和反映了社会主义运动的基本原则和普遍性。我国社会主义现代化建设必须毫不动摇地坚持这一理论，邓小平指出"我们搞改革开放……老祖宗不能丢啊！"[①] 中国社会主义现代化进程中，始终坚持社会主义发展方向，坚持马克思主义一元化指导，把解放和发展生产力作为根本任务，把实现共同富裕和人的全面发展作为奋斗目标，做到了坚持老祖宗"不能丢""没有丢"。但是，马克思主义作为总的指导原理，它只是揭示了人类发展的大致的发展走向，不可能为每一个历史阶段的人们提供求解各个阶段上时代课题的精确答案，而

---

① 《邓小平文选》第3卷，人民出版社1994年版，第36页。

只能提供"进一步研究的出发点和提供这种研究的方法"。正如列宁所指出：马克思主义"提供的只是总的指导原理，而这些原理的应用具体地说，在英国不同于法国，在法国不同于德国，在德国不同于俄国"。不同民族、不同国家，由于面临的世情、国情、党情、民情不同，在实践中就不能机械套用这一理论，而应将其一般原则同各国的具体实践相结合，把它转化为能够具体指导现实运动的路线、方针政策和相应的体制机制方式方法等。而"中国模式"最突出的特征，就是运用马克思主义的基本立场、观点和方法，从中国特殊的经济、政治条件出发，思考中国改革开放和现代化建设实践面临的新情况、新问题。结合中国脱胎于半殖民地半封建社会，生产力水平落后的实际，我们党对我国所处社会发展阶段进行科学认识，制定出了符合社会主义初级阶段实际的路线、方针、政策；结合和平与发展的时代主题和科技突飞猛进的实际，我们对内搞活与对外开放，把发展市场经济与坚持社会主义制度有机结合起来，妥善处理好促进改革发展与保持社会稳定的关系；结合社会主义的本质要求，我们党提出了构建社会主义和谐社会的目标，把提高效益与促进社会公平有机统一起来，实现了全体劳动者共创发展成果、共享改革成果。改革开放以来，我国国民经济之所以出现持续健康快速发展的良好势头，人民的物质文化生活之所以发生令人瞩目的巨大变化，中国社会主义的旗帜之所以栉风沐雨而高高飘扬，根本原因就是我们把马克思主义原理与中国实际有机结合起来，走出了一条中国特色的社会主义道路。总之，"中国模式"把原则性和灵活性结合起来，既把握了中国特色社会主义的基本政治方向，又开辟了中国特色社会主义广阔的发展空间。正如邓小平指出，"把马克思主义的普遍真理同我国的具体实际结合起来，走自己的道路，建设有中国特色的社会主义，这就是我们总结长期历史经验得出的基本结论"。

（二）"中国模式"蕴含了统筹协调的科学方法

把社会作为一个有机统一的整体，实现经济、政治、文化、社会的全面、协调、可持续发展,既是科学发展观的本质要求,也是"中国模式"的鲜明特色。唯物辩证法认为,整个世界是一个普遍联系的整体,任何事物的发展都是一个系统发展过程,统筹协调好系统内部各要素之间的关系以及系统与外部环境条件的关系,是事物良性发展的内在要求。"中国模式"秉承马克思主义唯物辩证法的这一基本原则,在探索中国现代化发展道路的过程中,运用全面的、系统的、协调的观点处理面临的各种矛盾和问题,蕴含了统筹协调的科学方法。首先,"中国模式"体现了整体性原则。现代化是一个包含经济、政治、文化、思想等方面深刻变化的系统工程。整体性是系统的本质特征。中国现代化只有从系统整体性出发,对系统的要素、结构、层次、功能、环境等方面进行全面的审视和思考,才能抓住其整体特征和发展规律。"中国模式"中无论是社会发展理念还是现代化建设实践都蕴含了系统整体性原则。从发展理念看,中国社会主义现代化发展战略是包括战略目标、战略步骤、战略重点的系统有机整体;科学发展观更是摒弃了传统的片面追求经济增长的单一发展理念,强调经济、人口、资源、环境、生态等方面的全面发展。从现代化的实践层面看,中国现代化从系统整体的全局出发,追求经济、政治、文化、教育、科技和社会发展的全面发展,实现了经济持续健康发展、民主政治稳步推进、教育科学成果丰硕、社会发展稳定和谐的全面进步。其次,"中国模式"体现了协调性原则。注重社会发展各方面因素的协调,妥善解决各因素之间的矛盾和冲突,既是社会和谐健康发展的重要条件,也是"中国模式"的成功经验。唯物辩证法认为,系统的性质是由系统的结构决定的。系统内部各要素的相互协调是系统保持相对稳定、从无序转向有序的内在机制。而"中国模式"妥善地处理和协调好了现代化建设过程中诸要素的相互关系,使中国社会呈现出良性运行和协调发展的局面。中国现代化强调经济社会的全面协调发展,通过一系列经济、政治、文化体制改革,调整生产关系中不适合生产力发展的环节和方面,调整上层建筑中不适合经济基础发展的环节和方面,努力实现经济更加发展、民主更加健全、文化更加繁荣、社会更加和谐的目标。中国现代化道路不是一条以牺牲自然和社会发展为代价的道路，而是一条协调好人与自然、人与环境、人与人、人与社会关系的生产发展、生活富裕、生态文明的发展道路。最后，"中国模式"所要实现的发展是以人为本的全面、协调、可持续发展，强调要通过统筹城乡发展，改变城乡二元经济结构，建立现代社会经济结构转变，实现城乡和谐发展；要通过统筹区域发展，把握大局，兼顾各方，促进东部、中部、西部的共同发展与和谐发展；要通过统筹经济和社会发展，改变经济与社会发展"一条腿长，一条腿短"的状况，实现经济与社会和谐发展；要通过统筹人与自然的关系，重视人口、资源、环境在经济与社会发展中的作用，建立一个资源节约型、环境友好型社会；要通过统筹国内发展和对外开放，利用国内外两种资源、两种市场，把国内的和谐发展与国际的和平发展结合起来。统筹中央和地方关系，统筹个人利益和集体利益、局部利益和整体利益、当前利益和长远利益等。所有这些，都充分表明了"中国模式"内含着深厚统筹协调方法。

（三）"中国模式"蕴含了循序渐进的科学方法

遵循社会发展是渐进性和连续性的统一，运用循序渐进的科学方法，推进中国经济、政治、文化和社会方方面面改革，实现经济社会持续、稳定、协调、健康发展，也是"中国模式"的重要特征。唯物辩证法质量互变规律告诉我们，任何事物的量变都是一个渐变的过程，而事物的质变虽然是显著变动但也有一个量的扩张过程，循序渐进是事物量变质变的显著特点。"中国模式"选择循序渐进的发展方式，使我国现代化呈现出渐进发展的中国特色。首先，"中国模式"的改革是在稳定中有序推进。面对中国改革这场第二次革命，我们没有采取疾风暴雨式的群众运动和阶级斗争，也没有采用以激进方式转向私有化的"休克疗法"，而是谋求在社会稳定中有序地推进改革发展。在改革的方向上，确立了"一个中心、两个基本点"的基本路线，在坚持四项基本原则的前提下有序推进改革，避免了大起大落，保证了改革的性质和基本方向；在改革的具体路径上，确立了有计划分阶段的改革步骤。一方面邓小平提出了经济社会发展"三步走"的战略目标、江泽民提出了第三步的具体实施步骤，胡锦涛具体规划了全面建设小康社会和全面建成小康社会的奋斗目标；另一方面我们改革先易后难、先体制外后体制内、先农村后城市、先沿海后内地、先经济领域再向政治、社会、文化领域扩展和整体推进，这种非均衡发展战略通过增量改革逐步转向和谐发展；在改革的方法上，"摸着石头过河"，采取试点、实验方式，通过试点及时总结经验和教训，校正改革的步骤，成功的做法就在更大范围内推广，这种循序渐进的改革发展方式，使社会生产力从计划经济体制的束缚中解放出来，使中国经济社会既保持了社会主义性质又得到快速发展，使改革在不断深入的同时也保证了社会的稳定。其次，"中国模式"的发展是有计划分阶段的渐进发展。邓小平早在20世纪80年代末就提出了我国经济社会发展分三步走的战略目标，制定了我国经济社会从温饱型向小康型再到共同富裕型的渐进发展路径；新世纪新阶段，以江泽民为核心的党的第二代领导集体又把第三步具体化为21世纪头二十年的全面建设小康社会目标和21世纪中叶基本实现现代化的目标；为保证国民经济持续、稳定、协调、健康发展，我们摒弃单纯追求GDP高速增长的粗放发展方式，树立和落实科学发展观，转变经济发展方式，促进经济又好又快的发展，"好"字当头，就意味着我们的发展不是急于求成、急躁冒进，而是循序渐进的过程。最后，"中国模式"正确处理改革、发展、稳定的辩证关系。"改革是中国的第二次革命"，不搞改革、故步自封、墨守成规就无法维持社会的持久稳定和和谐发展；"发展才是硬道理"没有发展就没有社会稳定，发展是改革的最终目的也是解决社会不稳定的根本出路；"稳定压倒一切"，没有稳定的社会环境，任何改革和发展都无从谈起，稳定是保证社会各项事业得以顺利改革与发展的根本保障，是压倒一切的基本前提。"中国模式"将改革视为促进社会发展的根本动力和有效途径，但强调改革是和谐发展要求下的改革，其核心是通过体制创新与制度完善激发社会活力，增强自主发展能力；"中国模式"将发展视为重要目标，强调要树立和落实科学发展观，把发展作为执政兴国的第一要务，其实质是实现经济社会又好又快地发展；"中国模式"将稳定视为前提条件。强调社会和谐是改革发展的价值取向与保证机制，其实质是使改革发展成为人民的事业，激发人民群众参与改革的主体意识，让他们共享改革发展的成果。当代中国把统筹改革、发展、稳定的关系上升到和谐社会构建的高度来把握，把改革的力度、发展的速度与人民的承受程度结合起来综合考虑，在深刻的社会变革中保持了社会的平稳转型，这种循序渐进改革方式得到了国际社会的广泛认同。

四 "中国模式"蕴含的马克思主义辩证法

"中国模式"是中国共产党人把马克思主义的基本理论同中国社会主义建设的具体实践相结合进行的发展和创新，蕴含和渗透着马克思主义辩证法的精神实质。

（一）从"中国模式"的产生形成看，体现了理论性和实践性的辩证统一

理论和实践具有辩证统一性。实践是理论的基础，理论来源于实践并对实践具有服务和指导作用。列宁说："没有革命的理论，就不会有革命的运动。"[①] 从"中国模式"的产生形成看，中国特色社会主义建设的历史进程，既是不断总结实践经验上升为理论的过程，又是运用马克思主义理论指导中国改革开放和现代化建设的实践过程，是在实践中不断解决理论和现实矛盾的过程，充分体现了实践性和理论性的辩证统一。首先，"中国模式"的理论和实践主题具有同一性。建设中国特色社会主义是实现中华民族伟大复兴的实践主题。探索中国特色社会主义道路及其建设发展规律，马恩经典中没有现存答案，其他国家也没有可资借鉴的现存经验，迫切

---

① 《列宁选集》第1卷，人民出版社1995年版，第311页。

第二章 "中国模式"与马克思主义哲学(上)

需要我们党从解决面临的现实问题入手来进行理论的探索和创新。而探索中国特色社会主义道路面临的首要的基本问题就是"什么是社会主义"的问题,我们党正是在中国特色社会主义建设的实践过程中,在思考和回答"什么是社会主义,如何建设社会主义"的问题时形成了邓小平理论。世纪之交,中国共产党执政的历史方位发生了较大变化,如何提高党的执政能力和水平、如何提高拒腐防变和抵御风险能力是时代给执政党提出的新课题。我们党正是在探索"建设什么样的党、怎样建设党"的实践中不断进行理论创新,创立了"三个代表"重要思想。新世纪新阶段,我国发展进入关键期,也进入了矛盾凸显期,实践把回答"实现什么样的发展,靠谁发展、为谁发展,实现怎样的发展"问题提上了议事日程,我们党在借鉴国外发展经验、总结我国发展实践、冷静分析基本国情基础上进行理论的探索,提出了科学发展观。可见,探索中国特色社会主义道路的伟大实践过程,就是我们党在实践中不断进行理论创新,形成中国特色社会主义理论体系的过程。其次,在"中国模式"探索过程中形成的理论成果来源于实践又反过来指导实践。人民群众是建设中国特色社会主义的中坚力量,他们改造客观世界的实践活动是我们党理论创新的动力和源泉。实践中我们党尊重群众首创精神,汲取群众智慧,总结群众经验并不断升华为理论成果。从这个意义上讲,在"中国模式"探索过程中形成的理论成果是人民群众实践经验和集体智慧的结晶。然而,理论的使命不仅在于解释世界,更重要的在于改造世界。在理论创新过程中,我们党始终把理论研究和创新同回答时代提出的新课题相结合,同解决重大现实矛盾相结合,同指导中国特色社会主义建设实践相结合。因此,这些理论成果又具体表现为一整套治国理政的路线、方针、政策体系,以此来指导中国特色社会主义的伟大实践。最后,在"中国模式"探索过程中形成的理论成果中国特色社会主义理论体系在实践中不断经受检验和发展。理论体系系统地回答了经济文化落后的中国如何建设社会主义、如何巩固和发展社会主义的问题;如何在长期执政条件下保持党的先进性,提高执政能力和水平的问题;如何适应经济社会的发展要求，走科学发展之路，实现又好又快发展的问题。改革开放以来，正是得益于理论体系的指导，中国创造了令世人瞩目的成绩，彰显了理论体系的勃勃生机和活力。实践不断发展，创新永无止境。中国共产党始终立足于实际，研究新情况、总结新经验，提出新论断。社会主义本质论、初级阶段论、改革开放论、市场经济论、和谐社会论、祖国统一论、党的建设论、科学发展观等，无一不是我们党在总结实践经验的基础上进行理论创新的成果，它们不断丰富和发展着中国特色社会主义理论体系。探索中国特色社会主义的伟大实践是理论体系形成的深厚土壤。离开了实践，理论体系就将成为无源之水、无本之木。而理论体系又是指导中国改革开放和现代化建设的科学行动指南，并不断被中国特色社会主义建设伟大实践所检验、丰富和发展。

（二）从"中国模式"的基本特征看，体现了普遍性和特殊性的辩证统一

"中国模式"运用科学社会主义的一般原则来指导中国社会主义建设，"既坚持了科学社会主义的基本原则，又结合我国实际和时代特征赋予其鲜明的中国特色"①，充分体现了普遍性和特殊性的辩证统一。科学社会主义揭示了人类社会的基本发展趋势，体现和反映了社会主义运动的普遍原则。坚持社会主义，必须毫不动摇地坚持这些原则。邓小平强调"我们搞改革开放……没有丢马克思，没有丢列宁，也没有丢毛泽东。老祖宗不能丢啊！"②其实就是讲科学社会主义的基本原则不能丢。"中国模式"把解放和发展生产力作为社会主义的本质要求，坚持公有制主体地位、发展社会主义民主、坚持马克思主义的一元化指导，把实现共同富裕和构建和谐社会作为社会发展的价值取向，把实现共产主义作为矢志不渝的奋斗目标。这一切表明，"中国模式"始终做到了老祖宗"不能

---

① 胡锦涛：《高举中国特色社会主义伟大旗帜为夺取全面建设小康社会新胜利而奋斗》，人民出版社2007年版，第11页。

② 《邓小平文选》第3卷，人民出版社1994年版，第369页。

丢""没有丢",坚持了科学社会主义的一般原则。然而,科学社会主义"所提供的只是总的指导原理,而这些原理的应用具体地说,在英国不同于法国,在法国不同于德国,在德国不同于俄国"。① 不同民族和国家,由于面临的世情、国情、党情、民情不同,在运用这一理论时,就必须将其同各国的具体实践结合起来转化为能够指导现实运动的路线、方针、政策等。而"中国模式"正是运用科学社会主义基本原则解决中国问题的典范,凸显了"中国特色"。首先,"回答的问题"具有中国特色。科学社会主义理论所要解决的问题是在资本主义高度发达的基础上,怎样冲破资本主义生产关系对生产力束缚,用生产资料公有制代替资本主义私有制的问题。而"中国模式"所要解决的是"什么是社会主义、怎样建设社会主义""建设一个什么样的党、怎样建设党""实现什么样的发展、怎样发展"的问题。其次,"理论探索的方法"具有中国特色。马恩科学社会主义认为资本主义与社会主义"两极对立",社会主义是在否定资本主义的过程中建立和发展起来。而"中国模式"在坚持科学社会主义的基本原则前提下,吸收包括资本主义社会在内的人类文明的优秀文化成果的基础上来发展社会主义,强调在改革开放的路径,经济、政治、文化和社会建设的操作方法,发展生产力的方式等方面,可以大胆地试、大胆地创,从而既把握了社会主义的基本政治方向,又开辟了广阔的发展空间,凸显了中国形式、中国风格、中国气派。最后,"选择的道路"具有中国特色。马恩虽不否认各国社会主义道路的特殊性,但他们认为社会主义代替资本主义应该用经济的计划性代替无政府状态,用公有制代替私有制。我国脱胎于半殖民地半封建社会,旧中国留给我们的基础"一穷二白",决定了"一大二公三纯"所有制结构,不符合初级阶段的生产力发展水平,否定商品经济、价值规律的作用,必然严重束缚了生产力的发展。由此,中国社会主义要符合初级阶段的实际,就必须改变"一大二公三纯"的所有制形式,发展

---

① 《列宁选集》第1卷,人民出版社1995年版,第27页。

社会主义市场经济、发展多种所有制经济以解放和发展生产力。因而被马恩曾经否定掉的市场经济、非公有制经济形式在我国现阶段还有其存在的必要性和合理性。总之,"中国模式"既不同于苏联模式,也不完全同于马恩设想的社会主义,它显示出社会主义道路的"中国特色"。邓小平指出:"马克思列宁主义的普遍真理与本国的具体实际相结合,这句话本身就是普遍真理。它包括两个方面,一个方面叫普遍真理;一个方面叫结合本国实际。我们历来认为丢开任何一面都不行。"[①] 中国特色社会主义包括科学社会主义和中国特色两个有机统一的方面。片面强调社会主义,不讲中国特色,把科学社会主义当作僵死的教条,必然使社会主义丧失生机和活力;片面地强调中国特色而不讲社会主义,必然使我们的现代化建设偏离社会主义的发展方向。而"中国模式"是普遍真理和本国实际相结合的典范,实现了社会主义普遍性和中国特殊性的具体的历史的统一。

(三) 从"中国模式"的探索方式看,体现了开放性和批判性的辩证统一

"中国模式"具有面向全球的开放视野,它以海纳百川的胸襟吸收和借鉴人类文明的优秀成果,同时,又继承马克思主义的批判精神,结合当今时代特征和中国国情对传统社会主义观、各种社会主义思潮以及"左"和右的思想观念进行辩证否定,从其探索方式上看,体现了开放性和批判性的有机统一。中国特色社会主义事业是开放的事业,"中国模式"的探索过程也是一个不断开放的过程。首先,"中国模式"探索视野具有开放性。建设中国特色社会主义必须要准确判断时代特征和世界形势。改革开放之初,邓小平在科学判断时代主题是和平与发展的基础上,把对外开放确立为我国的一项基本国策,开创了多层次全方位的对外开放的新格局。改革攻坚阶段,江泽民在分析政治多极化、经济全球化、科技突飞猛进、各种思想文化相互激荡的国际态势下,强调我国既要积极参与

---

① 《邓小平文选》第1卷,人民出版社1994年版,第258—259页。

第二章 "中国模式"与马克思主义哲学(上)

经济全球化,实施"走出去"与"引进来'相结合的原则,又要趋利避害,争取主动。全面建设小康社会新时期,胡锦涛在科学分析和平、发展、合作、开放成为时代潮流的前提下,强调坚持走和平发展道路,奉行互利共赢的开放战略。可见,正是得益于这种全球视野和世界眼光,中国特色社会主义的改革、发展和开放逐步融入到了全球化进程中。其次,"中国模式"探索思维具有开放性。社会主义是具有世界性的事业,"社会主义共和国不同世界发生联系是不能生存下去的,在目前情况下应当把自己的生存同资本主义的关系联系起来。"① 中国特色社会主义道理冲破了过去关起门来搞建设的封闭状态,纠正了与资本主义势不两立的思维方式,找到了全球化背景下社会主义发展创新之路。"中国模式"吸取和借鉴了其他社会主义国家兴衰成败和执政党建设的经验和教训,认识到人心向背关系到党的生死存亡,找到了执政党建设的规律。"中国模式"吸取和借鉴了其他国家发展的经验和教训,纠正了过去片面追求经济增长导致人与自然、人与环境极不协调的偏差,找到了中国特色的科学发展道路。最后,"中国模式"的探索基础具有开放性。变化发展的实践决定了理论的开放性。中国特色社会主义事业永无止境,随着改革开放进程的不断深入,实践的发展必然会提出新课题,也必然会催生新的理论成果。"中国模式"将不断吸纳整合理论创新成果,把实践中积累的新鲜经验上升到理论,提炼成能指导实践的科学论断,不断谱写马克思主义理论发展的新篇章。辩证法在对现存事物的肯定的理解的同时有包含对现存事物的否定的理解,"按其本质来说,它是批判的和革命的"②。我们党运用辩证否定的思维方法,在开放中学习,在批判中借鉴,使"中国模式"呈现出鲜明的批判性特征。首先,对社会主义认识的局限不断反思和突破。过去我们把苏联模式神圣化,把科学社会主义教条化,实践中照抄照搬,在反思"什么是社会主义"的过程中,我们党认识

---

① 《列宁全集》第41卷,人民出版社1986年版,第167页。
② 《马克思恩格斯选集》第2卷,人民出版社1995年版,第112页。

到社会主义没有固定模式，而应将科学社会主义基本原则与本国具体实践相结合，从根本上否定了把苏联模式绝对化、神圣化的传统观念。其次，与国内各种反社会主义、反马克思主义的思潮进行坚决斗争。中国特色社会主义事业是在不绝于耳的质疑和反对声中发展的。其中既有质疑和反对改革开放的"左"的思潮，又有主张全盘西化，质疑和反对社会主义旗帜和道路的右的思潮。对这些"左"或右的思潮我们党是态度坚决、旗帜鲜明加以批判，明确提出改革开放是发展中国特色社会主义的法宝，既要坚持社会主义道路，又要通过改革开放不断解决前进中的问题。再次，对以民主社会主义为代表的各种错误思潮进行了有力地批判。"中国模式"坚持马克思主义的指导地位，反对指导思想多元化；强调公有制占主体，反对实行所谓的"混合所有制"；坚持发展社会主义民主政治，反对资产阶级的民主宪政，从而对民主社会主义进行了彻底的否定。最后，对传统文化批判性继承、对西方文化批判性借鉴。中国特色社会主义扎根于中华大地，"中国模式"不断从中国文化中汲取其民主性的精华，剔除其封建性的糟粕，弘扬着中华民族精神。同时，在各种思想文化相互激荡的国际环境下，"中国模式"强调不同文明相互包容而不歧视、交流而不排斥、协商而不对抗、共处而不冲突，既要吸取和借鉴人类文明的一切优秀文化成果，又要抵御各种腐朽思想文化的侵袭。"中国模式"的开放性和批判性具有辩证统一性。开放性是批判性的前提，批判性则是科学开放的保证。只有在开放中批判，在批判中开放，以全球化视野把握当时代特征，以海纳百川的胸襟吸收和借鉴人类文明的一切优秀成果，以批判的精神抵御各种错误思潮的影响和腐朽文化思想的侵袭，在实践中不断吸纳和整合改革开放的新经验、新成果，中国特色社会主义发展道路才能永葆生机和活力。

（四）从"中国模式"追求的目标看，体现了科学性和价值性的辩证统一

我们党在实践和理论探索过程中坚持真理尺度与价值尺度的统

第二章 "中国模式"与马克思主义哲学(上)

一,始终把合规律性与合目的性有机结合起来,使中国特色社会主义发展道路展现出勃勃生机,实现了科学性和价值性高度统一。中国改革开放和现代化建设取得的巨大成就充分证明了"中国模式"的成功,而这一成功从根本上说在于指导中国特色社会主义伟大实践的理论具有鲜明科学性。首先,"中国模式"始终坚持了马克思主义的科学指导,实现了马克思主义基本原理同中国实际的有机结合,既遵循了人类社会发展的普遍规律,又立足于初级阶段的国情和现代化建设实际,成功指导中国选择中国特色社会主义道路,社会主义建设的辉煌成绩不断验证着"中国模式"的正确性。其次,"中国模式"坚持了科学的思想路线——解放思想、实事求是。科学的伟大意义不仅在于它提供人类所需的科学知识,更在于它倡导着"科学理性"的实事求是精神。"实事求是"是全部科学活动和科学精神的核心与实质。而"中国模式"正是尊重事实、遵循规律而形成的"实事求是"的模式。而解放思想是实事求是的基础和前提。正是通过不断解放思想,我们才摆脱了对马克思主义教条式理解、不合时宜的体制和机制以及主观主义和形而上学的桎梏,从而开拓中国特色社会主义的新道路。最后,"中国模式"坚持了与时俱进的科学品质。马恩指出:"一切划时代的体系的真正的内容都是由于产生这些体系的那个时期的需要而形成起来的"。[1] 落后于时代、不合时代发展要求的理论,必然陈腐有害;偏离时代发展轨迹、缺乏时代特征的理论,注定苍白无力。探索"中国模式"形成的理论成果秉承马克思主义与时俱进的理论品质,立足当今时代条件,把握当今时代脉搏,科学回答了不同历史阶段时代提出的新课题。鲜明的时代特征和浓厚的时代气息是"中国模式"极其重要的特征,是其生命力的不竭源泉。"中国模式"不仅具有科学性,更是具有鲜明价值性。首先,"中国模式"确立了人民群众的价值主体地位。人民群众是中国特色社会主义事业的建设主体和力量源泉,"中国模式"强调"在任何时候任何情况下,与人民群众同呼

---

[1] 《马克思恩格斯全集》第3卷,人民出版社2002年版,第54页。

吸共命运的立场不能变，全心全意为人民服务的宗旨不能忘，坚信群众是真正英雄的历史唯物主义观点不能丢。"①必须"尊重人民主体地位，发挥人民首创精神……做到发展为了人民、发展依靠人民、发展成果由人民共享。"② 充分肯定人民群众在中国特色社会主义事业中的决定作用，充分体现了以人民群众为本的价值取向。其次，"中国模式"确立了人的全面发展的价值目标。理论体系把实现广大人民群众的根本利益、促进人的全面发展作为不懈的价值追求。这一目标在实践中具体化为建设富强、民主、文明、和谐的社会主义现代化国家的内在要求，体现了全党全国人民共同的价值追求。最后，"中国模式"确立了满足人民群众根本利益的价值评价标准。人民群众既是社会价值的创造主体，也是社会价值的受益主体。在理论体系中，无论判断我们党的工作是非得失的"三个有利于"标准，还是衡量党的先进性的"三个代表"重要标准，抑或是以人为本的科学发展观都始终把人民的利益和需要作为出发点和归宿点，始终以是否满足人民利益为价值评价标准。总之，价值主体、价值目标、价值评价标准的以人为本都是科学社会主义的价值取向在当代中国的现实体现。"中国模式"的科学性和价值性具有内在统一性。科学性是价值性的基础，价值性是科学性的归宿，二者统一于人民群众的伟大实践。"中国模式"只有以马克思主义为指导，实事求是，与时俱进，不断探索人类社会发展规律、社会主义建设规律和共产党执政的规律，才能最大限度地实现好、维护好、发展好最广大人民群众的根本利益，促进人的全面发展。"中国模式"只有始终坚持以人为本，才能充分调动人民群众的积极性、主动性和创造性，也才能从群众改造世界的伟大实践中不断吸取营养，更加焕发出当代马克思主义的强大生命力、创造力和感召力。

---

① 《邓小平文选》第1卷，人民出版社1994年版，第271页。
② 胡锦涛：《高举中国特色社会主义伟大旗帜为夺取全面建设小康社会新胜利而奋斗》，人民出版社2007年版，第19页。

第三章 "中国模式"与马克思主义哲学(下)
——"中国模式"对唯物史观的运用和创新

本章运用历史唯物主义的分析框架,具体而深入地论述了"中国模式"取得非凡成功的奥秘。我们的基本结论是:"中国模式"之所以成就斐然,在于改革开放三十多年以来,我们创造性地运用和发展了历史唯物主义。

一 "中国模式"对唯物史观的运用

改革开放以来,我国坚持把马克思主义普遍真理与中国的具体实际相结合,选择了既不同于西方模式、又不同于苏联模式、且又适合自己国情的独特的发展模式,即"中国模式"。"中国模式"立足于本国基本国情,正确认识社会基本矛盾和主要矛盾,正确处理生产力和生产关系、经济基础和上层建筑之间的辩证关系,走出了一条中国特色的社会主义现代化道路。

(一)对生产关系一定要适合生产力状况规律的运用

历史唯物主义认为生产关系一定要适应生产力的发展状况和客观要求。生产力决定生产关系,生产力的性质和状况决定生产关系的性质和状况,生产力的发展决定生产关系的变革和方向;生产关系的反作用于生产力,适合生产力的生产关系促进生产力的发展,不适合生产力的生产关系阻碍生产力的发展。生产关系一定要适应生产力的发展要求是人类社会发展的最基本规律。党的十一届三中全会以后，中国共产党吸取了新中国成立以来的种种经验教训，正确认识社会基本矛盾和主要矛盾，妥善地处理了生产力和生产关系之间的辩证关系，把经济建设作为我们的中心工作，积极改革不适应生产力发展要求的体制、机制，极大地促进了中国社会生产力的发展。

实践证明，生产关系必须和生产力水平相适应，不仅生产关系落后于生产力水平而且生产关系超越生产力水平，都会阻碍生产力的发展。马克思和恩格斯的科学社会主义理论根据当时历史条件分析的结果是：社会主义首先在发达资本主义国家取得胜利，社会主义是资本主义高度发达的必然结果。但现实建立起来的所有的社会主义国家，不是建立在资本主义发展的薄弱环节上就是建立在半殖民地半封建社会的基础上。中国亦是在推翻了封建主义、帝国主义、官僚资本主义这"三座大山"之后，经过新民主主义和社会主义改造时期，最后成功建立了社会主义制度，中国社会进入社会主义社会。然而，我国的社会主义脱胎于半殖民地半封建社会，生产力水平十分低下，比苏东的生产力水平还要低。社会主义改造完成后，中国共产党在恢复国民经济的基础上，开始了大规模、有计划的经济建设，并取得了很大的成绩。但到后来，由于对社会主义经济建设和发展规律及对中国基本国情的认识发生严重偏差，由于社会主义建设经验不足，加之我们在胜利面前滋长了骄傲自满情绪，急于求成，夸大主观意志和主观努力的作用，背离生产关系一定要适应生产发展状况的规律，在生产力发展水平较低的情况下，却在生产关系方面急于进入社会主义，并向共产主义过渡，甚至提出了"穷过渡""跑步进入共产主义"的错误口号，导致生产关系远远超越了生产力的发展水平，严重破坏了中国生产力的发展，结果是经济发展停滞，其教训是十分深刻和沉痛的。党的十一届三中全会后，我们逐步进行了一系列生产关系方面的改革，生产关系重新适应了我国生产力的水平和状况，从而极大地促进了生产力的发展。中国共产党十一届三中全会后的一系列生产关系方面的变革，主要体现在以下几个方面：

1. 经济体制的变革

生产力决定生产关系，生产关系必须适应生产力的发展要求，适合生产力发展要求的生产关系就是生产力发展的有效形式，成为推动生产发展的强大动力，否则就会成为生产力发展的桎梏。实践和历史经验证明：社会主义生产关系的变革和完善必须适应于生产力的状况、有利于生产的发展；社会主义在生产关系的发展上并不存在一套固定的模式，我们的任务就是根据我国生产力发展的要求，在每一个阶段上创造出与之相适应和便于继续前进的生产关系的具体形式。经济体制是生产关系的具体化和现实化，因此，经济体制改革的实质就是生产关系改革。

中国经济体制改革就是改革和调整生产关系，使表面上"一大二公"而实际上不适应现实生产力发展要求的生产关系发生变革和调整。我国独特的所有制结构是以公有制为主体、多种所有制共同发展，这种所有制结构极具中国特色，完全适应基本国情和我国现阶段生产力水平和状况。30多年的改革开放的实践已经充分证明，建立这种混合所有制结构，而且其中的公有制实现形式的多样化，很好地适应了我国生产力发展的状况和要求，一方面促进了公有制经济的发展壮大；另一方面有效促进了我国经济的长期高速增长。在分配制度模式方面，改革开放以来，我国逐步建立了以按劳分配为主体，多种分配方式并存的分配制度，这种分配模式也是与我国现阶段生产力发展水平相适应的，是由我国以公有制为主体、多种所有制经济共同发展的所有制结构决定的，是发展社会主义市场经济的客观要求。实践已经充分证明，这种以按劳分配为主体、多种分配方式并存的分配制度的优点很多，把按劳分配与按生产要素分配结合起来，既激发了劳动者的劳动积极性，又激发了各种要素所有者的积极性，充分调动了各社会成员发展经济的热情和积极性，有效地激活了各种生产要素，使得各种创造财富的源泉充分涌流出来，为经济发展注入了源头活水。在经济体制的目标模式上，我们经过长期探索，在党的十四大上正式确立建立社会主义市场经济的目标模式，以社会主义市场经济体制否定和替代了传统的高度集中的、苏联模式的计划经济体制模式，这是社会主义发展史上前所未有的创新。我国社会主义市场经济体制顺应和尊重了经济社会发展的客观规律和客观要求，既避免了以美英为代表的西方经济模式过度自由放任导致的盲目性、金融泡沫和两极分化等各种弊病，也解决了高度集中计划经济模式造成的严重经济结构失衡、严重的资源错配，以及经济活力和动力的严重不足等问题，把计划和市场的优势集于一身，成功做到了市场和计划的有机统一，这是中国特色的经济模式的一个显著特点，很好适应了中国国情和生产力的水平与状况，有效地激活了全社会的活力，极大促进了生产力的发展。

改革开放以来，中国根据自己的国情、时代的特点和世界发展的大趋势，主动地、积极地参与经济全球化进程，并充分发挥政府的必要作用，以强有力的宏观调控引领经济发展。一方面，逐步建立和完善社会主义市场经济体制，充分发挥市场在资源配置中的基础性作用乃至决定性作用，逐步建立了现代产权制度和现代企业制度，我国大力鼓励、支持、引导非公有制经济发展，各种所有制经济平等竞争、相互促进新格局基本形成；另一方面，我们大力巩固和发展公有制经济，重视发挥国有经济在整个国民经济发展过程中的主导作用，积极探索公有制多种的、灵活的、有效实现的形式，着力增强国有经济活力、控制力、影响力和带动力。中国坚持和完善按劳分配为主体、多种分配方式并存的分配制度，既鼓励先进、促进发展，又注重社会公平、防止两极分化。注重加强和完善国家对经济的宏观调控，克服市场失灵，保障国民经济充满活力、富有效率、健康运行。总之，市场经济与社会主义相结合是"中国模式"的一个显著特点，使得"中国模式"具有极大的灵活性和适应性。中国既坚持社会主义基本制度，由不断地、逐渐地进行改革，逐步实现了社会主义制度与市场经济的有机结合，为我国经济发展提供了强大动力。经过30多年的不懈和有效努力，我们彻底改变了长期贫穷落后的面貌，改变了我国在国际社会中的形象，尤其需要指出的是,"中国模式"在 1998 年的亚洲金融危机和 2008 年美国次贷危机引发的国际金融危机中得到了考验和验证。①

改革开放 30 多年以来,我国发生了深刻、广泛的变化和革命,但坚持住了社会主义的基本制度,创造性地在社会主义条件下发展市场经济,自觉遵循和运用价值规律,不断解放和发展社会生产力,增强了综合国力,提高了人民生活水平。不仅国民经济水平大大提高、人民生活水平改善,而且极大地提高了我国的综合国力。2003 年 10 月 15 日,中国第一艘载人飞船"神舟五号"成功发射。随后,神六、神七、神八、神九等相继成功发射,中国成为世界上继美国、俄罗斯之后第三个能够独立开展载人航天活动的国家,这标志着中国载人航天工程取得了历史性的突破。2008 年的北京奥运会、2010 年的上海世博会,中国向全世界展示了她所取得的辉煌成就,也展示了"中国模式"的生命力。

我们可以清楚地看到,"中国模式"取得了巨大成功,这与我国正确认识社会基本矛盾、妥善处理生产力和生产关系之间的辩证关系有着十分重要的关联。

下文具体分析:适应生产力发展的要求,农村生产关系变革、企业制度变革对生产力的促进作用。

2. 农村生产关系的改革

中国农村改革是"中国模式"的一个典型的成功案例。经济体制变革的巨大效应,在农村生产关系改革方面体现得尤为突出。具体分析改革开放前后,从中国农村生产关系的调整和变革及其效应中,可以清晰地看到中国共产党运用生产关系与生产力辩证关系原理的具体过程和效果。

改革开放前,我国农村生产关系的变革经历了土地改革、农村互助合作运动、人民公社化三个发展阶段。新中国成立后,广大农村进行了大规模的土地改革运动,把封建土地所有制改变成农民土地私有制为基础的农村个体经济体制,使无地、少地的农民分得了

---

① 高建:《"中国模式"的争论与思考》,《政治学研究》2011 年第 3 期。

土地、房屋、牲畜、农具等，农民成为生产资料所有者和经营者的主体。土地改革从根本上改变了农村延续了两千多年的封建剥削生产关系，极大地解放了农村生产力，调动了农民的积极性，促进了农业生产的发展。农村互助合作运动是在农民所有的生产资料数量十分有限，独立的生产能力不强情况下出现的。在土改进行中和土改完成后，为了在生产力水平低下的条件下有效地进行农业生产，中国共产党引导农民在农业生产中联合起来。在互助合作运动初期，合作经济的主要形式是互助组和初级社。这种联合，既体现了合作经济的优越性，又不损伤农户家庭经营的积极性，生产力亦同步发展。这个时期，生产力和生产关系两者是协调发展的，生产关系是适合当时中国农业生产力状况的。但是，在互助合作运动后期，由于急于求成和"左"的思想的影响，有关农业集体化的理论、政策和模式发生了急剧的变化，发展形式也由稳步推进变成了跳跃式的发展，初级社很快过渡到高级社、人民公社阶段。1958年5月，党的八大二次会议召开，提出了"鼓足干劲、力争上游、多快好省地建设社会主义的总路线"，直接推动了农村人民公社运动的开展；国内外形势变化发展导致党和政府误判形势，也对人民公社化运动起到了推波助澜的作用。农村人民公社化运动违背了生产力发展规律和生产关系变革规律，由此带来严重的消极后果。农村合作经济这种适合农民愿望和农业生产特点和生产力水平的生产关系被"一大二公"的人民公社体制取代，不仅土地集体所有，而且其他各种生产资料都收归集体了，同时生产组织规模不断扩大了。本来，集体经济形式能适应更高层次的生产力发展水平，但是，我国当时农村的实际情况不能发展纯粹的集体经济，因为中国农村经济文化和生产力极其落后，没有条件实行纯粹的公有制。但是，在实行人民公社制度的20多年期间，我国虽然也对农村生产关系进行了一些调整，但"一大二公"的集体所有制形式并未得到根本改变，平均主义的总特点没有改变，生产关系超越了生产力发展水平，结果导致我国农业和农村经济长期处于停滞不前的状态，社会生产力遭到巨大破坏，人民生活水平长期没有什么改善。

不可否认，社会主义终将战胜资本主义，共产主义最终一定会实现，这是人类历史发展的不可改变的趋势。但马克思主义告诉我们，共产主义不是主观愿望的产物，不是人们随心所欲的产物，而是社会生产力高度发展和发达的客观结果，它本身也有一个从初级阶段到高级阶段的发展和完善的过程。社会主义本身是共产主义的初级阶段，而中国又处在社会主义的初级阶段，即初级阶段的初级阶段，就是不发达的阶段。必须清醒地认识到，我国公有制是在生产力水平十分低下、经济极端落后的条件下建立起来的，这决定了我国农村生产资料所有制的公有化程度不可能太高，也不可能纯而又纯，决不是越大越好、越公越好。必须根据农村生产力的发展需要，选择生产关系的具体形式；必须坚持从社会主义初级阶段的农村实际出发，克服"左"倾的观念和做法；必须尊重群众的首创精神，保护和调动农民的积极性；必须坚持以农民共同富裕为目标，不断提高人民的生活水平。党的十一届三中全会以后，我国按照生产关系必须适应生产发展要求的规律，尊重农民的首创精神，在农村逐步推行了以"大包干"为主要内容的家庭联产承包责任制，农村经济体制进行了深刻的变革，最根本的是把农户家庭经营引入集体经济，农户家庭作为相对独立的经济实体与集体经济的统一管理相结合。这种统分结合的双层经营体制，其特点是以土地集体所有制为基础，土地的所有权同承包权和经营权三权分离，既发挥了集体经济的优越性又激发了农户生产的积极性，既坚持了社会主义方向，又符合农业生产的特点和农业发展规律的客观要求，符合农业生产关系一定要适应农业生产力发展的客观要求。农村改革实践表明，以土地承包和大包干为核心的家庭联产承包责任制是成功的。在农村改革中，我国所实行的统分结合的双层经营体制，是通过以家庭承包责任制为基础，把集体统一经营和分散承包经营两方面的长处结合起来的经营形式，既不同于合作化以前个体农民的单纯分散经营，也不同于人民公社化时期集体一统天下的单纯统一经营。自20世纪80年代后半期之后，各地加强了农村基层组织建设，加快了乡镇企业的发展，集体经济实力得到逐步发展壮大。乡村合作经济组织利用自身经济力量，千方百计为农户提供生产服务、管理协调等，使家庭承包经营的潜力得以充分发挥出来。而家庭经营发展了，需要集体服务的项目又会不断增加，向集体交纳的提留也就会增多。这样，使得集体统一经营和农户家庭经营两个层次，既相互结合，又有统有分，相得益彰。改革开放以来，农村改革成效显著。随着农村改革的深化，为使生产关系适应于农业生产力发展水平，必须长期稳定以家庭联产承包责任制为基础的农村经济体制，健全统分结合的双层经营体制，逐步壮大集体经济实力，积极发展多种形式的农业社会化服务体系和农业产业化经营，以适应农业生产力水平的提高和发展的新要求。

3. 改革企业制度

经济体制改革的中心环节是企业制度改革，特别是国有企业改革。我国企业制度，尤其国企制度，长期不适应我国生产力的状况，导致活力严重不足。国企改革就是要解决这个老大难问题。

企业改革就是从变革各个具体生产过程中人们对于各生产要素的支配关系——生产关系内部微观结构入手的生产关系变革途径。中国共产党清醒地意识到：建立现代企业制度，是发展社会化大生产和市场经济的必然要求，是公有制与市场经济相结合的有效途径，是国有企业改革的方向。

改革开放后，我国企业和个人经济活动的积极性逐步释放出来，微观经济的活力不断增强，但国有大型企业的活力还是不够理想。我们也对国有企业高度重视，并提出增强国企活力是经济体制改革的中心环节的观点，为此，我们尝试了各种改革措施：第一是采取思想手段，加强企业思想政治工作；第二是采取经济手段，从发放奖金、到企业承包、实行工资效益挂钩，"上不封顶，下不保底"；第三是采取行政手段，各企业定行政级别，各种检查、评比、验收、达标、服务周、质量月、效益年，等等；第四是努力改善企业外部环境，主要是松绑、放权、减税、让利；第五是大力转换内部经营机制，触动铁饭碗、铁工资、铁交椅，不断出台各种国企改革和搞活的"条例""细则"；第六是把企业推向市场。这些手段都曾经是一个时期强调的重点，它反映了各个时期企业改革的思路，也反映了对国有企业矛盾认识的不断深化，也取得了一定的效果，但总体来看，效果不理想，问题没解决，国企活力还是没有充分激发出来，仍然存在诸多未解决的矛盾。原因在哪里呢？最根本的原因是在于，上述各种各样的改革举措还是在原有的传统企业制度和原来的体制框架内做文章，缺乏根本的企业制度创新。这说明，我国国有大型企业的改革已经到了非进行制度改造就不能转换经营机制、增强企业活力的地步。而这种制度改造、制度创新的本质，就是以现代企业制度来代替传统的企业制度。

现代企业制度包括三个主要方面：第一是建立企业法人制度。企业必须成为能够独立地享有民事权利、承担民事责任的法人实体。其最基础和最核心的是确立企业法人财产权，使企业不仅有人负责，而且有能力负责。国家仅以出资者身份拥有企业财产，但不能直接干预企业生产经营活动；第二是建立有限责任制度。企业以全部法人财产为限，对其债务承担有限责任。企业破产时，出资者只以投入企业的资本额对企业债务承担有限责任；第三是建立科学的组织制度。企业要建立权力机构、监督机构、决策和执行机构之间相互独立，权责明确，形成制约关系，从而有效地调节所有者、经营者和工人之间的关系，形成激励和约束有机统一的机制。

回首我国企业改革的历程，之所以效果不十分明显，关键是我们的企业改革没有锁定建立现代企业制度的方向，没有按照现代企业制度的本质要求去创新企业经营机制。建立现代企业制度决不是把企业简单地改组为公司，建立现代企业制度的目的是，实行政企职责真正分开，使企业成为能够自负盈亏的法人实体；实现企业全面进入市场，成为市场竞争主体，实现政府职能转变，实现企业组织和管理制度的科学化、规范化。总之，中国国企改革本质上就是要使得国企适应市场经济和生产力发展的要求。

（二）对上层建筑一定要适合经济基础状况规律的运用

上层建筑一定要适应经济基础状况，是任何社会都遵循的一条基本规律。历史唯物主义认为"经济基础决定上层建筑，经济基础决定上层建筑的产生，经济基础的发展变化决定上层建筑的发展变化，经济基础的性质决定上层建筑的性质；上层建筑反作用于经济基础，当上层建筑适应经济基础需要时，就会促进经济基础的发展和生产力进步，反之则阻碍经济基础的发展和社会进步"。历史唯物主义关于经济基础的科学规定，具有以下基本含义：首先，经济基础是指社会关系中的物质关系、经济关系，即生产关系；其次，经济基础是指占统治地位的生产关系，因为它决定该社会的性质；最后，经济基础是指与该社会中占统治地位的生产关系各方面的总和。这是因为经济基础作为占统治地位的生产关系，虽然相对于社会各种经济成分的复杂体系，在性质上是单一的，但就其本身而言，又是一个多方面统一的有结构有层次的复杂系统。无论从包括生产资料所有制、生产过程中人与人的关系和分配关系三方面而言，还是从它运动与生产、交换、分配和消费四个环节来看，都是一个有机的体系，是以生产资料所有制为基础的各方面的总和所组成的整体，标志着一定的社会经济制度，决定着整个上层建筑，特别是其核心——国家政权的功能和性质。上层建筑是指建立在一定经济基础之上的意识形态以及相应的政治法律制度、组织和设施。包括观念上层建筑和政治上层建筑两个基本部分，政治法律制度、意识形态构成上层建筑的主体，它由经济基础的性质所决定。观念上层建筑，包括政治法律思想、道德、艺术、宗教、哲学等思想观点。政治法律制度及设施和政治组织又称政治上层建筑，包括国家政治制度、立法司法制度和行政制度，具体包括国家政权机构、政党、军队、警察、法庭、监狱等政治组织形态和设施。在整个上层建筑中，观念上层建筑对政治上层建筑的建立和发展起指导作用。任何国家的上层建筑都是按照统治阶级的意志建立的，是为统治阶级的统治服务的。上层建筑为经济基础服务必须要有一定物质基础，其中包括它在形成、运转、发展中起作用的以机关团体等形式组织起来的人和其他物质条件。政治上层建筑一旦形成，又会成为一种强大的、既定的现实力量，反过来影响观念上层建筑。经济基础与观念上层建筑的关系,本质上属于社会的思想关系(即社会意识)与社会的物质生活条件(社会存在)的关系。

我国改革是从经济领域起步的,经济领域改革的成效也最为突出。我国改革开放后,经济基础发生了巨大的进步和变化,这种变化要求上层建筑也发生相应的变化。在改革开放起步之前,我国微观经济基础结构比较单一,即仅有国有经济和集体经济。改革开放后,我国推进经济体制改革,大力发展市场经济,创建了社会主义市场经济新体制,建立了以家庭承包经营为基础、统分结合的农村双层经营体制,形成了公有制为主体、多种所有制经济共同发展的基本经济制度,形成了按劳分配为主体、多种分配方式并存的分配制度,形成了在国家宏观调控下市场对资源配置发挥基础性作用、进而起决定性作用的市场经济体制。改革开放以来,一方面,随着经济体制改革的深入,我国上层建筑发生了很大变化,适应了经济的发展变化,促进了生产力的发展;另一方面,上层建筑的变革还不够,在诸多方面还比较滞后,需要进一步改革。但总体来看,改革开放以来,我们逐步调整和改革上层建筑的各个方面,有效适应和支持了经济体制改革,促进了经济发展。

1. 政治体制改革

政治体制作为上层建筑的重要组成部分,是建立在一定经济基础和经济体制之上的。它依赖于一定的经济基础和经济体制,同时又反作用于和服务于经济基础和经济体制,并直接或间接地影响(促进或阻碍)生产力的发展。改革和完善政治体制,使之与社会主义市场经济发展要求相适应,是中国改革的重要内容。社会主义市场经济一个突出的特点,是计划与市场都是发展经济的两种手段必须统一起来,微观搞活与宏观控制统一起来。一方面要求简政放权,减少审批和管制,充分保证商品生产者和经营者的自主权;另一方面又要求保留并改善政府的管理职能,以保证其市场经济公平竞争的秩序,使得经济生活活而不乱。政治体制必须要适应上述两方面的要求,就必须具备民主与集中、分权与集权相统一的特点,即一方面要逐步推进民主化;另一方面又要有科学有效的行政管理。这就要求我国政治体制改革向着收缩和规范权力、加强法制，实行政企分开、精简机构，完善民主监督制度的方向发展。

第一，收缩和规范权力。计划经济体制下的政府几乎都是全能的政府。新中国成立后，实行高度集中的计划经济体制，建立的是全能型的政府，政府从宏观到微观，直到人们的家庭生活无所不管，社会和个人自主的空间很小，这严重扼杀了个体和社会的活力，不利于国家的发展。20世纪70年代末启动的改革的思路很明确——放权！不仅中央政府向地方政府放权，而且政府向企业、社会乃至个人放权。当市场经济体制改革的目标确立后，这种放权的步伐加快，人们逐渐改变了对政府的过度依赖和一味的迷信，一些企业还提出了"找市场而不找市长"的口号。改革开放以来，政府改革一直在艰难地推进，政府的职能在逐渐转变，权力范围在逐渐缩小。先是提出并实行党政分开，接着提出和推行政府行政管理职能与经济管理职能分开，进而经济管理职能和国有资产经营管理职能分开，进而提出和试行政府职能和社会自我管理分开，即所谓从党政分开、政经分开、政资分开到政社分开。结果，政府不再直接经营管理企业，对包括企业在内的社会经济实行宏观管理，企业等微观经济活动几乎完全由企业自我负责，社会事务逐步转向由社会和民间去承担。这是一个政府摆脱微观的具体的经济和社会事务的过程，也是限制和规范权力的过程，同时是给个人和社会让出和提供自由自主发展空间的过程。

收缩和规范权力就必须精简机构。在改革开放前，我国生产力水平较低，社会分工也没有得到充分发展，再加上权力过分集中，所有事情几乎都由政府和计划一手包办。由于把许多社会本身就能担负的任务通通加于上层建筑，造成机构重叠、人员臃肿、公文旅行、效率低下。精简机构，根据国家经济基础状况，以法律形式规定上层建筑的规模、结构和层次，使对上层建筑量的管理有法可依；打破了以往机构设置和人员安排上的"暗箱操作"、神秘性，增加广大群众的参与度，使机构设置等也全面接受人民群众的监督。

第二，加强法制建设。市场经济本质上是法制经济，没有法制保障，市场经济体制不可能建立起来，勉强建立起来也无法有序运行；没有完备的、有效的法制保障，市场就会出现混乱，没有法制就没有市场经济。加强法制建设，必须坚持依法治国是党领导人民治理国家的基本方略。依法治国的基本方略是对邓小平民主法制思想的重大发展，是我国治国方式的进一步完善，具有重大的现实意义和深远的历史意义。依法治国，就是广大人民群众在党的领导下，依照宪法和法律规定，通过各种途径和形式管理国家事务，管理经济文化事务，管理社会事务，保证国家各项工作都依法进行。历史经验证明，依法治国是人民的共同愿望，是历史的必然要求，是人类文明进步的重要标志，是建设社会主义伟大事业的根本大计。依法治国是发展社会主义市场经济的客观需要，是实现人民当家作主的根本保证，是社会文明进步的重要标志，是国家长治久安的基本保证，也是社会主义民主政治和政治体制改革的根本要求。

第三，加强民主建设。中国共产党历来以实现和发展人民民主为己任，特别是社会主义市场经济体制的建立，必然要求上层建筑的运作具有更多的民主。因为伴随着市场经济体制而来的是经济结构多元化、利益主体分化、资源配置市场化，要求形成平等竞争环境已成为潮流；新中国成立以后的多次曲折反复也教育党和群众，没有民主就没有社会主义；国际社会主义的经验教训也教导人们，没有民主就无法抓住人心，人民政权就可能在风雨中被颠覆。为此，在多年的改革中我党坚持和完善社会主义民主制度，保证人民依法实行民主选举、民主决策、民主管理、民主监督，使上层建筑的运作体现人民的意愿和利益，反映经济结构多元化的要求。

第四，还有一点需要指出，在改革开放过程中，我国上层建筑逐步克服了对经济全球化的不适应，尤其按照加入WTO的要求，废止和调整了大量的法律和法规，改革了行政管理体制，有效促进了全球化背景下中国经济的大发展。当大批外资来华投资办企业时，我国政府给予国民待遇；当我国企业走出国门寻求发展时，受到国家的鼓励、支持和保护；我国的上层建筑也和其他国家的上层建筑加强交往，积极参加有关国际组织，解决共同关心的问题。

2. 思想解放

改革开放以来，我国社会、政治、经济都发生了巨大的变化，与之相适应，思想观念也发生了很大的变化，观念上层建筑不断地适应经济基础的变化，促进了经济社会的发展。

传统的"二元对立"即"非此即彼"的思维模式把活生生的辩证法简单化、模式化，把复杂的多元化世界划分为社会主义和资本主义两大阵营，把中国社会的多种矛盾归结为两大阶级的对立；在经济体制上，把计划经济与市场经济及商品经济完全对立起来，并以此作为划分社会主义与资本主义的唯一标准；在对待外来文化上，把资产阶级革命以来人类创造的一切现代文明都以"非我族类，其心必异"的变态心理和思维定式拒之门外。

十一届三中全会以来，随着改革力度的加大，随着对外开放的深化，我们逐步实现由单一的社会主义公有制向公有制为主体、多种经济形式（包括全民所有制、集体所有制和个体、私营、外资等）并存的转变，由高度集中的计划经济体制向社会主义市场经济体制的转变。这种转变的实现，尤其是竞争机制的引入及融入经济全球化，从根本上动摇了传统思维、二元对立思维。邓小平大力倡导解放思想、实事求是，不断解放中国人的思想，他提出的"三个有利于标准"、"社会主义的本质论"、"发展才是硬道理"、"科学技术是第一生产力"、"一国两制"、"社会主义也可以搞市场经济"等创造性思维观念，有效消解了传统的落后的、不适应生产力和经济基础变化发展的要求，中国人的思想面貌发生了深刻的变化，有效支持和促进了一系列的政治经济改革。

在我国，几千年来的封建社会所形成的传统观念和小农意识使我们这个民族积淀了一种闭关自守、夜郎自大、怕冒风险、易于满足的文化心理。历史昭示我们，封闭就会落后，落后就会挨打，看不清历史发展趋势，夜郎自大，闭关自守，必然在世界大潮流中无立足之地。邓小平在总结中国历史上刻骨铭心的经验和教训时指出，中国在历史上落后就是因为闭关自守，新中国成立以后人家封锁我们，在某种程度上我们也还是半闭关自守，这给我们带来了一些困难……总之，三十几年的经验和教训是，关起门来搞建设是不行的，是发展不起来的。改革开放要求我们必须打破封闭式价值取向，代之以大胆地打开国门，学习别的民族、别的国家的一切长处的开放式价值取向。为了加快现代化建设的进程，我们可以吸收和利用资本主义在长期实践中创造的有全人类意义的文明成果，包括反映社会化生产规律的先进的经营方式、管理方式和社会经济调控手段，等等。[①] 即使是一些具体的体制，只要它能服务于我国的基本制度，也可以借鉴过来。这就要求我们不能简单地以意识形态划线，不能再遇事先问"姓社姓资"，不能总以"成分"定好坏，定取舍，对各项工作的成败得失，各种事情的奖惩赏罚，"判断的标准应该主要看是否有利于发展社会主义社会的生产力，是否有利于增强社会主义国家的综合国力，是否有利于提高人民的生活水平"。这"三个有利于"标准解放了人们的思想和行为，是我们党制定路线、方针、政策的基本准则。

另外，改革开放打破了单一的计划经济体制，在以公有制为主体、多种经济成分为补充的多元经济格局条件下，集体主义的价值取向发生了巨大的变化，以"集体主义为核心"的多元价值取向逐渐形成，市场经济体制的选择和建立是一把"双刃剑"，对人们的价值观念和思维方式形成了正负两方面的影响，一方面，市场经济的求利原则使传统义利观无法适应，而新的义利观尚没有建立起来，从而导致市场的混乱和无序，出现了较严重的道德滑坡；另一方面，市场经济的效率与竞争原则使人们树立起讲求实效、开拓进取的理念，适应和促进了市场经济的发展。完善市场经济，包括相应观念的革新和新观念的建立和深入人心。

（三）对马克思主义人民主体论的运用

历史唯物主义是观察和分析社会历史问题的有效武器，只有坚

[①] 《邓小平文选》第3卷，人民出版社1993年版，第64页。

持历史唯物主义的基本立场和基本观点，运用历史唯物主义的基本方法，才能科学地揭示"中国模式"成功的秘诀。人民主体论是历史唯物主义最基本的观点之一，是分析"中国模式"成功奥秘的有效理论武器。

1. 人民主体论的形成发展与主要内容

马克思主义的一个伟大贡献是创立了人民主体论。人民主体论是马克思主义政党的强大思想武器，是共产党人根本的世界观和方法论。

马克思主义群众史观坚持人民主体论，尊重人民群众的历史主体地位，相信人民群众的伟大力量，认为人民群众是历史的创造者，颠覆了历史唯心主义的英雄史观，把颠倒的历史又颠倒过来，恢复了历史的本来面目。

唯物史观与人民主体论之间存在内在的联系。唯物史观认为，人类要生存和发展，首先必须获得物质生活资料，因而物质资料的生产是人类社会的基础，是决定其他一切活动的活动，生产力是人类社会发展的决定性力量，人类历史发展过程本质上是生产劳动的发展过程，而不是什么精神的发展过程或帝王将相建功立业的过程。而生产劳动的主体是谁？不是帝王将相或才子佳人等所谓的"精英"，而是千千万万的普通劳动者，是劳动人民。因而，人民群众是历史的创造者，是历史发展的根本力量，是真正的英雄。

马克思主义诞生以前，唯心史观一直占据统治地位，这种历史观蔑视人民群众的历史作用，主张历史是少数英雄人物、帝王将相、思想精英、才子佳人创造的。而马克思恩格斯创立的唯物史观打破了唯心史观在社会历史领域长期的统治地位，实现了人类社会历史理论的"哥白尼式革命"。与唯心史观针锋相对，唯物史观认为人民群众才是历史的创造者和历史的主体。马克思在《神圣家族》中深刻地批判了青年黑格尔派鲍威尔之流鄙视人民群众的英雄史观，指出"历史活动是群众的事业，随着历史活动的深入，必将是群众队伍的扩大。"[①] 马克思恩格斯在批判托马斯·卡莱尔的英

[①]《马克思恩格斯全集》第2卷，人民出版社1957年版，第104页。

雄史观时，再一次强调了他们的群众史观，"整个历史的过程""是由活生生的人民群众（他们自然为一定的、也在历史上产生和变化着的条件所左右）本身的发展所决定的"。①

马克思恩格斯之后，列宁和毛泽东等马克思主义者继承和发展了马克思恩格斯人民主体论。列宁认为决定历史结局的是广大群众，他说："群众生机勃勃的创造力是新社会的基本因素。""生机勃勃的创造性的社会主义是由人民群众自己创造的。"② 毛泽东的一句至理名言是，"人民，只有人民，才是创造世界历史的动力"。③ 列宁和毛泽东不仅是马克思主义理论家，更是革命家和实践家，他们把马克思主义人民主体论思想付诸实践，深入发动人民群众，紧紧依靠人民群众，充分发挥人民群众的主体性，开创了人民当家作主的新时代，推动人类历史实现了跨越发展。

在政党观上，马克思主义认为，马克思主义政党的一个重要价值和功能就是唤醒人民群众的历史主体意识，组织人民群众自觉地为自己的利益而奋斗。邓小平指出，中国共产党"之所以能够领导人民群众，正因为，而且仅仅因为，它是人民群众的全心全意的服务者，它反映人民群众的利益和意志，并且努力帮助人民群众组织起来，为自己的利益和意志而斗争"。④

2. "中国模式"的成功奥秘：坚持人民主体论

90余年来，中国共产党领导中国人民历经艰辛，创造了富有自己特色的、有效解决不同历史阶段问题的方法，不断从胜利走向胜利，分别成功走出了中国特色的民主革命道路、中国特色的社会主义改造道路、中国特色的改革发展道路、中国特色的社会主义道路。我们需要深究一个问题：中国共产党"为什么能"？

"中国模式"成功的秘诀有多种解读，原因是多样的，这里不一一列举，而是指出其中一个根本原因：中国共产党始终坚持并创造性

---

① 《马克思恩格斯全集》第7卷，人民出版社1959年版，第306页。
② 《列宁全集》第26卷，人民出版社1959年版，第269页。
③ 《毛泽东选集》第3卷，人民出版社1991年版，第1031页。
④ 《邓小平文选》第1卷，人民出版社1994年版，第218页。

地贯彻马克思主义人民主体论,始终用马克思主义人民主体论武装自己,并将这一理论贯彻到实践中去。翻开党的历史可以清晰地发现,在革命、建设、改革、发展的不同历史时期,面对不同的历史任务,中国共产党都始终坚持和贯彻了人民主体论思想。以毛泽东为代表的中国共产党人提出并践行"全心全意为人民服务"宗旨,以邓小平为代表的中国共产党人提出并践行"人民高不高兴、答应不答应、满意不满意"准绳,以江泽民为代表的中国共产党人提出并践行"代表最广大人民群众根本利益"原则,以胡锦涛为代表的中国共产党人提出并践行"以人为本"、"立党为公、执政为民"思想,以习近平为代表的中国共产党人把"人民对美好生活的期待"当作自己的奋斗动力,历代中国共产党人都始终不渝地继承、坚持和践行马克思主义人民主体论,在这一思想理论指导下,90多年来,中国共产党战胜了各种困难,一路辉煌,创造了一个又一个奇迹。

在新民主主义革命时期,刚刚建立的中国共产党是如何立住脚并发展壮大的呢?根本原因在于中国共产党真心为了人民群众,紧紧依靠人民群众,赢得了人民群众的衷心拥护,从小到大,由弱到强,成功走出了一条农村包围城市、武装夺取政权的中国式的民主革命道路或者说中国特色的民主革命道路,取得了新民主主义革命的胜利,创立了新中国。对比中国新旧民主革命的差别可以发现,中国共产党与国民党的最大区别之一是对人民群众的态度和看法不同。孙中山领导的辛亥革命之所以最终失败,一个根本原因在于孙中山等国民党人没有认识到人民群众的伟大力量,将革命的依靠力量局限于所谓的"上层"和"精英",甚至寄希望于军阀,"占全国人口百分之九十以上的工农劳动群众还没有动员起来",与广大的中下层社会阶层几无关联,无法形成雄厚的社会支持基础和民意基础,这是辛亥革命"上层革命"的历史局限所在。[①] 蒋介石集团统治时期的国民党甚至走向人民的对立面。而中国共产党真心为了人民、密切联系人民、充分发动人民、紧紧依靠人民。结果是:"孙

---

① 《确立推进发展的制度保障》,《人民日报》2011年10月15日。

第三章 "中国模式"与马克思主义哲学(下)

中山先生致力国民革命凡四十年,所要做而没有做到的事,农民在几个月内做到了。"[①] 陈毅元帅曾经说,淮海战役的胜利是人民群众用独轮车推出来的。貌似强大的蒋介石国民党统治集团被中国共产党领导的人民力量打倒了,压在中国人民头上的"三座大山"被推翻了。

在社会主义改造时期,我们党创造性地坚持和运用马克思主义人民主体论,完成了社会主义改造,建立了社会主义制度。我们党与苏联不一样,没有采取强迫、对抗方式进行社会主义改造,而是从自己是实际出发,充分尊重人民群众的愿望,注重保护和发展人民群众的利益,和平地、顺利地完成了对个体农业、个体手工业和资本主义工商业的社会主义改造,极大地激发了人民群众社会主义革命和社会主义建设的积极性和主体性,引导中国人民走上了社会主义之路,建立起一个社会主义国家,走通了一条辉煌的中国式的社会主义革命道路或者说中国特色的社会主义革命道路。

在改革开放的新历史时期,中国共产党人继续坚持并发展了马克思主义人民主体论,中国共产党始终坚定地相信:人民群众是历史的创造者,人民群众是中国特色社会主义的建设者。中国共产党从理论和实践两个方面不懈探索,成功地开拓了一条符合实际的、具有中国特色的社会主义道路,即中国特色社会主义道路,这条道路最大的特点和优势是注重调动广大人民群众和社会各方面的积极性、主动性、创造性,从而为我国改革发展注入了充分的源头活水。

邓小平是新的历史时期坚持、创造性运用和发展人民主体论的典范。他坚定地捍卫马克思主义的群众史观,始终坚持群众路线。他大力支持真理标准问题的讨论,大声疾呼"解放思想",目的是解放人民群众的思想,唤醒人民群众的主体意识,调动人民群众的主体性。他积极倡导和推动改革开放,突破计划经济体制对人民群众主体性的束缚。他对脱离群众的官僚主义进行了尖锐地批评,对诸如"精英治国"、"精英政治"、"英雄创造历史"之类的新英雄

[①] 《毛泽东选集》第 1 卷,人民出版社 1991 年版,第 15 页。

史观进行了有力回击。邓小平指出:"我们党提出的各项重大任务,没有一项不是依靠广大人民的艰苦努力来完成的。"① 他还说:"群众是我们力量的源泉,群众路线和群众观点是我们的传家宝。"② 而且,他善于概括群众的经验和创造,热情地肯定和坚决地支持人民群众的主动性和创造性。他曾谈道:"农村搞家庭联产承包,这个发明权是农民的。农村改革中的好多东西,都是基层创造出来的,我们把它拿来加工提高作为全国的指导。"③ 他在《一切从社会主义初级阶段的实际出发》一文中指出:"乡镇企业容纳了百分之五十的农村剩余劳动力。那不是我们领导出的主意,而是基层农业单位和农民自己创造的。"④ 在谈到他个人在我国改革开放中的作用时,他说:"我个人做了一点事,但不能说都是我发明的,其实很多事是别人发明的,群众发明的,我只不过把它们概括起来,提出了方针政策。"⑤

中国改革和向市场经济转轨过程也坚持了人民主体论的指导。俄罗斯迷信西方新自由主义经济理论教条,靠少数几个"英雄豪杰"(美国大学的几个经济学教授)制定了所谓的"休克疗法",完全不考虑民众的要求和利益,不顾民众诉求,强力实行,结果付出了巨大代价。我们与俄罗斯不一样在于,我们始终坚持人民主体论,制定改革措施是从下到上、从上到下、上下结合,充分发挥基层和民众的首创精神和积极性,问计于民,集中民众的智慧,依靠民众的力量,成功走出了一条中国特色的改革发展和转轨、建设道路。

"三个代表"重要思想强调中国共产党始终要代表最广大人民群众的利益,要把实现人民愿望、满足人民需要、维护人民利益作为根本出发点和落脚点。科学发展观要求我们实现发展转型,走科学发展的道路,这条发展道路的核心是以人为本,即发展依靠人

---

① 《邓小平文选》第3卷,人民出版社1993年版,第4页。
② 《邓小平文选》第2卷,人民出版社1994年版,第368页。
③ 《邓小平文选》第3卷,人民出版社1993年版,第382页。
④ 同上书,第252页。
⑤ 同上书,第272页。

民，发展为了人民，发展成果由人民共享。"三个代表"重要思想和"科学发展观"继承和发展了马克思主义人民主体论，进一步拓展了中国特色社会主义道路，把中国特色社会主义理论提升到了新的境界，促进中国社会主义现代化建设取得了新的历史性成就。

总之，"中国模式"取得如此成就，离不开中国共产党在执政过程中坚持"一切从人民群众的利益出发"的原则，以"为人民服务"为宗旨，建立坚实的群众基础，凝聚广大人民群众的力量，得到广大人民群众的大力支持。总结历史经验教训，只要我们始终坚持马克思主义人民主体论思想，尊重人民群众的首创精神和历史主体地位，增强人民群众的主体意识，我们党就能准确把握时代前进的脉搏，不断获得事业发展的新动力；就能从人民群众丰富多彩的社会实践中，不断获得事业发展的新思路；就能获得广大人民的衷心拥护和支持；就能获得不断发展的新源泉。

在今后的中国改革和发展的过程中，我们必须坚持以马克思主义为指导，科学总结社会主义建设中的经验教训，把广大人民群众的利益作为一切工作的出发点和落脚点，不断地、逐步地满足人民群众的多方面需求和利益；不断地、逐步地提高人民群众物质文化生活水平，尊重和保障人权，包括人民群众的政治、经济、社会、文化、环境和健康等权利；不断地、逐步地提高人们的思想道德素质、科学文化素质和健康素质；不断地、逐步地创造人们平等发展、充分发挥每个人聪明才智的社会环境。总之，建设和发展中国特色社会主义，必须坚持群众路线，依靠广大人民群众，充分发挥他们的创造精神，只有这样，社会主义现代化才能实现。

二 "中国模式"对唯物史观的创新

"中国模式"是我们党把马克思主义的基本原理同我国的具体实际结合起来，走自己的道路，建设有中国特色社会主义的产物，是中国特色的社会主义理论和实践。"中国模式"结合中国实际，在运用唯物史观解决中国社会主义建设和发展的各种问题过程中，创造性地丰富和发展了唯物史观,在马克思主义理论宝库中增添了来自中国的贡献。

(一) 对经典马克思主义社会革命理论的创新

唯物史观认为,人类社会历史的发展有内在的、自身固有的客观规律。生产力和生产关系之间的矛盾、经济基础与上层建筑之间的矛盾这两对矛盾,是推动社会发展的根本动力;在阶级社会中,社会基本矛盾表现为阶级斗争,阶级斗争是阶级社会发展的直接动力;阶级斗争的最高形式是进行社会革命,夺取国家政权。阶级社会的基本矛盾的根本解决依靠剧烈的革命,但社会主义制度建立后,作为社会对抗的两个阶级已不复存在,阶级斗争只是在有限的范围内存在,但矛盾并没有消灭,社会主义社会的基本矛盾仍然是生产力与生产关系的矛盾和经济基础和上层建筑的矛盾。但同时,重要的是,社会主义社会的主要矛盾已不是阶级斗争,而是人民日益增长的物质文化的需求同落后的社会生产之间的矛盾。不同性质和不同类型的矛盾必须采取不同的方式加以解决。

中国共产党人遵循历史唯物主义的基本原理,在深刻总结了人类历史、特别是社会主义历史后,在全新的历史条件下,把唯物史观发展到了一个新的高度。毛泽东已经对社会主义基本矛盾有了正确的认识,并提出了解决矛盾的新方法。毛泽东深刻总结世界社会主义运动的经验教训,从中国的实际情况出发,运用马克思主义尤其是唯物史观的基本原理、基本方法,对我国社会主义社会的矛盾作了全面深刻的论述。他指出:"对立统一规律是宇宙的根本规律。这个规律,不论在自然界、人类社会和人们的思想中,都是普遍存在的。矛盾着的对立面又统一,又斗争,由此推动事物的运动和变化。矛盾是普遍存在的,不过按事物的性质不同,矛盾的性质也就不同。"社会主义社会没有消灭矛盾,而是仍然充满着矛盾,"正是这些矛盾推动着我们的社会向前发展"。[①] 毛泽东明确指出,生

---

① 《毛泽东著作选读》(下册),人民出版社1986年版,第766页。

力和生产关系、经济基础和上层建筑之间的矛盾是贯穿人类社会始终的基本矛盾,也是社会主义社会的基本矛盾;但是,社会主义社会的矛盾同阶级社会的矛盾是有本质区别的,包括资本主义社会在内的阶级社会,社会基本矛盾表现为剧烈的对抗和冲突,表现为剧烈的阶级斗争,那种矛盾不可能由剥削制度本身来解决,而社会主义社会则不同,社会主义基本矛盾可以通过社会主义制度自身的力量,通过改革不断地加以解决。这就说明,社会主义社会的基本矛盾是非对抗性的,社会主义有自我完善的能力,它的矛盾可以通过自身的调整和逐渐的改革而得到解决。这一论述,为社会主义制度下的改革奠定了哲学基础。可惜的是,毛泽东的这些光辉的、突破经典社会革命理论的思想没有得到有效坚持。在改革开放的新历史时期,以邓小平为代表的中国共产党人继承和发展了毛泽东的正确思想,在理论和实践上创新了马克思主义经典革命理论。

邓小平把中国的改革视为一种革命,但这是一种新型的革命,与传统的革命不同,传统意义上的社会革命是一个阶级推翻另一个阶级的革命,而作为改革意义上的革命与传统意义上的革命有两大重大区别:

第一,改革意义上的革命是社会主义制度的自我完善,而不是一个阶级推翻另一个阶级的革命。邓小平的一大创新是区分了基本制度和体制这两个概念。基本制度决定了一个社会的基本性质,而体制是基本制度的实现或具体化、现实化,体制不科学、不合理,一方面制约基本制度优势的发挥;另一方面阻碍生产力的发展。社会主义基本制度是符合生产力发展要求的,但体制不合理、不科学也可以阻碍生产力的发展。因此,生产关系不适应生产力的发展有两种情形:一是基本制度不合理,不适应生产力发展的要求;二是基本制度适应生产力发展要求,但体制不合理、不科学,导致基本制度的合理性无法得到体现,从而阻碍生产力发展。社会主义社会也存在生产关系阻碍生产力发展的情形,但属于第二种情形,即体制不合理阻碍了生产力的发展。我国的体制改革不是小修小补,而是全方位、根本性的改革,因而是一场革命。总之,中国改革是一场新型革命,是社会主义制度的自我完善,绝不是推翻社会主义基本制度,而是对体制进行根本性的深刻变革,从使生产关系适应生产力的发展、上层建筑(如政治体制、思想观念)适应经济基础的变革和发展,极大地推动了中国经济社会的大发展。

第二,中国改革意义上的革命与传统革命在方式上不同。传统革命是"砸碎旧世界","破字当头、不破不立",革命是大规模群众运动的、急风暴雨式的。但是中国改革意义上的革命却不同。改革面临的矛盾主要是人民内部矛盾和统一性为主的矛盾,统一性大于斗争性。① 解决这种矛盾的改革,采取"破、立"结合的方式,而且往往是先"立"后"破"。如农村家庭联产承包责任制改革,第一年有三分之一的省份实行,其他的有抵触,见到效果后;第二年又有三分之一的省份跟上来,也实行了家庭联产承包责任制,又见到效果;第三年,全国各省份都实行了家庭联产承包责任制,全国农业面貌因此焕然一新,困扰多年的粮食短缺问题一下子解决了。企业改革也是这样的,国企先不大改,但是国企周围发展出乡镇企业和个体私营企业、"三资企业",从而反推国企制度的根本变革。其他方面的改革也采取同样的方式,有学者把这种改革模式成为"增量改革"、"渐进式"改革,形成了中国改革独特的模式。所谓渐进式改革,是相对于激进式改革而言的,是指在工业化和社会主义宪法制度的基础上进行的市场化改革,强调利用已有的组织资源推进改革,在基本不触动既得利益格局的前提下实行增量改革。渐进式改革必须在保持制度框架稳定的前提下进行。渐进政治改革的实质是在不改变基本政治制度的性质的前提下,对制度的运行进行逐步的改良。制度创新以政治稳定为前提,在现有制度正常运转的基础上实现制度的创新,使新制度在旧制度可以允许的限度内尽快发展,制度创新的成果又进一步提升政治稳定的层次和水平。这种基本不触动既得利益的增量改革模式,符合毛泽东关于矛盾理论的创新。中国的渐进式改革采取先试验、后推广的展开方

---

① 詹宏伟:《解决矛盾的两种方式与发展方式转型》,《江汉论坛》2011 年第 8 期。

式,先体制内、后体制外等增量改革或渐进式改革策略,避免改革严重激化社会矛盾。我国的经济改革大多不是在全国范围内同时推开的,而是每项改革措施都从较小范围内的试验开始,在取得成果并进行总结的基础上加以局部推广,由点及面,不断总结和观察,进而扩大其实行范围。前者如家庭联产承包制的推行过程,后者如企业承包制的试行和创建经济特区等。中国的渐进式、增量改革的具体做法是:第一阶段,改革首先在农村获得突破。在1978年党的十一届三中全会到1984年党的十二届三中全会这一时期,推行和推广了实行家庭联产承包责任制,并大力发展乡镇企业。第二阶段,1984年年底,中国共产党第十二届三中全会通过了《中共中央关于经济体制改革的决定》,我国经济改革的重点由农村转向城市。减少各领域的指令性计划,增加指导性计划和市场调节的比重;实行生产资料价格双轨制,为市场机制开辟出一块天地;企业改革探索推行所有权和经营权的"两权分离";逐步健全市场体系;进一步扩大对外开放……第三阶段,1993年中共中央第十四届三中全会通过《中共中央关于建立社会主义市场经济体制若干问题的决定》,我国改革进入整体改革与重点突破相结合的攻坚阶段,社会主义市场经济改革的目标模式已然明确,市场化改革的步伐大大加快。

通过渐进式改革,逐渐积累量变和部分质变,最后实现体制的根本变革。中国30多年的改革实践证明,中国改革走渐进之路是正确的选择。在今后,中国要构建社会主义和谐社会,改革不但要一如既往地走渐进之路,还要在渐进改革过程中以均衡态势走整体发展的道路。

(二) 对人民主体论的发展

在人民群众业已当家作主、中国共产党由革命党转变为执政党、改革开放和发展社会主义市场经济的新时期,如何贯彻马克思主义人民主体论,是我们遇到的新问题。其中一个重要问题是如何协调人民群众中不同部分、不同阶层之间的利益关系。在革命时期,敌我阵线分明,敌我利益对立明显,人民群众内部的分歧很小,利益的一致性是主要的,而且这种一致性很明显,彼时,中国共产党只要站在人民利益立场上反对敌人就可以赢得人民的拥护,带领人民推翻压迫者。但是,"三座大山"被推翻了、人民当家作主后,人民内部的分歧和矛盾日益上升和凸显,尤其是市场经济深入发展的新时期,利益分化和多元化已经是十分显著的经验事实:劳动者与经营者和管理者、城市与乡村、东部地区人民与中西部地区人民、先富人民与后富人民等之间的利益差别、分歧和矛盾日益明显。如何协调这种利益差别和矛盾,是"中国模式"发展面临的一个十分棘手的问题,它的成功解决关系到人民主体性的调动和"中国模式"的发展拓展。

其实,中国共产党执政后在这个问题上一直在探索,毛泽东《论十大关系》和《关于正确处理人民内部矛盾问题》等文献凝结着中国共产党人初步探索的成果。但毛泽东这一代中国共产党人尚没有完全摆脱革命思维和革命范式的制约,致使初期探索的成果没有坚持下去,甚至滑向用阶级斗争的方式解决人民内部利益矛盾的错误,付出了巨大代价。

改革开放以来,我们党更加自觉地提出和探索解决这个问题,提出了由革命党向执政党转型的思想;把个体工商户和民营企业主等新社会阶层视为新时期中国特色社会主义事业的建设者,是人民群众的组成部分,丰富了人民群众概念的含义,实现了人民群众概念的与时俱进;提出了统筹兼顾人民群众不同部分和不同阶层之间的利益关系,努力形成使人民群众中不同群体和阶层各得其所而又和谐相处的局面,从而调动一切积极因素、激发全体人民群众建设中国特色社会主义现代化的积极性。

实践永无止境,探索未有穷期。今天,中国经济社会发展面临彻底解决发展不平衡、不协调和不可持续的紧迫问题。要解决这一问题,关键是转变发展方式和深化改革。但是,我们必须深刻地认识到,转变发展方式和深化改革的主体和决定力量是人民群众,执政党如何调动人民群众在转变发展方式和深化改革过程中的主体性、积极性、能动性，是执政兴国的一个根本着力点。这又涉及利益关系的调整问题。一定的发展方式对应于一定的利益格局，因此，发展方式转型必须调整利益格局，从而构建有利于科学发展的利益格局。① 例如，从非均衡发展转向均衡和协调的发展，就需要统筹城乡发展、区域发展，就需要调整利益在城乡和地区之间的分配，其中，推进城乡一体化、公共服务城乡均等化，就涉及触动城市居民利益问题；收入分配改革是发展方式转型的重要内容，这包括改变收入过多向资本、政府和垄断行业倾斜的利益格局，要求增加劳动、民众和低收入行业的利益；从黑色发展向绿色发展转型，就要压缩和取消黑色发展主体的利益，扩展绿色发展主体的利益，等等。

利益格局调整是深化改革的实质，必然遇到阻力。此时如果仅仅运用革命时期"人民群众"的话语和范式，是不够的。我们不能因为调动一部分人民群众的积极性而伤害另一部分人民群众的积极性，如为了调动普通劳动者的积极性，能否就不兼顾经营者和管理者的积极性呢？为了调动中西部人民群众的积极性可以忽视东部地区人民群众的积极性吗？显然不能。在利益分歧的背景下，如何调动人民群众不同部分和不同阶层的积极性？唯一的方法是实现公平正义，构建基于权利公平、规则公平、机会公平的利益结构。只有这样才能有效回应不同部分人民群众的利益诉求，兼顾好平衡好各方面关系，使所有人都能通过自己的努力获得应有的利益，从而调动全体人民和各方面的积极性。而要实现良性的公平的利益分配格局，就必须在党的领导和协调下，实行协商民主，即不同利益群体之间的对话和协商，寻找利益交汇点和达成利益分配的共识，尽可能使得各方面人民群众的利益诉求都得到反映和相对满足，尽可能调动各方面的积极性以至于全体人民的积极性——这是我国经济社会发展的源头活水，是新时期发挥人民群众主体性的新方式。

---

① 詹宏伟、唐世刚：《利益格局调整与中国发展模式转型——历史唯物主义视野中的中国发展模式转型》，《人民论坛》2011年第2期。

在中国今后的改革和发展之路上,在"中国模式"的发展和拓展过程中,我们还会遇到各种艰难险阻,只有始终毫不动摇地坚持人民主体论,并与时俱进地创新贯彻人民主体论的方式,才能充分调动人民群众的主体性,才能披荆斩棘、不断创造新的奇迹,从而使"中国模式"越走越宽广。正如党的十八大报告指出的那样,在新的历史条件下夺取中国特色社会主义新胜利,"必须坚持人民主体地位"、"要发挥人民主人翁精神"。[①]

(三) 重新认识资本主义、社会主义及两者的关系

在马克思、恩格斯看来,社会主义绝不是仅仅停留在美好的愿望和价值理想上面,而是有其客观的根据和现实的基础。社会主义是资本主义的对立者和替代者,社会主义是随着资本主义的产生和发展而出现的,社会主义的使命就是要否定和代替资本主义,这是由马克思所处时代的问题和时代背景决定的。由于资本主义陷入深重的危机,马克思、恩格斯科学地指出,资本主义的历史合理性已经丧失殆尽,必须用社会主义代替资本主义。很显然,马克思所指的社会主义和社会主义革命是有前提条件的,那就是:资本主义充分发展、资本完成自己的历史使命,并陷入无法摆脱的危机,无法适应人类社会向更高层次的发展。

但是,历史的发展出现了马克思、恩格斯没有预计到的新变化:社会主义革命在东方落后国家和民族纷纷取得成功。东方各社会主义国家并不是建立在本国和本民族生产力和资本主义高度发展基础上的。东方国家虽然跨越了资本主义的"卡夫丁峡谷",但不能跨越生产力和市场经济的发展阶段。这方面,恰恰西方资本主义国家有自己的优势,无论生产力水平还是发展市场经济的经验、对市场经济规律的认识,西方资本主义国家显然超过了东方社会主义国家。因此,在现实世界环境中,社会主义和资本主义的关系也发

[①] 胡锦涛:《坚定不移沿着中国特色社会主义道路前进 为全面建成小康社会而奋斗——在中国共产党第十八次全国代表大会上的报告》,人民出版社2012年版,第14页。

生了与马克思时代不同的重大变化，列宁根据新的历史条件和实际提出"新经济政策"，其实质就是向资本主义学习，弥补现实社会主义的不足。但是，不仅列宁逝世前，就是在列宁逝世后，东方国家社会主义制度建立后的很长一段时间内，人们对社会主义与资本主义的具体关系还停留于马克思和恩格斯的具体观点，而不是运用马克思主义的立场观点和方法重新定义马克思之后的社会主义与资本主义的关系。列宁虽然提出的"新经济政策"，但对这个问题还没有来得及深入思考和探索就英年早逝了。更遗憾的是，随着列宁的逝世，"新经济政策"很快被抛弃，苏联模式社会主义对社会主义与资本主义关系的认识带有明显的教条主义特征。

我国改革开放以后，开始重新思考社会主义、资本主义及两者的关系，我们逐步排除教条主义的干扰，在坚持马克思主义创始人基本精神的基础上，重新审视资本主义、社会主义及两者的关系。在1992年南方谈话中，邓小平提出了社会主义本质新论：解放生产力，发展生产力，消灭剥削，消除两极分化，实现共同富裕。这是社会主义观的一场革命，极大解放了人们的思想，为重新正确地对待社会主义与资本主义的关系提供了理论基础。同时，他还对市场经济作出了新的解释，邓小平强调，"计划多一点还是市场多一点，不是社会主义与资本主义的本质区别。计划经济不等于社会主义，资本主义也有计划；市场经济不等于资本主义，社会主义也有市场。计划和市场都是经济手段。"[①] 邓小平理论等中国特色社会主义理论关于社会主义本质新论、社会主义市场经济理论，是对马克思主义政治经济学和科学社会主义的重大创新和发展，尤其是对社会主义与资本主义关系问题作出了历史性的、科学的、新的解答，为我国在新的历史条件下、特殊的国情下、新的时代条件下，在中国特色社会主义实践中正确地看待和处理社会主义与资本主义的关系提供了科学的理论指导，我们的思想大大解放，我们的改革、发展、建设的思路大大拓展，我们前进的步伐大大加快。我们

---

① 《邓小平文选》第3卷，人民出版社1993年版，第373页。

可以大胆地向资本主义学习,向资本主义开放,接受资本主义的一切先进成果。学习资本主义发展生产力和发展市场经济的一切有用的东西,学习西方反映社会化大生产和市场经济规律的一切东西,学习西方先进的科学技术。总之,我国与资本主义国家的关系发生巨大改变,总体来说是一种既竞争又合作的关系,是一种和平共处的关系、甚至是互利、合作、共赢的关系。这在经济方面表现得尤为明显。

就"中国模式"的经济层面看,这是一种崭新而高效的社会主义基本经济制度。从哲学上看,中国经济模式是否定之否定的产物,它既超越了资本主义经济制度,又超越了传统社会主义经济制度,创造出一种新的经济制度。[①]

资本主义国家的经济制度模式的主要特点是,以生产资料私有制和以按资分配为基础的市场经济制度。这种市场经济模式虽然可以做到"货币"面前人人平等、"市场"交易人人自由,大大优于封建经济制度,也极大激发和调动了社会成员创造财富的积极性,从而刺激和推动资本主义经济快速发展。但是,其弊病也是明显很严重的,那就是,不加限制的、过分的自由主义经济带来严重的无政府状态和两极分化,导致经济危机经常爆发,无法治愈。如何克服资本主义的弊病和顽症?马克思的设想是消灭资本主义私有制和自由放任,实现社会主义公有制和计划经济。以苏联为首的社会主义国家照搬马克思的具体结论,消灭了资本主义经济制度,建立了社会主义经济制度,实行以生产资料公有制、计划经济、按劳分配为基础的新制度,即高度集中的计划经济体制。这种体制尤其历史合理性和历史功绩。但是,其弊端越到后来越突出,它限制了人们经济活动的自由,推行"干好干坏一个样"的平均主义,严重伤害了人们的积极性和创造性,导致社会经济发展活力和动力丧失,发展缓慢乃至停滞。实践反复证明,不论过分自由的资本主义市场经济模式,还是过分高度集中的社会主义计划经济模式,都不利于经

[①] 杨金海:《"中国模式"之我见》,《北京行政学院学报》2011年第4期。

济快速、持续、健康地发展。

中国特色社会主义经济制度即中国经济模式对上述两种经济模式进行了否定的综合，是一种否定之否定，它否定了上述两者分别的极端形式，一方面坚持了社会主义基本经济制度，如公有制和按劳分配为主体；另一方面吸收了资本主义市场经济模式中的积极因素，多种所有制形式共同发展，多种分配方式并存。社会主义市场经济模式或中国经济模式比资本主义市场经济模式和社会主义计划经济模式都优越。由于坚持以公有制为主体的混合所有制和按劳分配为主混合分配方式，从而保证了从根本上坚持了社会主义的基本经济制度，也使得不同社会成员之间的平等具有了根本的经济基础；由于实行市场经济体制，保证了生产要素的自由流动，极大地调动了社会成员发展经济的主体性、积极性和创造性。总之，社会主义市场经济模式的优越性就在于，政府这只看得见的手和市场这只看不见的手都能够有效发挥各自优势和作用，两只手协调配合比一只手的作用肯定大，更有利于社会经济的健康、快速发展。

以公有制为主体多种所有制经济共同发展的社会主义市场经济，是对马克思主义社会主义政治经济学、马克思主义所有制理论、科学社会主义理论等的重大创新和发展，是中国特色社会主义理论的最大亮点，也是"中国模式"的独特创造。

（四）对马克思主义生态文明思想的深化和发展

马克思主义理论蕴含着丰富而深刻的生态文明思想，也是中国特色社会主义理论的创新性内容。从字面上理解，"生态"所表达的是一种关系，是人类与自然界共同构成的系统与空间。"文明"则是指人类社会发展过程中的一种状态，彰显进步、开化、光明的特征和水平。因此，简单而言，生态文明是指人、自然、社会的和谐发展状态，体现为人——自然——社会之间的和谐共生、良性循环、全面发展和持续繁荣，是人类对人与自然关系的正确认识，是人类对自然由征服的态度转变为谦卑的态度，是从人与自然对抗的关系转变为伙伴关系，是按照科学的、人与自然和谐的方式实现发展方式。马克思主义的生态文明理论，揭示了人与自然的对立统一关系，强调了人类生存发展的自然前提，指出人类的实践活动必须遵循包括自然规律在内的客观规律，是指导我国建设生态文明的有效理论武器。改革开放30多年来，我国工业文明迅猛发展，成绩斐然，但也付出了很大的生态环境代价。我们吸取实践教训，在马克思主义生态理论指导下，吸收世界各国生态环境方面的经验教训，终于形成了中国特色社会主义的可持续发展的思想、战略、方针和政策，深化和发展了马克思主义的生态文明理论。

邓小平曾经指出，污染环境的经济增长是"功不抵过"，要求社会主义经济的发展必须"能够持续、有后劲"。[1] 江泽民首次提出："在现代化建设中，必须把实现可持续发展作为一个重大战略。"第一次明确地把可持续发展上升为我国经济社会发展的重要战略。随后，又明确地对可持续发展战略做了具体界定："所谓可持续发展，就是既要考虑当前发展的需要，又要考虑未来发展的需要，不要以牺牲后代人的利益为代价来满足当代人的利益。"[2] 中国共产党第十六次全国代表大会更加丰富了这一战略，把"可持续发展能力不断增强，生态环境得到改善，促进人与自然的和谐，推动整个社会走上生产发展、生活富裕、生态良好的文明发展道路"确定为全面建设小康社会的四大目标之一。党的十六大之后，以胡锦涛为总书记的党中央在领导全党全国人民全面建设小康社会的实践中，审时度势，高瞻远瞩，形成了一个以科学发展观为统领的新的治国方略，提出了构建社会主义和谐社会的重大命题。胡锦涛明确提出，"坚持以人为本，树立全面、协调、可持续的发展观，促进经济社会和人的全面发展"，按照"统筹城乡发展、统筹区域发展、统筹经济社会发展、统筹人与自然和谐发展、统筹国内发展和对外开放"的要求推进各项事业的改革和发展。胡锦涛还进一步把"促进人与自然和谐发展"作为"科学发展观"的重要内容，指出

---

[1] 《邓小平文选》第3卷，人民出版社1993年版，第312页。
[2] 《江泽民论有中国特色社会主义（专题摘编）》，中央文献出版社2002年版，第279页。

我们要走"生态良好的文明发展道路"。习近平总书记更是直接指出，生态环境也是生产力，保护生态环境也是发展生产力；我们不仅需要金山银山，更要青山绿水。这些观点都是中国共产党对马克思生态文明理论的继承、深化和发展。党的十七大报告把"建设生态文明"作为中国实现全面建设小康社会奋斗目标的新要求之一，提出"必须把建设资源节约型、环境友好型社会放在工业化、现代化发展战略的突出位置，落实到每个单位、每个家庭"。① 这个报告指出："要建设生态文明，基本形成节约能源资源和保护环境的产业结构、增长方式、消费模式。循环经济形成较大规模，可再生能源比重显著上升。主要污染物排放得到有效控制，生态环境质量明显改善。生态文明观念在全社会牢固树立。"党的十七大提出的"建设生态文明"的命题，是把马克思主义生态文明理论与我国社会主义现代化建设具体实践相结合的产物，是对马克思主义生态文明理论的具体化和丰富完善。党的十八大提出了中国特色社会主义"五个建设"建设的总体布局，其中就包含生态文明建设，这是对社会主义建设和人类社会发展认识的深化。

作为科学发展观重要内容的"生态文明"思想，是马克思主义生态思想中国化的结果，是属于马克思主义理论谱系的理论创新，是对传统马克思主义的明显创新和发展。② 具体而言，这种创新性主要体现在以下方面：

首先，科学发展观创造性地提出了"生态文明"这一新的理论范畴，而且将其纳入中国特色社会主义的理论系统之中，使马克思主义生态思想更集中、更凸显。

其次，扩展了社会实践领域和结构。改变了传统的马克思主义关于经济、政治、文化三个领域结构，在这三个领域外增加一个生态建设领域，还增加了一个社会建设领域，形成五个建设的"五位

---

① 胡锦涛：《高举中国特色社会主义伟大旗帜 为夺取全面建设小康社会新胜利而奋斗》，人民出版社2007年版，第24页。
② 刘宗碧：《生态文明建设是马克思主义中国化的当代科学实践》，《贵州社会科学》2008年第8期。

一体"理论；同时，改变了传统的文明结构，在物质文明、政治文明、精神文明三个文明之外，增加了社会文明、生态文明，形成五个文明一起抓的实践和发展部署。

最后，战略和实践层面上构成了马克思主义执政党和社会主义国家的建设指导方针，使这一理论更具有了直接实践的性质，并将长久地影响到中国和全球生态环境的状况及其发展前景。[1]

"中国模式"的拓展和发展必须真正以发展的马克思主义生态文明理论为指导，以构建社会主义和谐社会为目标，遵循生态建设的客观规律，探索生态建设的正确道路，进一步推动我国的生态建设。具体来说，"中国模式"的发展和完善在生态文明建设方面必须采取以下措施：

其一，转变传统观念，确立生态文明观念。观念是行为的先导，观念直接支配行动，为此，要用科学发展观和社会主义和谐理念武装人们的头脑，在全社会大力倡导生态文明观念，让生态文明理念深入人心，转化为全党、全社会的共识以及实际行动。中国共产党十七大报告明确指出："要建设生态文明，基本形成节约能源资源和保护生态环境的产业结构、增长方式、消费模式。循环经济形成较大规模，可再生能源比重显著上升。主要污染物排放得到有效控制，生态环境质量明显改善。生态文明观念在全社会牢固树立。"

其二，发挥制度作用，转换体制机制。体制机制不合理是产生我国严峻资源环境问题的根本原因。因此必须切实排除制度机制方面的障碍。真正按中国共产党十七次全国代表大会提要求采取行动："完善有利于节约能源资源和保护生态环境的法律和政策，加快形成可持续发展体制机制。"具体来说，当务之急是建立绿色GDP考核机制、资源有偿适用机制、资源开发补偿机制、生态补偿机制、环境公益诉讼制度，等等。另外，还要建立公众参与和监督

---

[1] 赵绍敏：《坚持和发展马克思主义的生态文明理论》，《科学社会主义》2010年第6期。

的制度。

其三,发挥法制的作用,提供法律支撑。切实推进生态文明建设走上法制化轨道,落实依法治国基本方略,按照生态文明建设的需要及时修改不符合生态文明的法规,并制定相应的新法规。充分发挥人大、政协、媒体和公众的监督作用,使环保法规落到实处。

其四,转变生产和生活方式。必须尽快转变高生产、高消费、高污染的工业文明生产方式。要使得生产工艺、过程生态化,大力开发和采用生态化的技术、工艺和流程;要调整经济结构,增加生态产业在产业结构中的比重,使生态产业日益成为经济增长的主要源泉;要大力提倡和发展循环经济,循环利用资源;要按照生态文明要求,倡导和践行适度消费、绿色消费、健康消费,摒弃对物质财富的过度追求,人的消费既满足自身需要又不损害生态环境。

综上所述,"中国模式"是历史唯物主义基本原理与中国实际相结合的产物,是中国共产党人创造性地运用和发展历史唯物主义的产物,是历史唯物主义中国化、时代化、具体化的产物,是当代中国共产党人创立的建设社会主义和发展社会主义的新模式,也是中国现代化建设的独特模式,它既超越了苏联社会主义模式,又超越了西方现代化模式,继承、运用和发展了历史唯物主义基本原理,从理论和实践上把历史唯物主义当代化和中国化,彰显和焕发了历史唯物主义理论的真理性力量。同时,为振兴中华、实现中国梦找到了现实的、科学的、可行的、有效的道路、模式、方法、途径。马克思曾指出:"问题就是时代的口号,是它表现自己精神状态的最实际的呼声。""中国模式"就是对当代中国乃至世界问题的有效回应。

第四章 "中国模式"与社会主义观

"中国模式"既指中国特色的现代化模式,也指中国特色的社会主义模式。本章主要研究中国特色社会主义模式与中国特色社会主义观之间的关系。

社会主义观是社会主义理论的深层本质部分,是社会主义理论的基础和核心,具体来说,社会主义观是关于社会主义的本质、目的、内涵、要求和途径的总的看法和根本观点,它主要回答"什么是社会主义,怎样建设社会主义?"这一基本问题。对这一基本问题的不同回答形成不同的社会主义观。有什么样的社会主义观就有什么样的社会主义发展道路、发展模式和历史命运。也就是说,社会主义观决定社会主义道路和模式,有什么样的社会主义观就有什么样的社会主义模式;社会主义观是否科学,决定了社会主义模式科学与否,从而关系到社会主义的兴衰成败。

本章对空想社会主义观、马克思恩格斯的社会主义观、列宁的社会主义观、斯大林的社会主义观、毛泽东的社会主义观和中国特色社会主义观进行详细梳理、归纳总结,以揭示人们对社会主义认识的发展过程和发展规律,揭示"中国模式"蕴含的科学的社会主义观,显示中国特色社会主义观和"中国模式"对马克思主义社会主义观的坚持和发展。

一 社会主义观演变史

(一)空想社会主义者的社会主义观

500年前世界上就有了社会主义思潮,后人将它们称为空想社会主义。1516年，英国人莫尔创作的文学作品《乌托邦》，描绘了一个实际上不存在的海外孤岛上人们所向往的理想社会，以后，"乌托邦"就成了空想社会主义的代名词。从空想社会主义出现到19世纪20年代，学界把这一历史时期的空想社会主义分为三个发展阶段。

16—17世纪，是空想社会主义发展的第一阶段，这一时期的空想社会主义，通常称为早期空想社会主义。其主要代表人物有英国的托马斯·莫尔和意大利的托马斯·康帕内拉，他们从当时的社会制度出发，用文学作品的形式揭露了资本原始积累时期的社会矛盾，提出了一些解决的办法，尽管只是主观想象，却是理论上的创新，从哲学角度讲，具有奠基的意义。

进入18世纪，是空想社会主义发展的第二阶段，这一时期的空想社会主义与法国大革命的准备相联系，主要代表人物有法国的摩莱里、马布利和巴贝夫。他们设想"均贫富"，通过普遍平均的办法来消灭阶级的不平等和社会矛盾，他们消灭的不仅是阶级特权，而且是阶级本身，提出建立完全平等的共产主义体制。由于当时社会生产力还不发达，劳苦大众的觉悟达不到，他们"超前"的理论只能付之东流。

19世纪初期进入空想社会主义发展的第三阶段，这一时期的主要代表人物为法国的圣西门、傅立叶和英国的欧文。18世纪末至19世纪初，欧洲资本主义经济迅猛发展，社会生产力大幅度提高，圣西门、傅立叶、欧文等人受社会环境的影响，总结了以往的空想社会主义者的理论，从欧洲的实际出发，企图揭露资本主义制度是万恶之源，值得提倡的是他们对未来社会做了广泛的社会实验，提出的"和谐"思想至今还有较大的影响。

作为理论形态的空想社会主义，反映了欧洲当时社会经济政治矛盾，也反映了那个时代人民群众对政治平等、社会平等特别是财产平等的要求，在社会主义学说发展史上开创了新思路，让人们耳目一新，在理论上具有不菲的价值。但是，它是属于空想社会主义理论，是非科学的社会主义理论，突出表现在它的哲学基础是脱离实际的唯心主义,在资本主义生产方式影响下,思想观念反映的是资产阶级的生活方式,没有突破资本主义的思想体系,不能正确地认识资本主义社会的历史性和社会发展的规律性,没有认识到社会主义是与资本主义相对立的学说,无产阶级是资产阶级的掘墓人。客观地说,一大批空想社会主义者不懈的努力,使人类对社会发展规律的认识日趋完善,既丰富了人类的社会知识宝库,又为马克思恩格斯科学社会主义学说的创立提供了理论来源,在社会发展史上起过进步的作用,这是必须肯定的,但是,在科学社会主义理论诞生以后,还有人宣扬和坚持空想社会主义的观点就值得考虑了,这些人要么无心,要么别有用心,这些观点,就成为科学社会主义前进道路上的障碍了。

(二) 马克思恩格斯的科学社会主义观

19世纪40年代是欧洲值得纪念的年代,马克思恩格斯两位伟人在客观条件具备的基础上,经过主观努力,以唯物史观和剩余价值理论为基础揭示了社会主义社会的一系列科学原理,形成了科学的社会主义观,使共产主义"幽灵"从空想变成了科学,实现了社会主义观发展的第一次历史性飞跃。主要内容有:

1. 社会主义社会必须生产力高度发展

马克思恩格斯在其名著《德意志意识形态》、《共产党宣言》、《哥达纲领批判》、《共产主义原理》中认为,未来社会物质财富极大丰富,它的特征是大工业充分发展,机器大工业造就了发达的社会生产力,发展生产力是新社会的根本任务,人们所达到的生产力的总和决定着社会状况,他们预测在发达生产力的推动下,资本家剥削加重,社会主义革命就会爆发,由于资本主义比较强大,一个国家爆发革命是成功不了的,必须是欧洲多个发达资本主义国家同时革命才能成功。无产阶级革命成功后,首要任务是利用自己的政治统治去发展生产力,尽可能快地增加生产力的总量,用以满足广大劳动群众的物质和文化需要,生产力的高度发展是由社会主义过渡到共产主义的物质基础。

2. 社会主义社会必须消灭私有制，实行生产资料公共所有

马克思恩格斯的科学社会主义理论揭示私有制是万恶之源，为此，未来社会的特征首先就是要消灭私有制，实行生产资料公有制。他们在《共产党宣言》中宣称，共产党人可以把自己的理论概括为一句话：消灭私有制。恩格斯在《反杜林论》中论证了无产阶级革命夺取国家政权后，首先要把生产资料变为国家财产。

3. 社会主义社会必须废除商品货币，实行社会生产计划调节

马克思恩格斯在他们的著作里多次设想的未来社会是生产力高度发展的社会，届时人的思想觉悟极大提高，已经是没有商品、货币和市场交换的社会。因为发达形态的社会主义社会，已经经历了成熟的市场经济的阶段，可以迈入产品经济社会，实行计划经济体制。恩格斯在《反杜林论》书中提出：一旦社会占有了生产资料，商品生产就将被消除，而产品对生产者的统治也将随之消除。社会生产内部的无政府状态将为有计划的自觉的组织所代替。

4. 社会主义社会必须实行个人消费品按劳分配

马克思恩格斯深入研究了资本主义社会的分配制度，创立了剩余价值学说，揭露了资本家剥削工人的秘密，未来社会的个人消费品如何分配？马克思在《哥达纲领批判》书中区分了共产主义发展的两个阶段，并规定了两个阶段的分配原则：一是按劳分配；一是按需分配。他指出，共产主义社会的第一阶段，由于生产力水平还不够发达，劳动产品不可能满足社会成员的需要，人们的思想觉悟也达不到较高的水平，这种情况下，对个人消费品的分配只能按劳分配，即实行商品等价交换的原则，多劳多得，少劳少得。在共产主义社会的第二阶段，社会生产力高度发达，物质财富从社会向外涌流，社会成员的思想觉悟极大提高，劳动已经不仅仅是谋生的手段，这时社会实行的分配原则是"各尽所能，按需分配"。

5. 社会主义社会必须实行人民民主的国家政权

无产阶级革命成功后建立什么样的国家政权？马克思恩格斯在《共产党宣言》、《共产主义原理》、《法兰西内战》等著作中有过明确的论述，它将是一种崭新的民主国家制度，无产阶级掌握了国家

政权，上升为统治阶级，对广大劳动群众实行广泛的民主，公社代表和维护劳动群众的利益，由人民直接行使权力。马克思恩格斯认为：未来社会的权力机构的组成人员，是由选举产生的，对每一个选民负责，选民有意见可以随时撤换，民主制度在这里是基础。它实质上是工人阶级的政府——即人民民主的国家政权。

6. 社会主义社会必须消灭剥削阶级和剥削阶级统治，国家逐步消亡

马克思恩格斯创立的科学社会主义理论认为，无产阶级夺取政权成为统治阶级后，在用暴力消灭旧的生产关系和上层建筑的同时，也就消灭了阶级对立和阶级本身的存在条件。无产阶级只有完全消灭奴役和剥削，消灭阶级统治，才能最后解放自己。阶级统治一旦消灭，政治意义的国家也不可避免地要消亡，并且，国家不是被消灭，它是自行消亡的。

7. 社会主义社会必须达到人的全面而自由的发展

马克思恩格斯创立的未来社会——社会主义社会，是根据共产主义原则组织起来的社会，在那里，每个成员都能够全面发挥他们的才能，即每个人都全面而自由的发展。马克思恩格斯合写的《共产党宣言》断言："代替那存在着阶级和阶级对立的资产阶级旧社会的，将是这样一个联合体，在那里，每个人的自由发展是一切人的自由发展的条件。"①

一种正确的理论总是在与错误理论的斗争中发展的，社会主义观就是如此，它是在与空想社会主义观的斗争中脱颖而出，由马克思恩格斯进而创新为科学社会主义理论。反思我国社会主义建设实践，出现过"左"和右的失误，究其理论原因，不少是源于对科学社会主义理论的教条主义理解。改革开放以后，依据马克思主义认识论原理，对中国几十年来建设社会主义的实践进行再认识，把搞清楚"什么是社会主义、如何建设社会主义"作为首要的基本问题提出来，明确了我国的基本国情是：目前处于并将长期处于社会主

---

① 《马克思恩格斯选集》第4卷，人民出版社1995年版，第730—731页。

义初级阶段，确立了党在社会主义初级阶段的基本路线、基本纲领、基本理论、基本经验和发展战略，全面深化改革，继续扩大开放，把经济、政治、文化、社会和生态文明统领在中国特色社会主义理论体系下建设，我们相信，以马克思主义的科学社会主义观作指导，解放思想，实事求是，与时俱进，务实创新，科学发展，全面建成小康社会的宏伟目标与中华民族伟大复兴的中国梦就一定会实现。

（三）列宁、斯大林及苏联社会主义观

20世纪90年代初苏联的解体和东欧8个社会主义国家的剧变，是对列宁、斯大林时期及后斯大林时期社会主义观的否定。20多年过去了，进入21世纪，和平与发展依然是当今世界的主题，但无论资本主义国家还是社会主义国家都在进行改革与发展，几个社会主义国家，也相继走出误区，把改革与开放作为国策，千方百计发展自己。实践是检验真理的标准，正在进行的改革与现有的社会主义理论之间的关系究竟怎样，现在回头看看，用马克思主义哲学原理对列宁、斯大林及后斯大林时期苏联领导人的社会主义观做一些归纳和分析，有利于端正和深化对社会主义的认识。

1. 列宁的社会主义观

（1）关于社会主义目的和本质理论

俄国在19世纪末、20世纪初实行的是封建专制，在欧洲是属于经济文化比较落后的国家，历史唯物主义原理认为经济基础决定上层建筑，因此科学社会主义理论不可能就地产生。列宁依据俄国的实际，坚持把马克思主义基本原理和俄国实际具体结合，初步论述了社会主义的基本特征，他把机器大工业当成社会主义的物质基础，提出公有制理论，强调把土地、工厂归全社会所有，然后有计划地进行生产；提出社会主义要消灭剥削阶级，消灭生产资料私有制，甚至提出要消灭货币、消灭商品经济等，这些理论很有积极意义，虽然现在看来有些过火、过头，有些"左"，但不能求全责备，扬弃才是哲学。俄国"十月革命"后，阶级斗争十分复杂，在艰苦的环境中，列宁一边进行社会主义理论上的创新，一边把理论应用于新诞生的苏联新政权，由于阶级敌人的暗杀，列宁受伤，身体也积劳成疾，过早逝世，因此在列宁著作里，关于社会主义观的论述还不很系统，用词也不规范，他在文章中多次用过"建成的社会主义社会"，"完全的社会主义社会"，"达到完备形式的社会主义"、"发达的社会主义社会"等。用发展的眼光看，这些用词的内涵是一致的，限于时间条件，没有统一用语。

（2）关于建设社会主义道路理论

列宁是人不是神，对什么是社会主义，怎样建设社会主义也有他的认识过程。从现在列宁的著作中可看出，他的思想发展大体经历了两个阶段，第一阶段的认识比较肤浅，即企图直接过渡到社会主义，从时间上看是从"十月革命"后不久开始，延续到1921年春天；第二阶段即改用"迂回的方法"建设社会主义，即新经济政策时期，时间是从1921年春天至列宁逝世前夕。

在第一个阶段，刚建立的新政权急需巩固，阶级斗争也十分复杂，列宁和布尔什维克党中央在理论上对马克思恩格斯著作的理解有教条的倾向，这是可以理解的，对在新产生的政权——苏联如何建设社会主义，建设什么样的社会主义，认识不到位、指导思想不明确。从已公开发表的列宁的著作和当时的言论看，用语不统一，也比较混乱，既有以后称之为"直接过渡"的精神，也有以后称之为"新经济政策"的某些因素。但就总体而言，贯穿的是"直接过渡"的精神，这种"直接过渡"的思想，在实行"战时共产主义"政策期间发展到最高峰。

几年实践证明，列宁的"一国胜利论"虽然成功的夺取了政权，但在生产力落后、小农经济占很大比重的国家里，直接用马克思恩格斯论证的在生产力高度发展情况下建设社会主义的办法是行不通的，苏联的实践就证明了这一点。苏联建国后，百业待兴，经济发展没像预期的那样，人们的生活水平提高不快，城乡之间、工农之间的矛盾逐步暴露，到国内战争末期，广大农民对政府政策表示强烈不满，一些地方农民发生暴乱，工人、士兵中也出现了罢工和骚乱，列宁承认党在政策上犯了"错误"。在列宁倡导下，1921年3月，俄共（布）决定实行新的经济政策，这是列宁关于建设社会主义道路认识的第二个阶段，新经济政策是苏联建国不久在经济体制上的一次改革，新经济政策的实行，促进了生产力的发展，缓和了社会矛盾。

列宁实行的这次新经济政策改革是一次思想解放，突破了理论上对马克思主义传统的"左"的观念，依据苏联的实际提出了一系列新的理论观点，在一定程度上丰富和发展了马克思恩格斯创立的科学社会主义理论。这指的主要是在苏联小农经济占主导地位，以小农为主的国家里如何建设社会主义，必须突破教条主义的限制，大胆利用马克思主义认为在社会主义阶段要消灭的商品、货币、市场、国家资本主义乃至私人资本主义等经济范畴，列宁的创新促进了苏联社会主义经济的发展，为社会主义观的发展注入了新鲜血液。

2. 斯大林的社会主义观

1924年列宁逝世，斯大林主政苏联，直至1953年斯大林逝世，将近30年的时间可称为斯大林时期。列宁逝世后的最初几年，即1927年以前，斯大林和联共（布）在社会主义建设的指导思想上，在经济政策、经济体制上，基本上沿用了列宁制定的路线政策，苏联经济平稳发展。1927年以后，斯大林有点急于求成，对马克思主义理论的理解教条化，在社会主义建设道路和目标这两个方面方针政策都发生了大的转变，这种转变就是一"快"，二"低"。"快"就是在建设道路上要求大大加快过渡的速度，迅速消灭一切资本主义因素和小生产；"低"就是使社会主义目标与消灭阶级差别等脱钩，降低建成社会主义的要求。

（1）社会主义建设道路问题上的转变

斯大林主政初期，在建设社会主义的道路问题上，依据列宁的新经济政策，推动了苏联经济的发展与繁荣，时间不久，思想认识上却来了一个180度的大转弯。他在1927年12月召开的联共（布）党的十五大和1930年6月召开的十六大上提出了较为"左"的口号和思想，如剥夺富农、驱逐富农，消灭私营工业，向资本主义分子全线进攻，在经济上忽略了市场的作用，建起了高度的计划经济体制。

苏联前进的每一步都是在探索，没有现成的经验可学。斯大林在建设社会主义道路问题上的根本性转折导致的后果是两重性的，有利有弊。从有利的方面讲，高度的计划经济体制，能够集中全国的财力、物力发展工业，特别是重工业，能够把有限的资源用在刀刃上，促进了社会生产力的发展，工业化进程加快，劳苦大众的生活得到改善，为赢得反法西斯战争的胜利，奠定了雄厚的物质基础。不利的方面是集体农庄的农业生产并没有大幅度增长，僵化的经济体制、政治体制缺乏活力，压抑了人民群众的积极性和创造性，农业遭到了灾难性的破坏和危害，社会主义制度的优越性没能发挥出来，计划经济成为社会生产力进一步发展的障碍。

（2）社会主义目标问题上的转变

在对什么是社会主义的认识上，我们对斯大林不能求全责备，他的认识也有过程，用语也不统一，含义不明确。从1933年到1952年，近20年间斯大林对苏联建设社会主义的目标用语一直在变化：1933年，他提出在苏联"已经建成"社会主义社会的"基础"。随后断言苏联已"基本上实现了社会主义"。仅仅几年时间，斯大林就提出"向共产主义过渡"的问题，斯大林是一位伟大的马克思主义者，这不能否定。他又领导苏联人民进行了多年的实践，既有理论高度，又接地气，有实践经验，但这并不排除他在对苏联社会发展作出超越阶段和脱离客观实际的估计。晚年，他从苏联的实践中总结经验，在关于社会主义经济问题的最后遗著中，打破了理论上的束缚，把马克思主义基本原理与苏联的现实结合，认识到了价值规律的客观性，对商品、货币及其作用有了新的看法，阐述了社会主义社会保留商品生产、货币流通和利用价值规律的必要性和重要性，理论上的升华，对苏联的积极意义是不言而喻的，也启发世界上"社会主义阵营"的社会主义建设实践积极探索，解放思想，与时俱进。

3. 后斯大林时期苏联领导人对社会主义的认识

1953年3月斯大林逝世，几个月后赫鲁晓夫就任苏共中央第一书记,成为苏共主要领导人。苏联建国后,经过30余年的发展,综合国力大幅度提高,但高度计划经济的弊端已经暴露;同时,斯大林主政期间,在苏联形成了严重的个人崇拜,他逝世后,苏联党和国家还没能从对斯大林个人崇拜的浓重氛围之中清醒,一度影响到了工业和农业的发展。赫鲁晓夫执政后,高举改革的大旗,他把农业作为改革的突破点,推行了一系列发展农业的措施,消减了农业税,提高农产品价格;增加农业投资,大规模开垦荒地;同时,赫鲁晓夫对工业也施行"手术",这些改革取得了一定的成果,但并没有从根本上打破斯大林时期形成的经济模式。

在苏共二十大上,赫鲁晓夫通过秘密报告的方式,揭露了斯大林在大清洗中的暴行,掀开世界范围的去斯大林化运动,结束了斯大林时代,停止了苏联国内的大规模政治镇压,释放了绝大多数古拉格中的政治犯。赫鲁晓夫公开举起解放思想的大旗,不再迷信斯大林,对斯大林个人崇拜进行了批判,这就为社会主义各国冲破斯大林时期形成,以后又在不同程度上被照搬到其他国家的僵化的社会主义模式,实行经济政治体制改革,奠定了重要的思想基础。虽然我国理论界在20世纪六七十年代,以致改革开放以后的一段时间,把赫鲁晓夫骂的一无是处,但这不是唯物主义的做法,更不是马克思主义的辩证否定观。

赫鲁晓夫首开改革之先河,在国内政策和体制上,从实际需要出发,实行了一系列改革,他的改革措施,尽管其中有些搞得过于匆忙,有些不尽切合实际,总的来说,还是符合现实社会主义历史发展的客观趋势的。但在理论上对斯大林的社会主义观赫鲁晓夫又全盘继承,50年代末以后,在国际国内各种因素的刺激下,他甚至把这种超阶段理论和"左"倾冒进计划发展到了苏共历史上的顶端,制定了在20年内,即到1980年"基本建成共产主义社会"的"详尽时间表",宣布苏联进入"全面展开共产主义建设时期"。综合来看,在赫鲁晓夫长达11年的执政期间,进行了不间断的改革。虽然改革取得一些成就,但也造成了许多失误。赫鲁晓夫并没有从根本上改变中央集权和计划经济的旧体制,也没能有效地推行政治体制改革,从这个意义上来说他是一个失败的改革家。

1964年,勃列日涅夫开始执政,上台伊始,他头脑还比较清醒,根据苏联的实际,意识到理论指导上有失误,在理论上批判了赫鲁晓夫的"主观主义"和"唯意志论",要求党的各项政策都"立足于严格的科学态度上,立足于分析情况的科学方法上"。在实践中,"冒进计划"不再提了。党和政府机构自上而下划分为工业和农业两部分的决定被撤销了,重新恢复了按地区建党的原则,农民在种植什么作物问题上有了选择的自由,不必被迫种玉米了。农庄庄员的自留地恢复到原有规模,减少私养牲畜的规定也取消了,等等。总之,赫鲁晓夫时期的一些急躁冒进、高指标,瞎指挥的计划和做法,得到了纠正。

然而,在社会主义观上,勃列日涅夫执政时期既继承了斯大林时期已经形成、赫鲁晓夫时期继续沿袭的关于社会主义建设道路和社会主义目标问题上的观念,同时也不得不继续沿着赫鲁晓夫时期开辟的改革道路缓慢行进。虽然在这两个方面都做了某些调整或修补,总的来说,勃列日涅夫执政的18年中,并没有采取什么突破性的改革措施,这同在社会主义理论上没有新的突破有关。

勃列日涅夫逝世后,安德罗波夫上台执政,提出苏联现在处于发达社会主义"这一长期历史阶段的开端",强调"发达社会主义"阶段的长期性和苏联社会距离建成共产主义的遥远性,对于进一步调整对苏联社会发展阶段的估计有积极意义。但是,也未触动苏联社会正处在建设共产主义阶段的观点,超阶段思想在本质上仍被继承下来了。尔后,契尔年科沿袭前任旧辙。他们二人执政的时间都很短,未及施展自己的抱负,即先后相继去世。

1985年,戈尔巴乔夫上台掌管苏联,当时世界,和平与发展是主题,社会主义各国纷纷对经济、政治体制进行了不同程度的改革,加快了发展的步伐,活跃了经济、政治、文化生活,而苏联一反常态,世界"霸权"地位在堕落,经济呈现出了发展迟缓、停滞现象,政治、文化生活死气沉沉,计划经济体制造成的弊端越来越明显。这对于苏联社会的发展及其在国际政治中的地位都是很不利的。因此，雄心勃勃的戈尔巴乔夫上任之后，即要求对经济管理体制进行根本改革，他在苏联"二十七大"的总结报告中指出"当前的形势是，不能局限于局部的改进，必须进行根本的改革"。几年中，他在社会主义理论方面，在社会主义目标和建设社会主义道路这两个问题上，都有所突破。一是他把社会主义目标，重新与创造高于资本主义的劳动生产率和消灭阶级差别等挂上了钩，重申了列宁的"无阶级的""完全的社会主义"的概念，并且把它作为苏共现阶段直接的奋斗目标，提出苏联目前的社会是"发展中的社会主义社会"的概念，这就等于说，苏联至今还没有完全建成列宁所说的那种社会主义，苏联现阶段的直接现实任务不是建设共产主义，而是完善、建设社会主义，只有建成了完全的社会主义社会，才能实际开始向共产主义过渡。这样就从根本上解决了 20 世纪 30 年代末以来历时近 50 年的超阶段思想。二是在建设社会主义的道路问题上，戈尔巴乔夫提出了要把列宁关于粮食税的思想"创造性地运用于当前条件"。他虽然是就农业问题而言的，但这表明，戈尔巴乔夫认为列宁的新经济政策思想在苏联现阶段条件下，还有一定的现实意义。

1991 年苏联解体，是对世界形势的发展具有深刻影响的重大事件。这个事件的发生是同当时苏联领导人戈尔巴乔夫和他从 1985 年至 1991 年在苏联执政时推行的改革联系在一起的。所以，戈尔巴乔夫及他的改革，不论是在原苏联，还是在我国，以及在世界其他许多国家，都成了大家研究苏联这段历史时十分关注的重要课题。

20 多年过去了，世人对于戈尔巴乔夫的评价呈两极分化的趋势。有人对其敬仰赞美，甚至授予诺贝尔和平奖；也有人对其口诛笔伐，说他是社会主义和共产党的叛徒、罪人。在历史的迷雾尚未散尽之时，试图"盖棺定论"为时过早。对于戈尔巴乔夫和苏联解体，后人比我们聪明，随着档案的解密，或许会有比较客观或比较一致的看法。

(四) 毛泽东的社会主义观

1. 新中国成立前后毛泽东等老一辈革命家的社会主义观

什么是社会主义，走不走社会主义道路，在新中国成立前夕，是毛泽东等老一辈革命家一直在思索的问题。由于苏联的成功和影响，中国向何处去？毛泽东在《论人民民主专政》中总结为一句话："走俄国人的路——这就是结论。"

20世纪30年代，斯大林领导苏联，宣布建成社会主义，中国共产党对社会主义的认识基本上以苏联模式为蓝本，认为这是按照马克思恩格斯的理论设计筑成的社会主义大厦，因而无限向往。这个认识影响了中国共产党几十年，直到新中国成立初期还未超脱这种认识，基本上停留在"苏联的今天就是我们的明天"的层面上。从某种程度上，也可以说深刻概括了新中国成立前后中国共产党对社会主义认识的基本特点。由于中国是在"十月革命"的影响下逐步走上社会主义发展道路的，苏联又是世界上唯一取得社会主义建设经验的国家，中国当时所处的国际和国内环境都十分复杂，又缺乏任何建设社会主义的经验。因此，学习和借鉴苏联的历史经验，甚至搬用苏联社会主义建设的模式，就成为这一时期中国共产党进行理论思考和实践探索的一大特点。

在建立一个什么样的社会主义社会，也就是关于建立社会主义社会的标准问题上，当时大多认为苏联的社会主义就是我们的榜样。这种认识，反映了当时中共中央领导人对什么是社会主义问题的共同看法。新中国成立初期，尽管我们的政治、经济、军事、文化等方面在形式上与苏联有所不同，但在总体上我们的政治经济体制是向苏联"老大哥"学习的，从某种程度上可以说是全盘接受"苏联模式"的时期。

2. 社会主义建设初期毛泽东的曲折探索

1956年社会主义改造基本完成，中国共产党召开了第八次代表大会，正确分析了我国的性质，明确了目前我国的主要矛盾，如何建设社会主义提到议事日程。苏共二十大赫鲁晓夫对斯大林的否定，使毛泽东对苏联模式的认识发生了重大变化，也开始对苏联的社会主义模式进行反思，提出"以苏为戒"，决心要寻找一条适合中国情况的社会主义建设道路。毛泽东写于1956年的《论十大关系》、1957年的《关于正确处理人民内部矛盾的问题》等经典著作，提出了区别于苏联模式的中国社会主义政治、经济、文化建设的若干设想，对"苏联模式"的社会主义提出质疑，强调重视生产力的发展，并提出了社会主义社会的两类矛盾、科学文化发展上的"双百方针"、共产党与民主党派的"长期共存、互相监督"等方针，这是我们党对社会主义建设探索的良好开端。

1957年，我国第一个五年计划胜利完成，党和国家主要领导人有点飘飘然，忽视了规律的客观性，自下半年开始，对社会主义的探索出现失误。1958年开始的"大跃进"和人民公社化运动更是我们党在探索过程中的一次严重挫折。分析这些失误、挫折的原因，就是对"什么是社会主义，如何建设社会主义"没有完全搞清楚，包括对什么是中国式社会主义的理解产生了偏差。理论上突出表现为"一大二公"，实践中急于求成、急于过渡，犯了超越阶段的错误。

从1956年至20世纪60年代中期的10年间，我们对社会主义建设进行了积极而有益的探索，其影响是深远的。中国在国际上的威望也迅速提高，生产力快速发展，很大程度得益于苏联的援助，尽管1960年前后"中苏大论战"，两国关系恶化，但主要是在意识形态领域，在经济体制上，把苏联的权力高度集中的计划经济体制运用到我们国家，由于生产力落后、物资匮乏，这种计划经济体制发挥了巨大作用，原本主观上想摆脱苏联社会主义模式，由于理论上对马克思主义理论认识肤浅，又由于国际国内政治斗争复杂，也没有经验可学，客观上反而有意无意地进一步强化了苏联模式，有些方面甚至比苏联模式有过之而无不及。

3. "文化大革命"时期毛泽东对社会主义认识的失误

1966年5月16日，以"五一六通知"为标志，毛泽东亲自发动的"文化大革命"开始了。"文革"时期，毛泽东对"什么是社会主义、怎样建设社会主义"的探索步入误区，在社会主义基本理论和政策问题的认识上有重大失误，贯穿十年"文革"中心的是"以阶级斗争为纲"和"无产阶级专政下继续革命"。

从1960年前后中苏大论战开始，我国与苏联的分歧愈演愈烈，加上主要资本主义国家的封锁与破坏，对外反对"两霸"，对内"以阶级斗争为纲"成为主流，"文革"十年，阶级斗争年年讲、月月讲、天天讲，好像阶级敌人到处都是，上至国家主席，下至平民百姓，蒙冤受屈者不计其数。现在反思，当年批判的许多东西是正确的，由于法律不健全，权力大于法律，人治大于法治，强调"舆论一律"，把毛泽东主席的话当成万能钥匙，大肆宣扬"句句是真理，一句顶一万句"，反对的声音不能有，稍有不慎，"帽子工厂"随时会制出众多的不可思议的帽子，"唯生产力论"、"洋奴哲学"、"爬行主义"的代理人被批得"臭不可闻"，中国几千年的优秀传统文化都成了"四旧"，烧的烧，砸的砸，几乎毁于一旦。这些错误行为与理论上认识失误紧密相连。

（五）中国特色社会主义的社会主义观

1. 以邓小平为核心的第二代中央领导集体对社会主义观的重新理解

1976年，粉碎"四人帮"后，"文化大革命"宣告结束，在揭批"四人帮"的政治运动中，理论界也在反思，到底什么是马克思主义，真马克思主义与假马克思主义如何划分？后来形容当时的境况是：经济萧条、哲学贫困，文化无人、历史沉闷，即高喊"抓革命，促生产"，可是理论是非没澄清，生产只能无动于衷，更不敢实事求是，从哲学上追究事物的本质，所谓的"文化人"在"文化大革命"中几乎全军覆没，领军人物都是"黑五类"，历史问题不敢涉及，只能沉默，人们产生迷茫、陷入困惑。1978年，关于"实践是检验真理的唯一标准"的大讨论，让人们拨乱反正，澄清了理论上的是非，思想得到了解放。1978年年底召开的党的十一届三中全会，更是我党发展历史上的里程碑。三中全会果断停止使

第四章 "中国模式"与社会主义观

用"以阶级斗争为纲",提出解放思想,实事求是,团结一致向前看,为一大批冤假错案平反昭雪,结合新中国将近30年的实践经验,实行改革开放的新思路,从理论和实践上对社会主义进行了再认识和重新定位。随后,以联产承包责任制为标志的改革在广大农村普遍展开,短短几年,农村面貌焕然一新,30年没有解决的农民温饱问题开始得到缓解,改革的甜头坚定了人们的信念,学界也开始寻找理论上的支持,重新建构崭新的社会主义理论和观念。

1982年,在党的十二大开幕词中,邓小平明确提出"建设有中国特色的社会主义"的新名词,表明党中央对邓小平新社会主义观的认可,随后邓小平同志在不同场合多次论述了"什么不是社会主义"。即贫穷不是社会主义、发展太慢不是社会主义、平均主义不是社会主义、两极分化也不是社会主义。这"四个不是社会主义"具有鲜明的针对性,理论上澄清了笼罩在马克思主义基本理论上的迷雾,实践中批驳了把根本不是社会主义的东西当作社会主义的错误倾向。邓小平的多次对社会主义的论述和对"什么不是社会主义"的界定,为理论界完整准确理解马克思主义提供了一种全新的思想方法,解放思想、实事求是的大讨论,开辟了如何以科学的态度和方法建设社会主义的新理念。

改革的深化促使理论不断创新,1987年,确立了我国处于社会主义初级阶段理论,明确了党在社会主义初级阶段的基本路线,提出"一个中心,两个基本点",1992年初,邓小平在武昌、深圳、珠海、上海等地的谈话,更是立足我国国情,从我国实际出发,结合以前关于先富共富的论述,提出了社会主义本质论及实现共同富裕的途径和目的。邓小平的论述引导人们重视生产力标准,从流行多年的单纯的生产关系视角来了个大转弯,转向与生产关系相联系的生产力视角,从解放生产力、发展生产力的新思路提出新的社会主义观。

2. 以江泽民为核心的第三代中央领导集体对社会主义观的深化与创新

1989年是我国不平稳的一年,在国际国内政治经济形势动荡不安中，以江泽民为核心的第三代中央领导集体亮相，江泽民坚持解放思想，实事求是，与时俱进，在极其复杂的国际和国内环境中，推进了中国特色社会主义的深化与发展。

邓小平1992年在南方谈话中，以非凡的政治胆魄和理论勇气论述了计划经济和市场经济的关系，从根本上破除了把计划经济和市场经济对立起来的传统思想束缚，江泽民同志在中央党校讲话中明确地把社会主义和市场经济结合起来，并在1992年召开的党的十四大上，依据邓小平对社会主义本质的新概括提出社会主义改革的目标是建立社会主义市场经济体制，创造性地开辟了社会主义发展的新思路，使社会主义道路越走越宽广。

1997年召开的党的十五大对社会主义初级阶段理论进一步完善与发展，在十五大报告中，江泽民同志提出我国处于并将长期处于社会主义初级阶段，同时全面阐述了社会主义初级阶段的基本特征和基本纲领，对社会主义的认识从"什么是社会主义，怎样建设社会主义"，发展到"什么是初级阶段的社会主义和怎样建设初级阶段的社会主义"。

世纪之交，如何把中国特色社会主义推向21世纪，是摆在中国共产党人面前的重大课题，以江泽民同志为核心的党中央依据世情国情党情的新变化，创新提出了关于中国特色社会主义经济、政治、文化建设的新思想、新观点、新论断，进一步深化了对中国特色社会主义的认识。总结改革开放20余年的经验，江泽民同志提出了"三个代表"重要思想，从理论上明确了"建设一个什么样的党，怎样建设党"的问题。"三个代表"重要思想是"世纪之交"中国共产党人在实践中提炼出来的又一重大理论成果，它的形成，推进了对社会主义的认识。进入21世纪，世情有了明显变化，当代资本主义与一百年前的资本主义有了显著区别，经济的全球化，信息的网络化逼着人们重新审视社会主义与资本主义，新的命题"什么是当代资本主义，如何认识资本主义发展的历史进程"就摆到了我们党的面前，正确处理社会主义与当代资本主义的关系，在改革开放的大环境中对当代资本主义进行再认识，是来自实践中的重大课题，也是社会主义理论发展的需要。以江泽民为核心的党中央回答了这个问题，在党的十六大报告中全面系统论述了我国进入21世纪后，"全面建设小康社会，开创中国特色社会主义事业新局面"的诸多问题，把对社会主义的认识推向一个新阶段。

3. 以胡锦涛为总书记的中央领导集体对社会主义观的整合与拓展

2002年，党的十六大确定了以胡锦涛为总书记的中央领导集体，到2012年党的十八大，十年来，新的中央领导集体认真反思改革开放30多年正反两方面的经验和教训，顺应规律，体察民情，以人为本，和谐共生，集中全党的智慧，提出科学发展观，在实践中不断诠释和深化对社会主义的认识。

（1）提出中国特色社会主义理论体系。改革开放以来，邓小平同志根据改革开放新经验，把马克思主义基本原理与我国改革开放的实际结合，创立了邓小平理论；江泽民同志把马克思主义基本原理与世纪之交的世情国情党情结合，提出了"三个代表"重要思想；进入新世纪，胡锦涛同志运用哲学思维，系统分析国际国内形势，提出科学发展观等重大战略思想。党的十八大创造性地将其与邓小平理论、"三个代表"重要思想整合成为中国特色社会主义理论体系，体现了中国共产党人对马克思恩格斯创立的科学社会主义理论的创新与拓展，将社会主义观发展到新高度。

（2）理论上对中国特色社会主义进行了多层面的科学诠释。改革开放的30多年，是对中国特色社会主义认识不断深化的30多年，从理论上看，解放思想，实事求是，与时俱进，求真务实，提出了一系列的新思想、新理论、新观点。深化改革、扩大开放让人们耳目一新，社会主义初级阶段理论让人们的认识接上地气，以公有制为主、多种所有制经济共同发展，以按劳分配为主、多种分配形式并存的经济制度确定了我国的社会主义性质，社会主义市场经济体制的改革目标促进了经济的发展，过去众多的理论上的失误得到了纠正，回归到了真正的马克思主义理论。

科学发展观的确立让中国特色社会主义的发展如虎添翼，科学发展观是以胡锦涛为总书记的党中央把马克思主义基本原理与新时期党情国情世情的新变化相结合而提出的最新理论成果，它与邓小平理论、"三个代表"重要思想等一起构成中国特色社会主义理论体系，在"什么是社会主义，怎样建设社会主义"，"建设一个什么样的党，怎样建设党"的基础上，从实践中回答了中国特色社会主义该如何发展、依靠谁发展、为了谁发展，提出了以人为本的执政理念，解决了中国特色社会主义发展道路过程中根本性、方向性的重大问题，赋予了新社会主义观更加深刻的内涵。

4. 以习近平为总书记的中央领导集体对社会主义观的丰富与发展

2012年，党的十八大确立了以习近平为总书记的新一届中央领导集体，两年来，习近平总书记发表了一系列重要讲话，突出体现了敢于担当的精神，提出了许多治国理政的新思路新论断新要求，深刻回答了新的历史条件下党和国家发展的重大理论和现实问题，进一步升华了我们党对社会主义建设规律和马克思主义执政党建设规律的认识。是对中国特色社会主义观的丰富和发展，是马克思主义中国化的最新成果，是党和人民在实现中华民族伟大复兴中国梦的新征程上接力奋斗的思想武器和行动指南。

（1）"三个自信"——在新的历史起点上坚持发展中国特色社会主义理论的政治宣言

党的十八大选举产生了以习近平为总书记的新的中央领导集体，明确提出了"三个自信"，标志着我们党领导的中国特色社会主义伟大事业进入发展的决定性阶段，我们党领导人民开创的前所未有的社会主义伟大实践，已经行进到一个新的历史起点上，正在向新的发展目标前进。

坚定不移地走中国特色社会主义道路，坚持以中国特色社会主义理论体系为指导，坚信社会主义制度是最适合我国国情的制度，这"三个自信"是新的中央领导集体适应国内外形势发展变化的新需要，适应党和国家事业发展的新要求，高瞻远瞩提出的新要求，"三个自信"是高举中国特色社会主义旗帜的政治宣言，是坚定不移地走中国特色社会主义道路的行动纲领。

十八大以来,习近平总书记发表了一系列系列重要讲话,他的讲话高屋建瓴,底气十足,旗帜鲜明,是非清楚;文风质朴实在,道理明白易懂,对事关中国特色社会主义前途命运的重大问题作出了十分肯定的政治结论。习近平总书记一系列重要讲话对于"坚持什么、反对什么","肯定什么、否定什么","做什么、不做什么",都发出了明确无误的政治信号,更加坚定了我们对马克思主义、对科学社会主义、对毛泽东思想和中国特色社会主义理论体系的信仰,更加坚定了对共产主义远大理想和中国特色社会主义共同理想的信念,更加坚定了走中国特色社会主义道路的信心,更加坚定了全面深化改革开放、推进依法治国、坚持社会主义市场经济体制的改革取向和政策选择的信任。

(2)"中国梦"——中国特色社会主义理论的新概括

党的十八大之后,习近平提出和深刻阐述了实现中华民族伟大复兴的中国梦,进一步揭示了中华民族的历史命运和当代中国的发展走向,确立了通过"两个一百年"的阶段发展,实现中华民族伟大复兴的发展目标。改革开放以来,党领导全国各族人民坚持走中国特色社会主义道路,不断推进中国特色社会主义理论体系丰富和发展,生产力快速推进,综合国力不断提高,广大人民群众生活水平不断提升,现阶段,我国比历史上任何时期都更接近中华民族伟大复兴的目标,正是在这关键时刻的历史节点上,习近平总书记提出了旨在实现中华民族伟大复兴的中国梦。

实现中华民族伟大复兴的中国梦,包含着既深刻又丰富的思想内涵,其核心内容就是国家富强、民族振兴、人民幸福。国家富强是指在中国特色社会主义理论体系指导下,我国综合国力进一步增强,社会呈现经济更加发达,政治更加民主,文化更加繁荣,社会更加和谐,生态更加文明;民族振兴就是继承和创造中华民族的优秀文化以及先进的文明成果,并将正能量传递给全世界,从而影响世界、改变世界,进而使中华民族再次处于世界领先的地位,显出文明古国复兴的力量;人民幸福说的是中华民族的每一个人,共同享有人生出彩的机会,共同享有梦想成真的机会,共同享有自由而平等的发展机会。中国梦是和平的梦、发展的梦、合作的梦、共赢的梦,不仅造福中国人民,而且造福世界各国人民,与各国人民的美好梦想是相通的。

实现中华民族伟大复兴的中国梦,必须凝聚全国各族人民的力量,弘扬以爱国主义为核心的民族精神和以改革创新为核心的时代精神,坚定不移地走中国特色社会主义道路。实现中华民族伟大复兴的中国梦是一项艰巨而光荣的事业,空谈误国,实干兴邦,它需要广接地气,就是脚踏实地地依靠全国各族人民的创造性劳动;需要一代又一代的中国人为之顽强拼搏、艰苦奋斗、不懈努力。为此全国各族人民必须团结一心,坚定自信,勇于担当,与时俱进,求真务实,抓铁有痕,凝聚13亿人民群众的力量,就会把中国特色社会主义事业不断推进到新阶段。

(3) 作风建设在路上——中国特色社会主义党建理论的新阐释

党的十八大以来,习近平同志发表的一系列重要讲话是对中国特色社会主义理论体系的进一步丰富和发展,高度的概括、深刻的总结、简洁的提炼,使中国特色社会主义理论在指导实践、推动工作的过程中更加具有时代特征。他强调:要深刻领会中国特色社会主义是党和人民长期实践取得的根本成就,深刻领会中国特色社会主义是由道路、理论体系、制度三位一体构成的;深刻领会建设中国特色社会主义的总依据是社会主义初级阶段、总布局是五位一体、总任务是实现社会主义现代化和中华民族伟大复兴;深刻领会夺取中国特色社会主义新胜利的基本要求。中国特色社会主义是亿万人民自己的事业,解放和发展社会生产力是中国特色社会主义的根本任务,改革开放是坚持和发展中国特色社会主义的必由之路,公平正义是中国特色社会主义的内在要求,共同富裕是中国特色社会主义的根本原则,社会和谐是中国特色社会主义的本质属性,和平发展是中国特色社会主义的必然选择,中国共产党是中国特色社会主义事业的领导核心。

只有从反映事物最抽象的概念范畴出发,一步一步地到达它的愈来愈具体的概念和范畴，直到把事物丰富多样性从总体上再现出来，才算是真正把握了事物的本质。就是说中国特色社会主义理论只有具体化为政治、经济、文化、社会、生态文明和党的建设等各个方面理论，才能真正具有理论的指导作用，实现理论到实践的飞跃。

习近平同志在全国组织、宣传、经济、城镇化等会议上，分别对政治、经济、文化、社会、生态文明和党的建设等各个具体领域进行了理论阐释，使党和国家各项事业发展更加有章可循。比如在经济建设方面，将我们过去界定的市场在资源配置中的"基础性作用"修改为"决定性作用"，强调必须积极稳妥从广度和深度上推进市场化改革，大幅度减少政府对资源的直接配置，推动资源配置依据市场规则、市场价格、市场竞争实现效益最大化和效率最优化，是一次理论上的重大突破，必将对我国经济发展产生重大影响。比如在生态文明建设方面，强调绝不以牺牲环境为代价去换取一时的经济增长，提出实行最严格的源头保护制度、损害赔偿制度、责任追究制度，完善环境治理和生态修复制度，用制度保护生态环境。再如在党的建设方面，强调打铁还需自身硬，出台了"八项规定"，突出反对"四风"，坚持"老虎"、"苍蝇"一起打，纠正单纯以经济增长速度评定政绩的偏向，重点培养选拔党和人民需要的好干部。比如习近平总书记在党的群众路线教育实践活动总结大会上的重要讲话讲成绩客观实在，说问题一针见血，总结的经验弥足珍贵，从严治党的"八项任务"明确具体，为新形势下加强作风建设、坚持从严治党作了再动员再部署。明确提出：作风建设在路上，没有完成时，必须警钟长鸣。

(4) 科学的思维方式和工作方法——中国特色社会主义理论的新方法论

中国特色社会主义理论是马克思主义的最新理论成果，从哲学上来讲本身就集中体现了马克思主义的世界观和方法论。在中国特色社会主义事业建设当中，要用改革和创新的办法破解诸多矛盾和问题，当然需要科学的世界观和方法论为指导，同时也特别需要具体的思想方法和工作方法，这就要求必须把可能是潜意识的、朴素的方法进行提炼、归纳、总结，形成方法论体系。正像毛泽东同志所说的那样："我们不但要提出任务，而且要解决完成任务的方法问题。我们的任务是过河，但是没有桥或没有船就不能过。"[①]

习近平总书记的一系列重要讲话，几乎都谈到了具体的思维方式和工作方法问题，对指导全党开展各项工作具有非常强的指导意义。比如提出了新的科学思维方法。提出要准确把握底线思维，凡事从坏处准备，努力争取最好的结果，做到有备无患、遇事不慌，牢牢把握主动权；要准确把握问题思维，抓住改革发展中的热点难点问题和深层次矛盾，找到病根，找准症结，对症下药，破解难题；要准确把握辩证思维，善于突出重点，不管东西南北风，扭住目标不放松，不被任何困难所阻，不为任何迷惑所扰，坚定不移地接力干、往前走。再如提出了全面深化改革的方法遵循，强调全面深化改革要准确把握、正确处理好"五大关系"，就是解放思想与实事求是的关系，整体推进与重点突破的关系，顶层设计与摸着石头过河的关系，胆子要大和步子要稳的关系，改革发展与稳定的关系。

（5）"四个全面"战略布局是坚持和发展中国特色社会主义的"新常态"

党的十八大以来，以习近平同志为总书记的党中央抓铁有痕、踏石有印，扎扎实实治国理政，举旗抓纲建小康，明确提出"四个全面"的战略布局，全面推进中国特色社会主义新发展。"四个全面"即全面建成小康社会、全面深化改革、全面推进依法治国、全面从严治党，这是以习近平同志为总书记的党中央坚持和发展中国特色社会主义的全新布局，既是对新一届领导集体治国理政的概括，也表明坚持和发展中国特色社会主义已形成了新格局，也是我们要认识和遵循的"新常态"。

"四个全面"战略布局是一个相互联系的大系统，每一个"全

[①] 《毛泽东选集》第1卷，人民出版社1991年版，第139页。

面"是一个小系统,彼此之间相互依存、关联递进。全面建成小康社会是社会主义现代化建设的奋斗目标,是中国特色社会主义的根本指向;全面深化改革是对改革开放30多年来进行哲学沉思,总结经验教训,扬长避短,为中国特色社会主义航船发展注入强大动力;全面推进依法治国是坚持和发展中国特色社会主义的根本保障,是多年来建设中国特色社会主义的经验升华,为又好又快建设中国特色社会主义保驾护航;全面深化改革、全面推进依法治国如鸟之两翼、车之双轮,推动全面建成小康社会的目标如期实现;全面从严治党能确保中国共产党的先进性,并不断增强宗旨意识,确保党始终成为中国特色社会主义事业的坚强领导核心,成为新常态下带领中国这艘巨轮波澜不惊、破浪前行的舵手。党的十八大以来,在治国理政的实践中,习近平总书记发表了系列重要讲话,这些重要讲话是对"三大规律"认识的新成果,丰富和发展了中国特色社会主义理论体系。它表明,我们在新的历史起点上坚持和发展了中国特色社会主义,开创了中国特色社会主义新局面,正在走向和形成新常态。

"新常态"源自以习近平为总书记的中央领导集体对我国国情的新判断,更源自中国共产党人的使命担当。中国共产党自产生之日起,就把中华民族的伟大复兴视为己任,在90多年的奋斗历程中,几代共产党人前仆后继、浴血奋斗,与时俱进、不断创新,建立了中华人民共和国,开始了社会主义建设,改革开放,共同富裕,2010年成为世界第一大经济体,创造了令世人瞩目的辉煌。以习近平为总书记的新一届领导集体站在这样一个历史节点上,提出了"双百"目标,即在中国共产党成立一百年时全面建成小康社会,在新中国成立一百年时建成富强民主文明和谐的社会主义现代化国家。这是要真正使中华民族"强起来",实现中华民族伟大复兴的中国梦。正是这种使命担当,使我们进入了发展的新阶段。

全面建成小康社会。1997年党的十五大提出了"建设小康社会"的历史任务,党的十八大首次提出要在2020年实现全面建成小康社会的战略目标,这是党的十八大提出的重大战略任务。这里的全面是指经济发展、政治清明、文化昌盛、社会公正和生态良好的"五位一体"全领域；同时是指促进工业化、信息化、城镇化、农业现代化同步发展和实现的全过程；是指统筹社会力量、平衡社会利益、调节社会关系、规范社会行为的社会各层面的全方位；是指"小康不小康，关键看老乡"的城乡人口的全覆盖。全面建成小康社会成为克服发展不平衡、不协调、不可持续的新常态。

全面深化改革。改革是中国特色社会主义的最显著特征，也是中国发展的最大红利，深化改革是发展中国特色社会主义的必由之路。从党的十一届三中全会到党的十八届三中全会，中间的6次三中全会都是通过了关于经济领域的改革决定。而党的十八届三中全会提出了全面深化改革的总目标，并作出了系统部署，成为坚持和发展中国特色社会主义的新起点。全面深化改革的内容包括经济体制改革、政治体制改革、文化体制改革、社会体制改革、生态文明体制改革以及国防和军队、党的建设制度改革等7大方面、15个领域、60项具体任务、分解为336项的重要改革举措。这是由改革进入深水区、攻坚期，面临三期叠加的严峻形势倒逼形成的，以往的单向度的改革已不能满足坚持和发展中国特色社会主义的需要。由此，全面深化改革成为新常态。

全面推进依法治国。依法治国，建设法治国家，是人类政治文明的一般规律，是对新中国历史经验进行深刻总结的结果，而全面推进依法治国是党的十八届四中全会第一次专门进行的全面部署。全面推进是指要形成包括完备的法律规范体系、高效的法治实施体系、严密的法治监督体系、有力的法治保障体系，形成完善的党内法规体系在内的中国特色社会主义法治体系，是要坚持依法治国、依法执政、依法行政共同推进，是要坚持法治国家、法治政府、法治社会一体建设，是要实现科学立法、严格执法、公正司法、全民守法的政治文明状态。这样的全面部署，是全面深化改革的需要，也是促进国家治理体系和治理能力现代化的内在要求，更是建设社会主义现代化国家的应有之义，全面推进依法治国成为新常态。

全面推进从严治党。党的领导是中国特色社会主义最本质的特征,这一论断是中国特色社会主义理论创新的又一最新成果。实现和加强党的领导,"打铁还需自身硬"是前提,所以,必须党要管党,从严治党。而全面推进从严治党是习近平总书记在党的群众路线教育实践活动总结大会时提出的,他指出:"今天这个大会,是对党的群众路线教育实践活动进行总结,对巩固和拓展教育实践活动成果、加强党的作风建设、全面推进从严治党进行部署。"十八大以来,我们党始终直面四大考验、四大危险、敢于自我揭丑铲除四风之害、以壮士断腕的勇气惩治腐败,这都是从严治党的举措,并且在逐步形成从严治党的制度化、法治化、常态化。因而,全面推进从严治党也成为新常态。

"四个全面"的战略布局,既有战略目标,也有战略举措,每一个"全面"都具有重大战略意义。"四个全面"战略布局,凝结着新形势下党和人民开创新事业的集体智慧和宝贵经验,代表着实现民族复兴伟大梦想的坚实脚步和实干行动。在前进的道路上,可以预料和难以预料的风险共存,确定性因素和不确定性因素同在,但中国改革发展大趋势不可逆转。由此决定了全面建成小康社会的奋斗目标不会改变;全面深化改革的内在活力不会停滞;全面依法治国的基本方略不会动摇;全面从严治党的迫切任务不会搁置。一句话,"四个全面"战略方针不会扭转。因为这是民族复兴所需、发展实践所定、党心民心所向。"四个全面"缺一不可,协调推进"四个全面",是充分发挥这一战略方针实践威力的核心要义,"四个全面"战略布局蕴含着辩证唯物主义和历史唯物主义的世界观方法论,要以"四个全面"为基本线索,深入学习习近平总书记系列重要讲话,掌握其中的思想内涵、思维方式、价值观念、领导艺术和精神风范,从中汲取政治智慧和精神力量。要用"四个全面"战略方针统一思想、指导工作,推动中国特色社会主义事业兴旺发达、生生不息。

(六)社会主义观历史演进的哲学启示

1949年10月1日,新中国宣告成立;1956年,社会主义改造

· 123 ·

完成，中国正式进入社会主义社会。60多年来，我党对"什么是社会主义，怎样建设社会主义"的认识由片面到全面、由不深刻到深刻、由教条到实际，取得一系列重要成果，为我们高举中国特色社会主义伟大旗帜，坚定不移地全面深化改革，实现富强民主文明和谐的社会主义现代化国家积累了宝贵的经验。

1. 社会主义是新生事物，对它的认识需要不断解放思想、与时俱进

马克思恩格斯创立科学社会主义理论后，曾预见社会主义必须在欧洲多个国家同时革命才能成功。列宁解放思想，实事求是，把科学社会主义理论与俄国实际相结合，在1917年领导了"十月革命"，在资本主义发展比较薄弱的地方，把"多国胜利论"发展为"一国胜利论"，使苏联成为世界上第一个社会主义国家。第二次世界大战结束后，世界上出现了一个"社会主义阵营"。资本主义与社会主义之间的对立公开化，资本主义国家联合起来要把社会主义消灭，于是，经济上封锁、政治上污蔑、文化上渗透，手段变换，阴谋使尽。可是，社会主义这个新生事物，符合历史发展规律，在逆境中顽强地成长。堡垒容易在内部攻破，几十年的发展，社会主义国家之间也产生了矛盾，特别是1990年以后，随着东欧剧变、苏联解体，社会主义发展进入低谷。

科学社会主义是人类社会发展史上的崭新事业，它的原创性不容置疑，它的发展不会一帆风顺，世界局势的复杂性，各个国家的特殊性，新生事物成长的曲折性要求我们必须解放思想，与时俱进，要用唯物的观点、辩证的方法、科学的态度、创新的思维去面对现实，面对社会主义的存在和发展，把社会主义想象成一蹴而就是理想主义者，在实践中不断地创新创造，打破以往的定式思维，根据新形势、新情况与时俱进，提出新理论是历史赋予我们的责任。

2. 社会主义的发展是一个过程，需要不断探索与完善

人的认识是一个无限发展的过程，正像毛泽东在《实践论》中说的那样："实践、认识、再实践、再认识，这种形式，循环往复

以至无穷，而实践和认识之每一循环的内容都比较地进到了高一级的程度"，对社会主义的认识也不能例外。1956 年，党的八大确认我国进入社会主义，全国上下开展了轰轰烈烈的社会主义建设，随后由于党的指导思想的失误，出现了 1958 年的"大跃进"，1964 年的"四清"，1966 年的"文化大革命"，这些挫折显示了社会主义这个新生事物的曲折性。1976 年粉碎"四人帮"，宣告"文革"结束，对"四人帮"反党集团进行了公开审判，标志着我国开始走向法治的轨道；1978 年党的十一届三中全会，对社会主义的认识上了一个新台阶，果断的停止使用"以阶级斗争为纲"这个口号，开始了社会主义的改革开放；1982 年，党的十二大提出了"中国特色社会主义"这个概念；1987 年明确我国处于社会主义初级阶段，提出了"一个中心，两个基本点"的党的基本路线；1992 年党的十四大，提出社会主义经济体制改革的目标是建立社会主义市场经济体制，邓小平社会主义本质论的提出，表明我党对社会主义的认识又有提升。这些对社会主义理论上认识的创新与发展，正是哲学上任何事物的发展都是一个过程的体现，社会主义实践过程是逐渐接近社会主义本质的漫长过程，联系苏联的发展和我国的实际，都说明对社会主义本质的认识由浅入深、由模糊到清晰会呈现出一个漫长的过程，这是人类社会历史发展的必然。

实践没有止境，认识也没有止境。对中国特色社会主义认识的过程性要求我们在发展中国特色社会主义的实践中，再实践、再认识，继往开来，继续前行，不断探索与完善，将对社会主义的认识提升到新的高度。

3. 中国特色社会主义是理论、道路、制度的辩证统一，需要不断在实践中发展与提升

"什么是社会主义，怎样建设社会主义"，贯穿新中国成立以来 60 多年的历史，几代领导人都强调一切从实际出发，实事求是，强调着眼于解决社会主义建设实践中提出来的重大课题，强调在解决问题的过程中发展与提升社会主义。众所周知，马克思主义理论认为，社会主义是理论、运动、制度的统一，首先它是一种科学的

理论，马克思恩格斯在 100 多年前就提出来了；其次它是一种运动，多个国家在实行；最后它是一种制度，科学合理的制度，需要经过多代人的共同努力奋斗才能实现。这种观念统治了人们几十年，起过一定的进步作用，殊不知其最大的误区是把制度当成了终点，在理论上造成了一定的混乱，是对马克思主义的教条主义的理解。

党的十八大从全面深化改革，坚持与发展中国特色社会主义的实际出发，提出理论自信、道路自信、制度自信三者辩证统一，进一步坚定了广大人民群众对建设中国特色社会主义的信心，从实践出发，这就要求我们首先必须客观分析和深入研究改革开放 30 多年来的"国情"，联系"世情"，准确把握社会主义在我国初级阶段的发展状况，特别是城市、农村，沿海、内地，发达地区、贫困地区等实践中存在的发展"瓶颈"问题是什么搞清楚，在实践中探索，找到解决这些问题的可行性办法。进入 21 世纪，改革成效显著，生产力发展迅速，综合国力明显提高，但发展起来后的问题并不少，城乡之间、贫富之间差距的拉大，使多年积累下来的社会矛盾不断爆发，在某种程度上影响到社会主义的发展，理论界也出现了种种困惑，如果在实践中证明是正确的而理论上仍感困惑的时候，正是新理论萌芽要形成的时候，这时要大胆创新，尊重群众的首创精神，善于发现，善于总结，注重把实践问题提到哲学的高度来进行分析，进行辩证思考。几代领导人正是从改造现实社会的实践出发，把科学社会主义理论置于我国建设、改革、发展的基础之上，不断形成对社会主义的新的科学认识。

4. 中国特色社会主义理论体系的创立标志对社会主义的认识达到新高度

1982 年，邓小平在党的十二大开幕词中提出中国特色社会主义概念，经过六届党的代表大会和 30 多年改革开放的实践，依据世情国情党情的深刻变化，中国共产党人对社会主义的认识不断提高，不断丰富和发展，中国特色社会主义理论体系的提出和创新历程就是围绕着经济文化较落后的中国如何建设和发展社会主义这个主题向前推进的。1997年写进党章的邓小平理论，主题解决的是"什么是社会主义、怎样建设社会主义"；2002年写进党章的"三个代表"重要思想，主题解决的是"建设什么样的党、怎样建设党"；2012年写进党章的科学发展观，主题解决的是"实现什么样的发展、怎样发展"。这三个基本问题见证了中国特色社会主义理论体系的创立、形成与发展，对三个基本问题的回答就是对社会主义建设规律、共产党执政规律和人类社会发展规律加深认识和把握的体现。结合改革开放30多年来党的领导集体对"什么是社会主义、怎样建设社会主义"不断深化的认识历程，我们就会发现，"三个代表"重要思想和科学发展观不是凭空提出的，而是中国共产党人实践群众路线，从群众中来，到群众中去，尊重群众的首创精神，在改革开放的实践中不断进行探索和实践的必然结论，是对社会主义观的认识达到新高度的标志。

二 "中国模式"与社会主义观的创新

（一）继续深化对社会主义认识

纵观建党90多年、新中国成立60多年、改革开放30多年来，我们党对社会主义观的研究与思索、认识与探讨，总结历史经验，反思"左"的和右的失误，继续推进与深化对中国特色社会主义发展道路的认识，是时代赋予我们这一代人的责任，研究历史，为的是指导未来，反思历史，为的是谋划未来社会主义发展的方向和思路。

1. 历史唯物主义的启发

历史唯物主义原理认为：社会发展与自然界一样，同样是有规律的，规律是客观的，不以人的意志为转移，谁违背规律谁就要受到规律的惩罚，要从更加顺应人类社会发展规律的角度，进一步深化对中国特色社会主义的科学认识。

马克思恩格斯创立的科学社会主义理论认为，社会主义（共产主义）是人类社会发展的高级阶段，物质财富极大丰富，人的思想觉悟极大提高，每个人都能得到自由而全面的发展。实现社会主义（共产主义）的根本历程是长期的、复杂的、曲折的，必须顺应人类社会发展规律。

目前在世界上存在多种社会制度，主要的有两种，就是社会主义制度与资本主义制度。社会主义发展在20世纪末进入低潮，20年过去了，以中国为代表的社会主义国家大都欣欣向荣，特别是我国顶住了主要资本主义国家的经济制裁，走出了一条与众不同的中国特色社会主义道路，昂首阔步走向新世纪，生产力不断提高，综合国力不断增强，人民生活水平不断提升，社会主义的优越性初步显现出来。因此，在什么是社会主义问题上，要摈弃形而上学的观点与做法，既要强调与资本主义在政治上是对立的，又要指出在经济上、文化上有共同点，有兼容的一面。每种社会制度，无论社会主义还是资本主义，都是社会基本矛盾发展的产物，生产力是社会发展的最终决定力量，生产力三要素中最重要的是人的要素，为此，统治阶级的单方意志不能决定社会的发展，必须考虑到当时生产力发展的实际情况和构成社会主体的广大劳动人民的认识和愿望。20世纪初，列宁根据资本主义的发展实际明确指出帝国主义是垂死的资本主义，是腐朽的资本主义，将近100年了，资本主义是垂而不死、腐而不朽，反而还有较快地发展，事实上，人类社会发展的每个阶段都是由人类社会发展规律决定的。当前，某些资本主义国家之所以还表现出相当活力，有较快地发展，其中一个非常重要的原因，就是生产关系一定要适合生产力状况的规律、上层建筑一定要适合经济基础状况的规律的作用，统治阶级迫于规律和人民的压力，对其不适合生产力状况的生产关系和不适合经济基础状况的上层建筑进行了重大改良和改造，生产力重新得到发展，广大劳动群众不再饥寒交迫，生活在水深火热之中。所以，尽管资本主义基本矛盾即生产的社会化与生产资料的资本主义私人占有之间的矛盾是无法克服的对抗性的矛盾，它本质上不适应现代生产力的发展，最终要被社会主义所取代，但在资本主义的生产方式和社会制度中，几百年的历史经验，形成了许多优秀的传统文化成果，包含有许多符合人类社会发展规律的成分，也包含有许多劳动人民的智慧，科学的思维方式是扬弃，即既克服又保留。如果我们处处都要与资本主义划清界限，"凡是敌人拥护的，我们就坚决反对"，这只能是形而上学的做法，无益于人类社会的发展，更无益于中国特色社会主义的创新，就有可能将人类文明的许多有益的东西也拒之门外，没有人类历史文明的积淀，我们的社会主义大厦就建立不起来。

2. 马克思主义矛盾理论的启发

矛盾普遍性和特殊性关系原理告诉我们，事物具有特殊性，认识事物就要把握它的特殊性，把握中国特色社会主义，要从更加注重强化社会主义价值取向的角度认识它的特殊性，才能进一步深化对中国特色社会主义发展规律的认识。

价值就是事物的有用性，中国特色社会主义理论体系是指导广大人民群众全面建成小康社会、实现社会主义现代化、进而实现中华民族伟大复兴的法宝，它的价值取向是解放生产力和发展生产力，消灭剥削，消除两极分化，最终达到共同富裕。几代领导人的价值取向惊人的一致，都把人民群众和共同富裕作为首选，毛泽东指出："人民，只有人民，才是世界历史发展的动力。"邓小平强调，要时刻关注广大人民的利益和愿望，把人民拥护不拥护、赞成不赞成、高兴不高兴、答应不答应作为制定各项方针政策的出发点和归宿。江泽民的名言是：人民群众无小事。他强调，贯彻"三个代表"重要思想，最根本的是要不断实现好、发展好、维护好最广大人民的根本利益。胡锦涛创立的科学发展观的核心是以人为本，即以实现人的全面发展为目标，从人民群众的根本利益出发谋发展、促发展，不断满足人民群众日益增长的物质文化需要，切实保障人民群众的经济、政治和文化权益，让发展的成果惠及全体人民。一句话，党的群众路线和群众观点就是中国特色社会主义价值取向的集中表现，2013年，全党开展了党的群众路线教育实践活动，大张旗鼓地反对"四风"，把形式主义、官僚主义、享乐主义和奢靡之风曝在阳光下，扎扎实实反腐败，老虎苍蝇一起打，广大人民群众参与改革的信心重新坚挺，这就紧紧抓住了社会主义的核心价值所在，从价值取向的角度认识社会主义，这是进一步深化对社会主义认识的根本方向。

3. 马克思主义认识论的启发

马克思主义认识论原理告诉我们：真理与谬误相比较而存在，相斗争而发展，进一步深化对中国特色社会主义理论体系的科学认识，要从更加注重吸收人类文明成果和对形形色色的错误思潮进行正确斗争的角度，不断丰富、完善、充实和发展理论成果。

科学社会主义理论不是马克思恩格斯凭空捏造的，而是积极参加阶级斗争实践，继承德国古典哲学、英国古典政治经济学、法国空想社会主义理论，扬弃人类发展的传统文化基础上形成的，同时是与各种唯心主义、形而上学流派作斗争中发展起来的。中国特色社会主义理论体系的形成与发展也是如此，既敢于大胆利用资本主义的现代社会化生产的经营方式、管理方法，还要大胆吸收和借鉴人类社会创造的一切文明成果。我国古代就有"用人之长，补己之短"的名言，现实中却是与资本主义对着干的简单思维左右了几十年，改革开放以后，对外的大门打开了，眼界放宽了，"借船出海"、"借梯上房"有了市场，全方位、多层次、宽领域的开放格局使中国特色社会主义发展道路越走越宽广，赢得了众多国家和人民的称道。如今的世界，和平与发展依然是主题，虽然霸权主义还存在，但从大势来看，社会主义和资本主义已由过去的水火不相容，转向合作，由相互否定转向借鉴，由两败俱伤转向双赢的新时代，这就提出了新课题，迫切需要我们高瞻远瞩，具有世界眼光，摆脱传统的形而上学的思维模式，以博大的胸怀融入世界。开放发展的事实也说明，我们只有充分吸收包括资本主义文明在内的人类一切文明成果，才能较快的全面建成小康社会，到新中国成立100周年时，建成富强民主文明和谐的社会主义现代化国家，实现中华民族伟大复兴的中国梦。

当代世界错综复杂，社会主义、资本主义、自由主义、无政府主义等各种思潮交织在一起，经济全球化、信息网络化、政治多元化掩饰着一些与真马克思主义相悖的思想言论不断冒出来,中国特色社会主义理论体系必须不断与这些错误思潮进行斗争,坚定道路自信、理论自信、制度自信,推动对社会主义理论的深入研究,加强对人类社会发展规律、社会主义发展规律和共产党执政规律的认识和把握,在与错误思想的斗争中成长壮大。

(二) 生产力论与共同富裕论的辩证统一

新中国成立初期和"文化大革命"期间,由于"左"倾思潮的影响,在发展生产力与共同富裕问题上,对马克思主义作了教条主义的理解,特别是"文化大革命"时期,是不讲也不能讲共同富裕的,大标语、口号满大街都是"宁要社会主义的草,不要资本主义的苗","穷光荣,富则修",谁想吃好点、穿好点,就是小资产阶级思想作怪,属于"臭美",一边高喊"抓革命,促生产",一边把重视发展生产力诬蔑为"唯生产力论",灌输的是"先治坡,后治窝",谁关心人民群众生活水平的提高,谁就是"经济主义","福利主义",就可能受到批判。理论上的混乱,导致实践中的错误,公有制追求"一大二公三纯",即规模大、公有化程度高、消灭私有成分,完全是公有(纯)。分配制度实行名义上的"按劳分配",实际上是"大锅饭"的平均主义,干多干少一个样,干好干坏一个样,干与不干一个样,严重挫伤了广大人民群众生产的积极性。一句要算"政治账",把许多有利于生产力发展、有利于提高人民群众生活水平的行为定性为"不讲政治挂帅",还是这句"政治账",把许多领导无方、决策失误掩盖得严严实实,社会主义生产的目的模糊了,人民群众几十年一个样,过着吃不饱、穿不暖的日子,社会主义的优越性显不出来。

1978年召开党的十一届三中全会,明确了改革开放的方针,把党的工作重心转移到经济建设上来,首先,农村实行了联产承包责任制,短短几年,很多地方出现"卖粮难"、"卖棉难",几十年没有解决的温饱问题迎刃而解。城市工业也跟着学,承包制成了时髦用语,"一包就灵"上了一些大报的头版头条,北有"马胜利",

南有"步鑫生",都成了承包的英雄,很快,一些承包人员的短期行为给国家和企业造成了巨大损失,贫富差距拉大了,下岗工人增多了,社会矛盾不断出现,1989年北京出现了政治风波,影响到中国特色社会主义的发展。进入20世纪90年代,我国理论上开始反思,实践中开始纠偏,改革开放重新回到正确轨道。什么是社会主义,怎样建设社会主义,这是改革开放中首先要搞清的首要问题,社会主义的根本任务就是大力发展生产力。

1992年初,邓小平去南方调研,《在武昌、深圳、珠海、上海等地的谈话要点》中第一次明确提出社会主义的本质是解放生产力,发展生产力,消灭剥削,消除两极分化,最终达到共同富裕。随后召开的党的十四大确认了这一观点,至此,人们对中国特色社会主义的本质有了较深刻的认识,把解放和发展生产力与共同富裕作为社会主义的两大本质,把消灭剥削和消除两极分化,作为实现共同富裕的社会条件的论述简洁深刻,一经传开,很快就深入人心,这也是中国共产党人新社会主义观的一次重大创新。

其实,查查马克思主义经典著作,共同富裕,让所有劳动者过上最美好、最幸福的生活这些语言马克思恩格斯和列宁都有过类似的论述,大家都知道,未来社会是物质财富极大丰富,财富从社会向外溢流,如果不是共同富裕,贫富差距很大,还有乞丐,就不是最美好最理想的社会。

2012年,召开党的十八大,胡锦涛总书记在十八大报告中把共同富裕作为中国特色社会主义的根本原则提了出来,强调指出,在新的历史条件下夺取中国特色社会主义的新胜利,必须牢牢地把握八项基本要求,其中重要的一项就是"必须坚持走共同富裕道路"。把共同富裕旗帜鲜明的提出来,让全体劳动人民幼有所教、住有所居、干有所为、病有所医、老有所养,没有后顾之忧,这是社会主义优越性的体现,是社会主义制度区别于以往一切旧制度的本质所在。原始社会生产力水平非常低下,虽然没有阶级对立与剥削,没有财产私有,但也不会有共同富裕;奴隶社会、封建社会、资本主义社会都是阶级社会,尽管生产力水平不断提高,物质财富也越来越多,特别是资本主义社会,在一百年间所创造的社会财富比过去所有时代创造的财富还要多,但私有制的实行,使贫富两极分化严重,剥削者不允许、也不可能让劳动人民共同富裕;社会主义制度的建立,中国特色社会主义理论体系的提出,把消灭剥削、消除两极分化作为广大劳动人民共同富裕的条件,把解放和发展生产力作为根本任务,以人为本,努力保障和改善民生,这是对新中国成立60多年的经验和教训进行深刻总结、反思得出的结论,是完全符合马克思主义理论的,是对马克思主义、毛泽东思想的继承与发展。

(三)社会主义与市场经济相结合的哲学蕴含

1992年,党的十四大明确提出经济体制改革的目标是建立社会主义市场经济体制,这种选择是中国共产党人解放思想,实事求是,与时俱进辩证地探求人类社会发展规律和社会主义建设规律在认识上的深化,社会主义基本制度是不容否定的,但运行机制是灵活的,社会主义与市场经济结合在一起,是辩证思维的体现,能促进经济的发展,计划经济、市场经济都是运行机制,没有阶级性,与资本主义结合为资本主义服务,与社会主义结合就为社会主义服务。

社会主义与资本主义的区别主要是政治制度的不同,计划经济与市场经济是一种经济形式不属于制度范畴。新中国成立以来,我国片面强调社会主义的特点是计划经济,而把市场经济当成资本主义的东西,这种理念统治了我们几十年,改革开放以后,邓小平最早打破了藩篱,为市场经济正了名,1979年就指出"社会主义也可以搞市场经济",在回答加拿大麦吉尔大学东亚研究所主任林达光问话时指出:"说市场经济只存在于资本主义社会,只有资本主义的市场经济,这肯定是不正确的。社会主义为什么不可以搞市场经济,这个不能说是资本主义。我们是计划经济为主,也结合市场经济,但这是社会主义的市场经济。虽然方法上基本上和资本主义社会的相似,但也有不同,是全民所有制之间的关系,当然也有集体所有制之间的关系,也有同外国资本主义的关系,但是归根到底是社会主义的,是社会主义社会的。市场经济不能说只是资本主义的。市场经济,在封建社会时期就有了萌芽。社会主义也可以搞市场经济。同样地,学习资本主义国家的某些好东西,包括经营管理方法,也不等于实行资本主义。这是社会主义利用这种方法来发展社会生产力。把这当作方法,不会影响整个社会主义,不会重新回到资本主义。"① 1985年,邓小平同志回答美国时代公司总编辑格隆瓦尔德提问时说的非常明确:"社会主义和市场经济之间不存在根本矛盾。问题是用什么方法才能更有力地发展社会生产力。我们过去一直搞计划经济,但多年的实践证明,在某种意义上说,只搞计划经济会束缚生产力的发展。把计划经济和市场经济结合起来,就更能解放生产力,加速经济发展。"② 1992年,邓小平同志《在武昌、深圳、珠海、上海等地的谈话要点》中说的既通俗又切中要害:"计划经济不等于社会主义,资本主义也有计划;市场经济不等于资本主义,社会主义也有市场。计划和市场都是经济手段。社会主义的本质,是解放生产力,发展生产力,消灭剥削,消除两极分化,最终达到共同富裕。就是要对大家讲这个道理。证券、股市,这些东西究竟好不好,有没有危险,是不是资本主义独有的东西,社会主义能不能用?允许看,但要坚决地试。看对了,搞一两年对了,放开;错了,纠正,关了就是了。关,也可以快关,也可以慢关,也可以留一点尾巴。怕什么,坚持这种态度就不要紧,就不会犯大错误。总之,社会主义要赢得与资本主义相比较的优势,就必须大胆吸收和借鉴人类社会创造的一切文明成果,吸收和借鉴当今世界各国包括资本主义发达国家的一切反映现代社会化生产规律的先进经营方式、管理方法"。③

邓小平同志解放思想、实事求是,关于市场经济的论述,高瞻远瞩,独树一帜,为理论界正确论证社会主义和市场经济之间

---

① 《邓小平文选》第2卷,人民出版社1994年版,第236页。
② 《邓小平文选》第3卷,人民出版社1993年版,第148页。
③ 同上书,第373页。

的辩证关系指明了方向，解决了马克思主义经典作家看到了，也提出了，但没有解决的社会主义制度与市场经济之间的矛盾。在资本主义自由竞争时代，市场经济所起的作用是巨大的，合理的资源配置有力地促进了资本主义的发展，这时，市场经济是与私有制紧密联系在一起的，它促进生产力发展的同时，也使生产的社会化与生产资料的资本主义私人占有之间的矛盾进一步扩大，结果造成穷人与富人之间的矛盾尖锐化，出现经济危机的周期波动。新中国成立初期，我国理论界对马克思恩格斯的论述做了教条的理解，认为我国只适用计划经济，把市场经济当成资本主义的标志进行了批判，致使经济发展几十年进展不大，广大人民群众温饱问题没有解决。

1992年，党的十四大把经济体制改革的目标确定为建立社会主义市场经济体制，这是一次意义重大的理论创新，20年来，市场经济体制不断完善，在国家宏观调控下，市场经济在资源配置中的基础作用充分发挥，促使我国生产力水平不断进步，广大人民群众生活水平不断提高，我国综合国力不断增强。2012年，召开的党的十八大，把市场经济在资源配置中的基础性作用改为起决定性作用，又是一次理论创新，我们相信，随着全面深化改革的发展，社会主义和市场经济的结合会更加科学合理，全面建成小康社会也是触手可及。

（四）社会和谐与社会主义的本质

关于社会和谐的论述，古今中外早已有之，上升到社会主义本质的高度，是党的理论创新。2006年召开的党的十六届六中全会作出了《中共中央关于构建社会主义和谐社会若干重大问题的决定》（以下简称《决定》），在《决定》中明确提出："社会和谐是中国特色社会主义的本质属性"的重大判断，把中国特色社会主义建设的目标由"富强民主文明的社会主义现代化国家"完善为"富强民主文明和谐的社会主义现代化国家"，提升了我们党对社会主义本质的科学认识，丰富了新社会主义观的内容，开辟了中国特色社会主义新境界。

"中国模式"的哲学研究

早在二百年前的1803年,被马克思称作"19世纪最伟大的讽刺家"的法国著名空想社会主义代表人物傅立叶发表了《全世界和谐》等文章,对资本主义制度进行了无情的揭露和批判,他设想了一种叫作"法朗吉"的"和谐制度",提出了人人劳动,男女平等,免费教育,工农结合的思想,主张社会上没有城乡差别,没有脑力劳动和体力劳动的差别,没有资本与劳动的矛盾,从而达到人人幸福的社会和谐。其他空想社会主义者也都倡导"和谐",欧文的试验区,就是以"新和谐"命名。德国的魏特林写过《和谐与自由的保证》一书,可见和谐思想在空想社会主义者眼中是未来社会的一个重要标志。马克思恩格斯创立科学社会主义理论时,对空想社会主义者关于社会和谐思想这一"积极的主张"进行了继承与发展,提出未来社会要消灭私有制、消灭阶级、砸烂国家机器、消除三大差别,创造丰富的物质财富,大力提升人的思想觉悟,构建人与人之间、人与社会之间、人与自然之间的和谐。

1956年,党的八大正确分析了我国的主要矛盾,开始了社会主义建设,理论上毛泽东写了《论十大关系》,强调正确处理各种关系,由于新中国成立时间不长,国际国内各种矛盾变化多端,1957年初,毛泽东同志经过深入调查,写出了《关于正确处理人民内部矛盾的问题》,主题是调动一切积极因素,全力建设社会主义,而追求和谐社会正是正确处理人民内部矛盾题中应有之义,可惜,从1957年下半年开始,我党的指导思想出现失误,导致1958年的"大跃进"、1964年的"四清"直至1966年的"文化大革命",强调的都是你死我活的阶级斗争,"斗则进,不斗则退,不斗则变,不斗则修",成了时髦用语,人与人之间、人与自然之间、人与社会之间的和谐相处让"与天斗其乐无穷,与地斗其乐无穷,与人斗其乐无穷"的斗争哲学代替了。1978年的改革开放,让蕴藏在广大人民群众中的智慧和力量释放出来,生产力的解放和迅速发展,只用了短短几年,人们的吃穿住用行就上了一个大的台阶,经济的富裕,文化的复兴,政治的文明较几年前有了显著的变化,

第四章 "中国模式"与社会主义观

1992年,邓小平同志总结国际上东欧八个社会主义国家的剧变以及苏联解体的血的教训,结合我国改革开放中出现的问题与矛盾,从生产力与生产关系结合的角度论述了社会主义的本质:"解放生产力,发展生产力,消灭剥削,消除两极分化,最终达到共同富裕。"① 共同富裕是社会和谐的经济基础,是我们为之奋斗的目标。

实践不断深化,生活之树常青。世纪之交,世情国情党情发生了深刻的变化,我们党及时总结、深刻反思,及时概括出"三个代表"重要思想概论和科学发展观作为我们现代化建设的指导思想,明确提出"以人为本"的观点,强调人民群众无小事,特别是在新形势下作出的"社会和谐是社会主义的本质属性"的判断符合马克思主义的基本原理,是在继承基础上的重大发展,为构建社会主义和谐社会提供了理论支撑。

中国共产党是执政党,在实现中国梦、推进中华民族伟大复兴的进程中,必须坚定不移地相信群众、依靠群众,及时化解各种不利矛盾,把一切可以团结的力量团结起来,让改革的成果共享,调动一切积极向上的因素,协调各方利益,全面深化方方面面的改革,加快实现全面建成小康社会的宏伟目标。群众的眼睛是亮的,需要的是实惠,他们最关心的直接问题是利益,钱袋子满了,菜篮子丰富了,贫富差距缩小了,城乡差别缩小了,党同人民群众的血肉联系就加强了。社会和谐的本质要求我们大力发展公益事业,加强社会秩序的管理,创造一个广大人民群众能够安居乐业的环境,只有这样,立党为公、执政为民才有人信,中国特色社会主义理论体系才能深入人心,广大人民群众才会真心拥护和支持高举中国特色社会主义伟大旗帜,坚定不移地走中国特色社会主义道路。

马克思恩格斯创立的科学社会主义理论认为,社会主义(共产主义)制度是人类发展历史上最为合理进步的社会制度,理论上分析,它具有以往任何社会制度都不可比拟的优越性,实践中,我国是在生产力落后的情况下,跨越资本主义发展阶段,直接进入社会

---

① 《邓小平文选》第3卷,人民出版社1993年版,第373页。

主义阶段。我国已经是社会主义，这是任何人都不能否定的，经过几十年的发展，我们的理论更清晰，我国目前处于并将长期处于社会主义初级阶段，这是我国最大的国情，是我们制定路线方针政策的出发点。由于目前我国处于社会主义初级阶段，社会主义优越性表现的不充分，导致了现实中有些人指手画脚，求全责备，其实，任何事物的发展都有一个过程，社会主义优越性的表现也有一个在实践中逐步展开丰富的问题，对它的认识也要由浅入深，改革开放几十年，正体现了这个过程，缩小贫富之间的差别、缩小城乡之间的差别、缩小发达地区与落后地区之间的差别是我党的一贯方针，也是达到社会和谐的必要前提。把社会和谐明确为社会主义的本质属性，是中国特色社会主义道路自信、理论自信、制度自信的表现，必将激发广大人民群众全面建成小康社会、实现富强民主文明和谐的社会主义现代化、实现中华民族伟大复兴的中国梦自觉性和自豪感。

（五）精神文明建设与社会主义核心价值观的建立

1982年，党的十二大首提在建设高度物质文明的同时建设高度的精神文明，几十年来，尽管指导方针中出现过失误，但是始终围绕理想信念，在人们的精神领域求索。邓小平同志倡导了"五讲四美三热爱"，他的名言是："两手抓，两手都要硬"，培育有理想、有道德、有文化、有纪律的社会主义"四有"公民；江泽民同志进一步明确了社会主义精神文明建设的战略地位，强调"以科学的理论武装人，以正确的舆论引导人，以高尚的精神塑造人，以优秀的作品鼓舞人"，提高全民族的思想道德素质和科学文化素质，团结和动员各族人民把我国建设成为富强民主文明和谐的社会主义现代化国家而奋斗。1996年，十四届六中全会作出了《中共中央关于加强社会主义精神文明建设若干重要问题的决议》，标志社会主义精神文明建设达到一个新的高度；胡锦涛同志在执政的十年间，不断开拓社会主义精神文明建设的新境界，2007年，在党的十七大上，提出了社会主义核心价值体系的新概念，明确了四个方面的含义，2008年，在纪念改革开放三十周年大会讲话中指出："中国特色社会主义是全面发展、全面进步的事业，是物质文明和精神文明相辅相成、协调发展的事业。物质贫乏不是社会主义，精神空虚也不是社会主义。人的素质是历史的产物，又给历史以巨大影响。任何时候都不能以牺牲精神文明为代价换取经济的一时发展。"同时强调：要"把社会主义核心价值体系建设作为主线，贯穿到国民教育和精神文明建设全过程，坚持不懈地用马克思主义中国化最新成果武装全党、教育人民，用中国特色社会主义共同理想凝聚力量，用以爱国主义为核心的民族精神和以改革创新为核心的时代精神鼓舞斗志，用社会主义荣辱观引领风尚，巩固全党全国各族人民团结奋斗的共同思想基础"，2012年，胡锦涛同志在党的十八大报告中指出：要积极培育和践行社会主义核心价值观，在国家、社会、个人三个层面倡导：富强、民主、文明、和谐，自由、平等、公正、法治，爱国、敬业、诚信、友善，熟悉的词语，明确的目标，深刻的内涵，对于凝聚全党全国各族人民的思想意义重大。

积极培育和践行社会主义核心价值观是党的十八大向全党全国人民提出的动员令，2013年底，中共中央办公厅印发《关于培育和践行社会主义核心价值观的意见》，明确指出培育和践行社会主义核心价值观具有长期性和复杂性，必须与各方面工作有机融合、协调发展。第一、培育和践行社会主义核心价值观使其主流价值观念得到广泛认同并保持稳定性、连续性，全社会注意从小抓起、从学校抓起，把培育和践行社会主义核心价值观融入国民教育的全过程。第二、把培育和践行社会主义核心价值观落实到经济发展实践和社会治理中，做到讲社会责任、讲社会效益，讲守法经营、讲公平竞争、讲诚信守约，形成有利于弘扬社会主义核心价值观的良好政策导向、利益机制和社会环境。第三、用社会主义核心价值观引领社会思潮、凝聚社会共识，壮大主流思想舆论，深入开展中国特色社会主义理论体系和"中国梦"宣传教育，不断增强人们的道路自信、理论自信、制度自信，坚定全社会全面深化改革的意志和决心。第四、开展涵养社会主义核心价值观的实践活动，以诚信建设为重点,加强社会公德、职业道德、家庭美德、个人品德教育,形成修身律己、崇德向善、礼让宽容的道德风尚。

理论源于实践,又指导实践。在全面深化改革的实践中,必须坚持不懈地用马克思主义中国化最新理论成果武装全党、教育人民,用中国特色社会主义共同理想凝聚力量、统一思想,用民族精神和时代精神鼓舞斗志,用社会主义荣辱观引领风尚,积极运用社会主义核心价值体系引领社会思潮,凝聚社会共识,壮大主流思想舆论。在社会各界形成培育和践行社会主义核心价值观的强大合力。培育和践行社会主义核心价值观意义重大。

第一,有利于民族精神的弘扬和时代精神的塑造。在五千年的历史演进中,中华民族逐渐形成了以爱国主义为核心的民族精神和以改革创新为核心的时代精神。培育和践行社会主义核心价值观,就是要将新时期涌现出来的优秀的精神品质加以锤炼、提升、弘扬,使其成为时代精神,以此推进社会主义精神文明建设,推动全社会劳动者意气风发、斗志高昂的投身于富强民主文明和谐的社会主义现代化建设中。

第二,有利于共同思想基础的巩固和共同理想的形成。今天,在社会意识形态多变、人们的思想观念和价值取向日益多样的情势下,社会主义核心价值观的重磅提出,就会推动全党、全社会更加自觉地维护我们共同的思想基础,并凝结、上升为我们甘愿为之奋斗终生的共同理想。

第三,有利于先进文化的引领与和谐社会的构建。培育和践行社会主义核心价值观,就是着力于社会主义先进文化的引领与和谐社会的构建。我们要引领的先进文化,就是以社会主义核心价值观的基本内涵为根本、为内在规定的和谐文化。大力培育和践行社会主义核心价值观,才能促进"五位一体"的中国特色社会主义协调同步发展。

(六)社会主义观发展展望

19世纪中叶,马克思恩格斯的科学社会主义观创立,20世纪初，列宁把科学社会主义理论与俄国实际相结合，以城市工人暴动为标志的"十月革命"的胜利使苏联成为世界上第一个社会主义国家，社会主义赢得世人瞩目；20世纪末，社会主义又因东欧剧变、苏联解体而使世人困惑。作为人类历史上崭新的社会制度几经飞跃发展，几经曲折坎坷，在跌宕起伏中走过了90余年。毋庸讳言，世界社会主义运动目前仍处于低潮。但是，我们环顾全球，用冷静而清醒的目光审视世界大势，完全可以得出这样的结论：随着中华民族伟大复兴的"中国梦"的梦想成真，我国的综合国力进一步提高，中国特色社会主义在世界范围的影响力会进一步扩大，社会主义运动在世界上非但不会"终结"，反而会在逆境中逐步复兴，并在21世纪迎来一个绚丽多姿的春天。

1. 马克思主义依然是照耀21世纪人类前行的灯塔

马克思主义自诞生开始，就不断遭到一些"理论大家"的诽谤，美国前总统尼克松也写过《1999：不战而胜》，20世纪90年代初，东欧的8个社会主义国家发生剧变、原苏联解体，世界社会主义运动进入低潮。其实，马克思主义诞生170多年来、科学社会主义由理论转化为实践90多年来，上述声音时断时续、有时还貌似准确预见，但从未间断。而真正代表全人类平等、公正、进步、文明的社会主义"幽灵"像被资本主义巨大顽石压迫下新生的嫩芽，在重压、挫折中不断抗争并不断显现出顽强旺盛的生命力。

世纪之交，在欧洲资本主义的故乡，有三则新闻值得深思：第一，1999年，由英国剑桥大学文理学院教授们发起，评选"千年第一思想家"，结果是马克思位居第一，而似乎早已被习惯公认第一的爱因斯坦却屈居第二。第二，随后，英国广播公司又以同一命题，在全球互联网上公开征询，一个月后汇集全球投票结果，仍然是马克思第一，爱因斯坦第二。第三，2002年，英国路透社又邀请政界、商界、艺术和学术领域的名人评选"千年伟人"，结果是马克思以一分之差略逊于爱因斯坦。但这并不影响马克思作为"千年伟人"的地位。

马克思主义是科学的世界观和方法论，是关于自然界、人类社会和思维发展的最一般规律的科学，是与各种非马克思主义理论相比较而存在，相斗争而发展的理论。进入新世纪，马克思主义并没有过时，中国特色社会主义事业在马克思主义理论指导下正大踏步前进，13亿多人民群众的生活水平不断提高，社会主义中国的综合国力让世人瞩目，如今世界上，学习马克思主义理论的大有人在，关注马克思主义理论的人越来越多，一些资本主义的御用文人也不得不承认马克思主义理论是严谨的、科学的，它关于人类社会发展规律的认识是正确的，是无懈可击的，马克思主义理论之所以得到拥护，是因为马克思主义鲜明的代表被压迫、被剥削阶级的无产阶级政治立场和解放全人类、共同富裕的价值目标同世界上绝大多数人的根本利益是完全一致的。马克思主义并没有过时，马克思主义所蕴含的科学与价值的力量，已为并正为170多年来正反两个方面的社会实践所反复证明。可以预言，马克思主义的基本原理只要与各国的具体实际相结合，就会迸发出无穷的智慧，依然是21世纪社会主义再度振兴的理论基础。

2. 经济、政治、科技革命正在加剧资本主义基本矛盾的激化

进入21世纪，信息网络化、经济全球化、政治多极化，新科技革命正以迅雷不及掩耳之势推进，"世界是平的"已成为不争的事实，资本主义出现了许多新变化，但剥削、侵略的本性没有变，由国家垄断正在向国际垄断发展，马克思恩格斯所揭示的生产社会化和生产资料资本主义私人占有之间的基本矛盾没有变，国际形势主题是和平与发展，由于国际资本日益向全球扩张，导致世界局部动乱不安，并时有战争发生，加剧了资本主义国家基本矛盾的发展。从人类社会发展的趋势上看，经济全球化和以信息技术为主导的高新科技革命是一把双刃剑，它的迅猛发展，为资本主义增添了活力，在某些方面暂时缓解了劳资双方的矛盾，这种现象掩盖的本质是，资本主义垂死和腐朽的趋势没有变，当然，谁也不否认，资本主义垂死和腐朽是一个较为漫长的过程，社会主义代替资本主义也不是一朝一夕之功，其艰巨性长期性反复性人所共知。

第四章 "中国模式"与社会主义观

中国特色社会主义的蓬勃发展，使社会主义这面大旗在全世界高高飘扬，资本主义与社会主义的较量远没结束，我们坚信21世纪是马克思主义大发展的世纪，社会主义（共产主义）作为人类社会发展的高级形态，决不仅仅是马克思恩格斯简单的规律推理和单纯的主观愿望，是有着充分的客观事实为依据的，它会被历史的发展所证实。事物的发展是前进性与曲折性的统一，20世纪末，社会主义运动进入低潮。经过20多年发展，特别是经历了世纪之交动荡不安的世界形势考验，中国、越南、古巴、老挝、朝鲜等社会主义国家相继走出阴影，焕发了生机，都明确地认识到不能照搬照抄马克思主义的教条，必须把马克思主义的基本原理与本国实际相结合，探索适合本国发展的道路。中国更是一马当先，高举中国特色社会主义理论伟大旗帜，坚持全面深化改革，以人为本，科学发展，上下求索，与时俱进，巨大的改革成就让西方国家刮目相看。一些原社会主义国家的人民，饱尝了私有制的苦果之后，社会主义力量又在萌芽，亚洲、非洲特别是拉美一些国家也在倡导社会主义，有的还把毛泽东思想作为指导思想，进行私有制改革，向公有制发展，探索走社会主义道路的可能性。

马克思恩格斯在名作《共产党宣言》中预见了"两个必然"："资产阶级的灭亡和无产阶级的胜利是同样不可避免的。"[1] 后来，马克思在《〈政治经济学批判〉序言》中又提出了著名的"两个决不会"："无论那一个社会形态，在它所能容纳的全部生产力发挥出来以前，是决不会灭亡的；而新的更高的生产关系，在它的物质存在条件在旧社会的胎胞里成熟以前，是决不会出现的。"[2] 马克思恩格斯的"两个必然"与"两个决不会"是辩证的统一，不能割裂它们的关系。"两个必然"讲的是人类社会发展的客观必然性，虽然有必然性，但我们不能坐等其成，理由就是"两个决不会"，"两个决不会"讲的是社会主义实现的时间和条件，条件不

---

[1] 《马克思恩格斯选集》第1卷，人民出版社1995年版，第284页。
[2] 《马克思恩格斯选集》第2卷，人民出版社1995年版，第33页。

具备时，只能去创造条件等待时机，而不能揠苗助长。从世界上第一个社会主义国家的产生，已经将近一百年了，但在人类社会发展的历史长河中，与已经有几百年历史的资本主义制度相比，还处于幼年，今后的路还很长，曲折性、艰巨性不言而喻，我们深知，社会主义新生事物，是符合广大人民群众利益的，代表了社会发展的方向，最终是能战胜资本主义的，马克思主义哲学告诉我们：斗争——失败——再斗争——直至胜利，高潮——低潮——更高潮——直至新胜利，这是社会主义战胜资本主义在全球实现共产主义的必经历程。

第五章 "中国模式"与新型现代性

随着全球一体化的到来,世界各国都在追赶着"现代化"浪潮,中国是其中的明星,"中国现代化模式"、"中国特色新型现代性"吸引了世界关注的目光。中国对现代化浪潮的追赶应该说可以追溯到一百多年前。由于中华民族在近代史上遭受的屈辱,民族独立与民族解放成为压倒一切的首要任务,由于西方列强的入侵和破坏,中国现代化和现代性构建的进行很不顺利,屡受挫折、多次被打断。新中国成立后很长一段时间,由于经验缺乏和认识的偏误,现代化建设遭到严重挫折。只是到了改革开放以后,现代化建设步伐才真正加快,中国特色的社会主义现代性正在逐步、深入的生成之中。

本章"中国模式"研究侧重于,改革开放后中国走出的一条中国特色的新型现代化之路,这条道路就是中国特色的现代化模式,它具有典型的中国特色,是一种超越传统现代性模式的新型现代性。本章的旨趣就是深入研究"中国模式"创造的新型现代性。

一 现代性问题概述

(一)"现代性"内涵

对中国特色的现代化进行研究,必须首先要明确"现代性"这一概念,对概念的明确是立论的基础、研究展开的依据。"现代性"这一问题研究领域涉及面非常广,涉及哲学、社会学、历史学、经济学、政治学等方方面面。在对现代性的解释中,马克斯·

韦伯最具有代表性，他认为人类历史的发展过程同时也是一个不断理性化的过程，"现代性"的含义从某种意义上说就是"理性化"，这种观点可以称为理性主义的现代性，而以波德莱尔为代表的思想家则代表着审美现代性的观点，上述两种观点，实质上就代表着现代性的两重内涵。我们今天所讨论的现代性主要是以理性主义现代性为背景的。

理性主义的现代性：从现代性起源的角度来看，理性主义的现代性又称之为启蒙现代性，理性主义现代性是在启蒙运动中确立的理性原则，并且为现代社会的理性化进程奠定了基础。

"文艺复兴"时期的主要思想之一是人文主义，注重于发现人和自然的特性。实际上，人与自然的发现只不过是同一个事物的两个不同方面，倡导的是主体性，因此，主体性的倡导成为贯穿现代社会的一根中心线索。人文主义观点认为应该反对教会规定的"禁欲主义"原则和清规戒律，张扬自由的天性，主张人生来就是平等的，每个人都要按照人的天性自由自在地生活。从笛卡儿以来，哲学家们开始注重和倡导主体性和自我意识。笛卡儿的著名命题"我思故我在"，提倡人不是被动的"客体"，而是自由自觉的"主体"，笛卡儿的这一命题是这一时期思想的典型代表。随之，哲学家洛克提出"三权分立"的理论，提倡自由、平等；提倡人的自然权利神圣不可侵犯。这种理性主义的现代性原则可以概括为：从根本上驱除宗教神学笼罩的阴影，相信和张扬主体的力量，建立对世界内在理性的认识和解释，使人类的生活领域和社会环境变成一个自由自在的有机组织。个人主义和集体主义、功利主义和社会历史发展进步的乐观主义是启蒙运动所倡导的理念，也是理性主义所主张的重要理念。

审美现代性：在西方现代性的历史进程中不是只有理性主义现代性这一种声音，还有一种与理性现代性完全不同的现代性，即审美现代性。审美现代性以个体对现实变化的感受为出发点，依靠文学和艺术，倡导人类本身非理性的因素、情感和超越性的冲动，提供生命美学的思想基础，体现了人类对现实生活批判性的审视观念。

(二) 现代性与现代化的关系

在当代要研究现代性问题，必须首先准确把握现代性与现代化的关系。美国政治现代化研究的代表人物布莱克（C. E. Black）——普林斯顿大学国际研究中心教授在他的代表作《现代化的动力——比较历史研究》中指出了现代性与现代化的关系是一种因果关系。

布莱克（C. E. Black）认为，二者的区别主要在于：现代性（modernity）主要是指最先进的国家在政治、经济、技术、和社会综合发展等方面所共同拥有的特征；而现代化则是社会发展进程中获取这些特征的过程。

二者的一致性在于：现代化和现代性都是反映社会进步和社会发展的概念。人类社会逐步向现代化迈进的过程，同时也在不断展示现代化的结果，体现着现代性的进程。"从上一代人开始，'现代性'逐渐被广泛地运用于表述那些在技术、政治、经济和社会发展诸方面处于最先进水平的国家所共有的特征。'现代化'则是指社会获得上述特征的过程。"[①] 现代化和现代性之间具有不可分割的紧密联系，现代化具有动态性的特征，具有社会发展"原因"的属性；现代性则更多的呈现出静态性的特征，是社会发展的"结果"；以"现代化"的"因"为出发点，最后产生了具有"现代性"特征的"果"。因此，"现代化"与"现代性"的关系是一种因果关系：社会在不断进行现代化建设的过程中，必然就会呈现出现代性的特征。

具体来讲，二者的区别主要表现在以下三方面：

第一，"现代化"主要是社会的发展过程。主要是指人类社会由传统的农业社会向现代社会的转变。转变的核心是实现工业化，实行民主政治，建立健全和完善的市场经济体制等；而现代性强调的是经过社会的这种转变之后，社会发展和社会进步所要达到的最终状态。

---

① C. E. 布莱克：《现代化的动力——比较历史研究》，人民出版社1988年版，第9—10页。

"中国模式"的哲学研究

第二,"现代化"主要是涉及经济学、社会学领域的概念和范畴,"现代性"则主要是涉及哲学领域的概念和范畴。"现代化"主要是在经济学、社会学的领域,揭示社会历史发展由农业文明到工业文明,以及社会发展在这一文明变迁过程中,生产方式、经济增长与传统农业文明相比所产生的根本变化,以及社会文明进步在城市化、工业化等方面的巨大进步。"现代性"则主要是更深入的从哲学领域进一步研究社会文明进步的现代成果,"现代性"概念的最深层面的研究是在哲学领域进行的,是哲学领域进行反思和把握时代精神的重要任务。在哲学领域进行的现代性反思,着眼于传统文明与现代文明的对比,抽象出现代化过程的普遍本质,总结概括到理论的高度,对现代化发展进行理论层面的指导;在哲学领域进行的现代性反思,着眼于从思想观念与行为方式上把握现代化社会的普遍特征本质属性,把握现代社会应有的时代意识与现代精神。

第三,现代性是一种价值取向,体现着现代化运动所追求的最终目标,并对现代化运动所倡导的最基本和最重要的价值追求进行提炼、概括和提升。现代性价值提炼的根据和基础是现代化的历史运动,而现代性价值目标一旦形成,又反过来规范、制约着现代化运动朝着既定的价值目标和方向演进。现代化和现代性相互作用,相辅相成,在社会发展进程中,现代性得到张扬的同时,现代化也得到推进。

总之,从人类文明的历史来看,现代化和现代性对人类社会发展都产生了巨大的推动作用。

(三) 现代性的特征

现代性是与传统性、前现代(性)相比较而言的。现代性不仅代表着一种文化精神、价值取向,而且具有多种质的规定性,是多样性的统一。换言之,现代性,是多种质的规定性的统一。

现代性的特征主要可以概括为以下三点:

1. 现代性的理性特征——理性至上主义

文艺复兴之后,人们对一切权威包括对宗教的信仰,代之以对理性的崇尚和信仰。在当时的社会背景下,所有的事物都要受到理性的质疑和衡量,理性成为衡量一切的根本原则和标准,并成为一切行动的出发点,任何事物要想拥有存在的权利必须符合理性才行,同样,一切行动也必须符合理性才有价值和前途。"勇敢地使用自己的理智"[①]成为最热门的词汇和语言,"思维着的知性成了衡量一切的唯一尺度"[②]。因此,对于现代性来说,理性就是核心特征。在这样的前提下,现代性进程就是理性原则应用、贯彻、渗透到现实世界、现实生活各个方面的过程。

概括来讲,理性特征的主要表现有以下几个方面:

(1) 自然科学的快速发展。在中世纪,由于神学的极端发展,导致哲学成为神学的附庸。而在今天的现代社会,哲学又在某种意义上成为科学的附属。在社会现代化的发展进程中,自然科学得到了极速的发展,不仅在理论上,在实践上也得到了空前的进步和发展。

(2) 科层制的推广和发展。科层制的含义一般是指在现代化的大型组织系统中,按照一定的规则对工作过程和结果进行必要的控制、协调和反馈。使用和推广科层制,最终目的就是要产生出高效率的现代化的组织系统,进一步提高组织系统的协调性和工作效率。伴随着现代化进程的加速,各种新型现代化企业组织如雨后春笋逐渐增多、层出不穷,这些新型现代化企业组织的出现,为科层制向其他行业的迅速推广和渗透提供了前所未有的机遇。事实已经说明,在20世纪里,绝大多数的大型社会组织都逐步实现、完成了科层制。而且,随着科层制的逐渐普及和广泛使用,科层制本身也得到了完善和提高,被贴上了"完善化"和"理想化"的标签,在非常广泛的范围和层面上被认为是现代化的、理性化的、最先进的制度。

(3) 技术本身也在这一过程中迅速扩张。技术是科学的"实用化"、"具体化",同时技术也是人的"理性工具",人类社会发展任何科学和技术的最终目的都是为了人的自身能力的提升和人的

---

① [美] 卡林内斯库:《现代性的五副面孔》,商务印书馆2002年版,第134页。
② [法] 让·弗朗索瓦·利奥塔:《历史的符号:后现代性哲学话语》,浙江人民出版社2001年版,第285页。

自由的全面发展，这是人类社会发展的本质和规律，这一本质和规律也不例外，体现在现代化的理性特征上。

（4）人类日常社会生活的各个领域呈现出标准化和理性化的特征和趋势。从人类生活的社会环境看，首先在经济领域，同时也在政治、文化、教育等各个领域都出现了标准化和理性化的特征。例如：在日常生活和非日常生活中，社会生活的每个领域和环节都有规则和规定，每个人的行为都尽可能地被规范化，每个人都生活在理性的规则、规定之中。从整个社会来看，"社会理性"得到普遍提升，人类历史正在成为世界历史，社会秩序变得越来越规范，整个地球人类的生活越来越像一个庞大的高速运转的"机器"，"机器"中的每一个构成部分都有原则上的、严格意义上的分工，彼此之间既要相互协作，又要相互依赖；既要相辅相成，又要相互制约，从而导致了整个社会这部庞大的"机器"运转速度变得越来越快，也变得更有效率。

正像马克斯·韦伯所认识到的：现代化的过程就是理性化的过程，理性化的进程主要表现在两个方面：一是在人与自然的关系上，通过理性活动人类可以获得科学知识，并在此基础上按照人类的价值目标达到对自然界的改造、控制。在这个过程中，科学知识和科学技术的重要性被日益凸显，并拥有了至高无上的尊崇地位，并变成了理性的代表和化身。二是在人与人的关系上，即在人们的社会关系上，要求按照理性的原则去改造人们的社会生活，改变不合理的社会存在和社会现实，代之以合乎理性要求的社会现实和社会存在，社会发展和社会进步就是这样一种理性合理化的进程，理性被认为是一种普照的光，必将最终照亮整个人类自由的世界。

2. 现代性的主体性特征：主体性是现代性的又一个关键性的特征

"黑格尔用主体性原则作为现代性的标志"[①]、"主体性原则决定着现代文化"，"在现代性中，宗教生活、国家、社会以及科学、

---

① ［英］吉登斯：《现代性的后果》，译林出版社2000年版，第2页。

道德和艺术，都被转换为主体性原则的工具"①，主体性原则是理性中心主义的必然逻辑。人是理性的拥有者和使用者，人是唯一的主体。这一原则从现代性进程一开始就确立起来。笛卡儿认为主体就是自我，就是理性或理性的人，这个观点影响了此后的几乎所有的现代主义思想家。从康德以后，主体则被强调为理性的自我，特别是在黑格尔那里，为了确保理性的绝对中心地位，主体被解释为"绝对精神"，但在其现实性上却仍然要求通过人的参与，用人的参与来实现和完成人的主体功能。黑格尔运用极端思辨的方式完成了自己关于"主体中心原则"的逻辑论证。费尔巴哈不赞同黑格尔那种思辨抽象的论证方法，而是重新选择回到18世纪启蒙思想家的逻辑论证思路，认为主体应该回归为人本身。然而，无论启蒙学者黑格尔还是费尔巴哈，对他们而言主体都是抽象的普遍的主体。现代主义所推崇的理性主体是人类，一个合法化叙事的主体是人类。由此可见，现代性所彰显的主体是人，是以理性为本质的人。因此，在现代性构思中，整个人类的自由、解放成为直接的根本目的，理性和永恒正义王国的实现就是人类的解放，反之亦然。

3. 现代性的普遍性特征

理性至上主义的现代性观点，一方面对知识和科学极力推崇；另一方面也对普遍性和同一性非常崇尚。在理性主义范围内，理性是一切行动的准则和出发点。而由于理性的本质是普遍的，所以理性的普遍本性能够保证认识和把握事物本质的可能。而理性的根本功能不仅在于能够揭示不同事物和现象的共同本质，而且更能够从纷繁复杂的事物和现象中把握出统一的世界普遍本质。撇开差异性、多样性，寻求不同事物的共性和普遍本质成为现代性的根本诉求。在理性观念上，事物的存在、运动、变化和发展，尤其是社会生活的变化和发展，被归结于理性的基础和理性的原则。不同的学科被认为是一个整体，它们是普遍理性在不同领域的具体展开和表现。所以说现代性的又一个特征是普遍性。普遍性特征是现代性的

---

① [德] 哈贝马斯：《后民族结构》，上海人民出版社2002年版，第180页。

根本特征。

以上三个现代性的特征并不是平等并列的,而是内在地联结在一起的,三个现代性的特征可以用一句话来概括,就是一种理性批判和自由创造的理念。以笛卡儿为首,以及培根、洛克和康德,还有马克思称为"辩证法的集大成者"的黑格尔都强调要发扬理性批判和自由创造的精神。因此,理性批判和自由创造精神被理性至上主义确立为"现代性"的核心观念。

(四) 传统现代性的弊端

社会的进步,科学和技术的发展,使西方社会领先一步进入到了现代化的、先进的工业文明社会。不可否认的是,社会的现代化、先进的工业文明是一把双刃剑,在提高社会生产力的进步,带来高效率的同时,也伴随而产生了许多消极的后果和社会可持续发展的瓶颈问题;在促进社会发展的同时也产生了诸多的弊端。这些弊端随着西方社会的进一步发展越来越凸显,被称为是"启蒙的灾难",这些瓶颈和"灾难"问题因为解决起来更加的困难和棘手而饱受诟病和责难。那么,究竟现代社会遇到了哪些瓶颈和灾难问题呢?概括起来主要表现在以下几个方面:

第一,主体的膨胀。传统现代性主张对自由创造和主体性的张扬,这种没有制约和任何限制的极端自由的主体性,发展的最终结局是将人类与自然一分为二,甚至对立起来,人类社会进入到一个发展的怪圈和恶性循环之中,一方面不得不依靠对自然资源的无节制开发甚至掠夺来促进社会发展;另一方面又要承受因为自己的行为而带来的各种生态和环境危机、资源匮乏等各种瓶颈和灾难。这些问题已经成为全世界所有国家,不仅发达国家、包括发展中国家可持续发展很难解决的困境和问题,已经引起了全人类的担心和焦虑。

第二,"理性的牢笼"的自我设置和形成。实质上,现代化的理性特征是社会进步和发展的必经阶段,是社会现代化进程中的必然逻辑,但是,启蒙运动以来,以西方为代表的社会现代化的发展和现状,出现了令人困惑的现实。用韦伯的话来说就是:形成了一个"理性的牢笼"。这种理性主义的观点认为理性化是现代社会的核心观念,理性化的目标就是要最终实现全社会的各个领域、各个方面都要标准化、规范化,就是要最终实现全部社会组织和组织中的每一部分包括人本身,都生活在规则和规定之中。最终的结局是:一方面,人的活动范围变得越来越狭小,自由度也越来越小;另一方面,因为每个人都有既定的规则和规定的约束,人们的自由创造和创新精神也被扼杀和制约,人们自由自觉地去进行改革和创新的积极性大大减低,大家都只需要遵守规则和约定,并且已经逐渐习惯于照章办事,因此,人们的自由创造的积极性和空间已经变得越来越小。布劳和梅耶曾经说过:"科层制是管理的强有力工具,科层制一旦建立,便总是运用其权力维护其地位,而不是促进变迁和革新。"[1]

因此,韦伯认为,现代化的社会就像一个"理性的牢笼",人类被困在这样的"牢笼"之中,人类本身自由发展的基本人性遭到压抑和否定,自我创造、自我创新的能力受到约束和限制,情感和意志得不到应有的尊重和对待;在这样的环境和这个"理性的牢笼"中,人类已经不可能再像"人"一样地自由生活,人已经被完全"非人化"了。泰勒更是把这种现象命名为"现代性之隐忧"。

第三,现代性崇尚法制化,但却使道德黯然失色。现代性对法制化的崇尚,虽然给人类带来了外在的秩序,使人有了明晰而确定的行为预期;但同时却使道德黯然失色,使人不再敬畏心中的道德规律,从而失去了内在的心灵的秩序。

(五)后现代主义的兴起及其对现代性的批判

1. 后现代主义思潮的兴起以及关注的主要问题

从产生的源头上来看,"后现代主义"和"现代主义"有着不可分割的密切联系,"后现代性"是从"现代性"之中发展衍生出

---

[1] 布劳、梅耶:《现代社会中的科层制》,学林出版社2001年版,第149页。

来的。现代性的核心理念是理性和自由，这些观念在后现代性的观念中也得到了进一步的强调、体现和发展。因此，"后现代主义"对"现代主义"的批判和质疑，并不是简单地否定和批判，不仅没有简单地否定和抛弃，从某种意义上说却是一种辩证的否定，是进一步地发展和扬弃。

"后现代主义"理论家从西方现代社会最具代表性的弊端入手，对西方工业文明社会以及传统现代性进行了深层次的反思、解剖、分析。因此，后现代主义的思想家们虽然观点庞杂，但有一个共性，就是反思的特点突出，具有反传统、反权威的最大属性。

后现代主义思潮是西方发达经济社会在思想文化层面上的折射和反映，实质上是由于西方现代文明社会，以及资本主义社会本身内在具有的无法解决的基本矛盾发展到一定阶段的必然表现。工业革命以来，私有制的资本主义社会制度迅速发展和完善，随之而来的科技进步，不仅使人类自身在征服和改造自然方面的能力得到提升，同时也出现了各种各样的生态、环境恶化等问题，现代性社会综合后遗症集中爆发。

大卫·格里芬是后现代哲学家的主要代表人物之一，他认为后现代主义思潮最核心的问题主要有以下八个方面：

（1）人类自身的生存问题。在地球资源越来越紧缺，人类可持续发展压力越来越大的情况下，人类自身如何更好地生存下去？如何保证人类更好地生存同时也不侵犯我们的伙伴——地球上其他物种的生存和进化？

（2）人类社会生活各个领域的管理问题。人类自身社会生活的各个方面如何确立一种健康的制度？现代化的社会组织如何培养和确立每个公民对公益事业的关注和热心？

（3）如何正确处理社会责任和个人责任的关系问题。

（4）如何采取更有效的措施应对全球面临的恐怖主义和暴力问题。国际组织应该如何禁止或减少流血冲突事件和恐怖主义事件的频繁发生？国际社会应该采取哪些更有效的措施制约核武器的扩散？

（5）如何有效处理个人权力与社会监督机制有效结合的问题。使个人集权制得到合理有效的分化，使社会监督机制能够合理高效的运行？

（6）经济问题。在确立和调整新型经济结构，采取更加科学的经济行为方面采取何种措施？

（7）多元化问题。在当前国际形势下，怎样确立一种新的世界秩序，使全世界所有国家的文化、种族、宗教多元化并存、和谐发展。

（8）全球问题。例如该怎样在全球建立绿色和平的可持续发展观等？

大卫·格里芬是美国建设性后现代主义的最有代表性人物，他所论证概括的这八个方面的问题，已经涉及了包括全球经济、社会发展的几乎各个领域。

2. "后现代主义"的主要观点及特征

"后现代主义"或者"后现代性"，主要是和"传统现代性"相比较而言的，是对"传统现代性"的理念在社会发展过程中暴露出来的弊端和缺陷所进行的反思、批判或者超越。具体观点主要有以下几个方面：批判传统现代性诸如"主体性"、"理性至上主义"的理念；批判"普遍性"、"同一性"的极度发展和张扬，强调发展人的个体性和差异性的重要意义；"后现代主义"对"传统现代性"的批判，最终归结为要实现一种自由的生活，他们称之为"人的审美生活"。所以，在"后现代性"那里，美学和文艺就成了这些理论家研究的主要内容。

后现代主义的特征主要有以下几个方面：

（1）提倡自然与人融合一体的整体观念

在"后现代主义"看来，"传统现代性"已经产生了严重的后果：人与自然之间的背离和对立。主要有以下两方面：一是科学和理性之间的对立；二是过分强调"主体性"而导致的"人类中心主义"的价值观。传统现代性在人与自然的关系上，错误地认为自然是没有任何内在价值和生命意义的僵死客体，单方面强调主体的主导性，错误地认为自然界从属于人类，形成以人类自我为中心的"人类中心主义"。这种理念的错误在于把平等的人与自然的关系严重扭曲，把人类自身凌驾于所有自然万物之上，认为自己是"万物之主"，而自然界只不过是人类满足自身需要和发展的利用工具而已。在"人类中心主义"的思想指导下，人类自身选择了对自己有严重危害的行为，不顾自然界本身内在的发展规律，掠夺、践踏、甚至破坏自然生态环境，目前在全球已经出现了很多令人担忧的现象，诸如严重的生态环境危机和能源危机，等等。很多国家、集团、民族等，为了占有更多的资源，为了自己的利益和发展，彼此之间的竞争越来越激烈，矛盾越来越多，甚至引发了很多的局部战争。

针对"传统现代性"使人与自然之间相背离和对立的思想理念，"后现代"理论家提出：要建立一种新型的、人与自然平等和谐相处、共同可持续发展的新理念，"后现代"理论家认为最根本的解决办法是确立新理念，抛弃旧理念，这种新理念就是他们倡导的"后现代性"——人和自然融合一体的整体观念。旧理念就是他们所说的"传统现代性"。他们认为，人类本身并不是宇宙的精华，更不是万物的灵长，人类不能把自己凌驾于自然界之上，也没有权利把自己凌驾于自然界之上。人与自然之间不应该是控制与被控制的关系，而是平等和谐的内在有机关系。

（2）质疑和批判"科学至上"

"传统现代性"的中心思想之一是强调科学，"科学"的地位得到抬高和提升，本来目的是要使科学取代神学，最后却走上了"科学之上"的误区，使科学也变成了如"神学"一般的地位。一方面科学能够使人类摆脱愚昧走向文明；但另一方面过分的张扬科学作用和地位，以科学作为判断一切是非的原则和标准，最后却产生了与科学理念相背离的结果——"唯科学主义"。后现代主义的思想家认为，科学技术是把双刃剑，一方面能给人类带来先进和文明；另一方面也能带来各种恶性后果。

"后现代"的理论家们认为，真理本身也具有局限性和不确定性，随着时代和社会的进步，有些原来认为是科学和真理的东西有可能是错误的。科学本身并没有对与错，而主要是从事科学技术的研究者和使用者们，他们对科学技术的地位太过夸张，才导致了全球各种环境和能源问题的恶性后果。"后现代"的理论家们认为，"科学"的现有阶段的成果不能成为人类生存和发展的唯一标准和原则。因此，质疑和批判"科学至上"就成为后现代主义的主要特征之一。后现代思想家认为，科学不应该成为人类征服、战胜和改造自然的简单的利用工具，而应该成为人类与自然之间友好、和谐、共存的媒介和桥梁。

（3）提倡多元的文化包容

"传统现代性"由于过分强调"科学"的地位和作用，因此形成了"确定性"、"一元性"的思维方式。喜欢和习惯于运用单一的、所谓的"科学"原则和结论来研究和解决现实中的一切问题。这些所谓的"科学"原则和结论都具有"超历史性"，在社会进步和发展的同时，达到更进一步的完美和有效。而"后现代主义"思想家则认为，任何原则和方法都是有局限性的，这是人类认识规律的共性。传统现代性的方法论原则很难解释当今复杂的社会现实，而且在传统现代性思想的指导下还容易产生"文化霸权主义"，对世界的和谐、文化的交流产生不利的影响。"后现代主义"思想家认为应该批判这种"一元化"的思维方式和指导思想，提倡"多元化"和"差异性"；反对"一元化"和永恒不变的方法论原则，提倡一种开放的、多元主义的方法论原则，以此为指导试图来建构一种具有多元性和包容性的文化与社会机制和结构。

（4）在经济发展方式上崇尚稳态经济的模式

经济发展方式是一个社会发展的极其重要的基本方面。传统的观点认为社会发展的最高目标就是国民生产总值的提高，社会财富的极大占有。把经济增长和国民生产总值的提高作为解决现实经济和社会发展过程中一系列问题的主要良方。"后现代主义"思想家认为应该批判这种为增长而增长的"增长癖"，并且针对这种扭曲的"增长癖"提出一个更为全面和科学的经济发展方式——"稳态经济"。稳态经济的基本含义是：人口的总量与产品的总量之间保持一个相对稳定的状态，在经济发展方式上只进行质的发展和提升，而不是只注重量的发展和扩张。在这种稳态经济的模式上重新建立一种更加健全和科学的社会发展方式，批判传统的极端错误的"增长癖"和"占有主义"的社会发展方式，使人与社会之间的关系更加健康和科学，从而避免遭受各种灾难，保证地球上的每个人的各种基本权利，实现人人平等、社会和平。

"后现代主义"思想家对"传统现代性"所进行的反思、质疑和批判，具有很重要的现实参考价值。虽然这些观点不免带有极端和偏激的倾向，但对于发展中国家在现代化进程中如何少走弯路具有一定的借鉴作用。

因此，"后现代主义"的理念和思想，对今天我们的中国特色社会主义现代化建设，是一种有益的警示，警示我们要避免出现西方现代化进程中的各种失误，积极主动地改革现代化进程中所出现的各种问题。因此，我们可以理性的审视后现代主义思潮对传统现代性的批判，既不可以全盘接受"后现代主义"思潮的全部观点，更不可因噎废食完全排斥"传统现代性"，这样就会给中国的现代化建设带来不利的影响。

二 "中国特色现代化模式"蕴含的新型现代性分析[①]

随着中国的各个方面在世界舞台扮演的角色越来越重要，中国特色的现代化也引起了世界的关注。于是"中国现代化模式""中国特色新型现代性"也成为现今中国现代性研究中的一个热点的问题。

---

① 参见孔凡芳《中国特色现代化模式建构原则的几点思考》，《社会科学家》2012年第4期。

第五章 "中国模式"与新型现代性

（一）中国特色社会主义现代化模式探索的历程

新中国成立以来中国共产党一直在艰苦卓绝地探索社会主义现代化新模式，探索一条超越西方现代化模式的具有中国特色的现代化模式。回顾新中国成立以来的现代化建设的历程，大致可以分为三个阶段。从1950年到1978年是第一阶段；从1978年到2002年是第二阶段；从2002年党的十六大开始是第三阶段。

第一阶段：1950年至1978年，是"中国特色现代化模式"的初步探索阶段。以毛泽东为代表的中国共产党人在探索中国社会主义现代化道路的过程中，为中国现代性建构作出了历史性贡献：第一，以毛泽东为代表的第一代中国共产党人历史地选择了马克思主义，并经由革命斗争完成了国家主权的恢复与独立，重新确立起中国现代性的主体资格与身份；第二，确定了社会主义的基本制度，经济基础上明确公有制和计划经济，政治体制上确立人民民主专政的社会主义人民当家作主政治制度，并强调人民在政治上的平等，主张国家的一切权力属于人民。这是第一阶段现代化模式的最重要特征；第三，初步建立了一个完整的工业体系和强大的国防；第四，毛泽东明确提出必须国摆脱现代化之"西化"与"苏化"的窠臼，独立探索中国式现代化道路。

遗憾的是，毛泽东对现代化模式的探索由于没有现成的经验可以借鉴，以及国际环境的复杂性，充满艰难曲折，出现了"文化大革命"这样重大的错误。但是毛泽东在许多问题上也同样表现了一种超越时代的洞见和睿智，在新中国成立初期的探索仍然创造了不可磨灭的伟大功绩。

第二阶段：从1978年到2002年党的十六大之前，是中国特色现代化模式的转轨阶段。第二个阶段的战略主要是邓小平和江泽民同志领导制定的，其发展目标是追求经济高增长。这一阶段的发展模式开辟了一条有中国特色的社会主义道路，也开始了"中国特色现代化建设模式"的转轨阶段。

十一届三中全会以后，中国的现代性建设进入新阶段。以邓小平为代表的共产党人继承了毛泽东关于中国现代化模式的思想，在新时代又明确提出了从中国的特点出发、走自己的现代化道路的思想并成功付诸实践。在总结毛泽东时期现代性建构正反两方面经验的基础上，中国现代化建设思路也从"以阶级斗争为纲"调整为"以经济建设为中心"，并逐步建立"效率优先，兼顾公平"的市场经济体制。随后以"三个代表"为指导思想的执政理念更加进一步完善了现代化建设的思路。这一阶段最显著的特征是中国现代性的建构快速展开。

第三阶段：从2002年党的十六大开始至今，是中国特色新型现代化模式探索的新阶段。

从十六大开始，中国的改革进入攻坚阶段，我们党提出"以人为本"的科学发展观。它标志着当代中国对现代性构建规律认识的深化，是当代中国现代性建构的最新理论结论。科学发展观从一个全新的高度认识和制定社会的发展，不仅强调国民生产总值的提高，同时也强调和注重社会各个领域的全面、协调和可持续发展。科学发展观的提出标志着中国特色社会主义现代化建设的道路探索已经进入到了一个全新的阶段。

(二)"中国特色现代化模式"建构的原则和指导思想

思想是行动的先导，要想探索出一条具有中国特色的现代化新模式，必须有正确的理论指导，必须坚持正确的方向和原则，概括来讲有以下几个方面必须做到：

1. 坚持马克思主义为指导——中国特色现代性建构的首要原则

马克思在19世纪对现代性的批判，即对资本主义社会的批判，使我们深切感到他关于现代性的思考不仅具有深远的历史意义，而且还具有伟大的现实意义。马克思主义对中国构建现代性的指导作用具体体现在以下几个方面：

第一，实现现代化的前提条件——民族独立

马克思主义认为，"一个大民族，只要还没有民族独立，历史地看,就甚至不能比较严肃地讨论任何内政问题";"排除民族压迫是一切健康和自由的发展的基本条件"①。一个民族"只有当它作为一个独立的民族重新掌握自己的命运的时候,它的内部发展过程才会重新开始"②。这些经典论述揭示了以旧中国半殖民地、半封建社会的国情、民族背景和社会历史条件,要走向现代化之路必须具备的前提条件——实现中华民族的真正独立。中国共产党领导中华民族经过二十八年的艰苦奋战,推翻了帝国主义、封建主义、官僚资本主义这三座大山,完成了新民主主义革命的历史使命,建立了社会主义的新中国,使广大的中国人民真正翻身作了自己国家和命运的主人,使中国特色的社会主义现代化建设成为可能。

第二,现代化的物质基础和核心:"工业化"和"城市化"

马克思关于现代化的重要论述,第二个方面就是关于"工业化"和"城市化"是所有现代社会的物质基础和核心。马克思认为,工业化是促使封建生产方式向资本主义生产方式过渡的一个主要因素,机器大工业和社会化生产,使资本主义得到成熟和发展,发展壮大了的资产阶级消灭了封建地主阶级,结束了封建主义的社会制度,建立了生产力更为发达的资本主义制度,资本主义社会的确立,使生产力得到了空前的发展,这是人类社会发展规律的具体体现,是人类社会前进和发展的必然趋势。马克思曾指出:由于机器大工业和社会化生产,人类社会因此实现了一次伟大的根本性的飞跃,"自从蒸汽和新的工具机器把旧的工场手工业变成大工业以后,在资产阶级领导下造成的生产力,就以前所未闻的速度和前所未闻的规模发展起来了。"③ 在机器大工业生产的资本主义社会,"资产阶级在它的不到一百年的阶级统治中所创造的生产力,比过去一切时代创造的全部生产力还要多,还要大。……过去哪一个世纪料想到在社会劳动里蕴藏有这样的生产力呢?"④

---

① 《马克思恩格斯选集》第4卷,人民出版社1972年版,第427、428页。
② 《马克思恩格斯选集》第2卷,人民出版社1972年版,第632页。
③ 《马克思恩格斯选集》第1卷,人民出版社1995年版,第277页。
④ 同上。

第三，现代化的发展动力——"科学技术"

科学技术对生产力发展的促进作用以及在社会发展中的重要作用，是马克思关于现代化论述的重要内容之一。马克思恩格斯曾经论述过，劳动生产率的提高对科学技术的依赖程度逐渐增加，越来越依赖科学技术在实践中的应用和推广。马克思指出："把科学首先看成是历史的有力的杠杆，看成是最高意义上的革命力量。"①"社会一旦有技术上的需要，这种需要就会比十所大学更能把科学推向前进。"②"随着资本主义生产的扩展，科学因素第一次被有意识地和广泛地加以发展、应用并体现在生活中，其规模是以往的时代根本想象不到的。"③马克思认为，科学技术对社会发展的促进作用不仅仅表现在对生产力上，而且还表现在对社会变革的促进作用上，"这些发明推动了产业革命，产业革命同时又引起了市民社会中的全面变革，而它的世界历史意义只是在现在才开始被认识清楚。"④

从以上论述可以看出，马克思对科学技术在现代社会发展进程中的动力作用给予了充分的肯定。

2. 坚持社会主义——中国特色现代化进程的根本指导原则

社会主义是中国特色现代化进程的根本指导原则，必须坚定不移地贯彻执行。客观上来讲，现代性发端于西方的资本主义国家，所以现代性的发展进程和脚步是西方先于或优于其他发展中国家，这一历史事实并不代表现代性只与资本主义有着内在的必然联系，并不会因为先发端于西方发达国家而远离其他发展中国家，现代性的各种基本属性也可以与社会主义制度内在地紧密地结合在一起。值得注意的是，先一步发展现代化的资本主义国家，由于其内在制度的根本缺陷无法解决，在现代化的历史进程中出现了与"现代性"最初目的相背离的异化现象，西方的现代性建构和发展目前已

---

① 《马克思恩格斯全集》第19卷，人民出版社1979年版，第372页。
② 《马克思恩格斯选集》第4卷，人民出版社1995年版，第732页。
③ 《马克思恩格斯全集》第47卷，人民出版社1979年版，第527页。
④ 《马克思恩格斯全集》第2卷，人民出版社1972年版，第281页。

经步入了一个"怪圈",进入了现代性发展的"瓶颈时期",各种社会发展问题难以从根本上得以解决。而社会主义社会制度本身优越于资本主义制度,社会主义与现代性的全新整合,能为现代性的发展和进步,以及突破目前现代性发展所遇到的瓶颈问题提供一种全新的有效的出路,以一种全新的社会发展方式和全新的现代化模式,超越资本主义社会制度下现代性发展所无法解决的种种缺陷和弊端,避免资本主义社会制度下的社会畸形、现代性发展的曲折,少走弯路,并为新型现代性发展模式的顺利开展提供先进的制度保障。概括来讲,具有中国特色和社会主义本质属性的现代化建设主要体现在以下几个方面:

第一,解放生产力、发展生产力。中国共产党在取得革命胜利夺取政权以后,要尽可能快地把工作重心转移到发展社会生产、增加生产力的总量上来,要排除各种干扰,坚定不移地把工作重心放在解放生产力、发展生产力以及经济文化建设等方面。

第二,消灭贫穷,最终实现共同富裕。

邓小平同志曾经深刻地指出,社会主义的本质是解放生产力、发展生产力,消灭剥削、消除两极分化,最终达到共同富裕。因此,我们国家建设社会主义,实现社会主义的现代化,必须始终遵循社会主义的本质,既要遵循人类社会的发展规律,也要遵循社会主义的建设规律,同时还要遵循和探讨共产党的执政规律,这三个规律的核心和基础都要求解放生产力、发展生产力。因此在当前建设中国特色社会主义现代化的过程中,必须加快发展生产力,最终实现共同富裕。加快发展生产力、最终实现共同富裕也是马克思主义科学社会主义理论关于社会主义的根本要求。

这个理论越来越被实践证明是正确的,我国改革开放所取得的辉煌的成就说明了这一点。因此,党的十八大报告又再次重申,要把"逐步实现全体人民共同富裕"作为中国特色社会主义现代化建设的重要内容。

共同富裕还是社会主义与以往一切旧的社会制度的本质区别。原始社会虽然也是公有制的社会,不存在剥削、压迫和两极分化,但原始社会的生产力水平极其低下，没有贫富差距也没有共同富裕。后来的存在阶级压迫和剥削的是奴隶社会、封建社会和资本主义社会，是人类社会生产力和生产关系矛盾运动的结果。这三种社会形态虽然极大地发展了生产力，但是，由于是以生产资料私有制为基础的社会形态，两极分化现象严重，这种社会制度下不可能实现共同富裕。因此，只有更高级别的社会形态——社会主义社会才真正致力于发展生产力，把政党的执政目标和广大人民群众的根本利益紧紧连在一起，为实现共同富裕而坚持不懈的努力，这是社会主义本质的最大体现。未来的中国特色社会主义现代化的社会结构，将会是一种新型的现代社会结构，社会成员结构比例上表现为：中等收入者所占比重将大大增加，贫困者阶层和富裕者阶层的比例越来越小，社会结构实现从"金字塔"型向"橄榄"型转变，社会公正程度越来越高。

第三，坚持"以人为本"，整合、优化科学发展的动力源泉。马克思主义认为，人民群众是社会发展和变革的决定力量，是生产力要素中具有主导性的要素。在资本主义社会制度下，把人仅仅看作跟其他生产力要素一样的属性和地位。西方经济学家甚至把人看作"经济人"，看作一个简单的、普通的商品，忽视甚至践踏人的能动性和主动性，压抑和制约了人的积极性和创造性。

新中国成立后，尤其是改革开放以来，中国共产党以马克思主义为执政的指导思想，坚持"以人为本"的重要思想，并且成功地实现了发展动力和源泉的最优化配置和整合。中国特色社会主义现代化建设的最大特点就在于把全体人民群众作为社会发展的动力和根本源泉，把人民群众的积极性和创造性最大限度地发挥出来。在社会主义制度下，人不再是简单的商品和生产力的普通要素，而是具有巨大创造性和能动性的主体；一方面是"经济实践"活动的主体；另一方面也是"社会实践"活动的主体；一方面是社会活动和社会发展的参与者；另一方面也是人类历史的主导者和创造者。"以人为本"，尊重和发挥人民群众的积极性和创造性已经成为当前中国进行现代化建设的出发点和落脚点，这一特点已经成为中国特色新型现代性的重要内容。

第四，继续坚定不移地坚持改革开放。马克思主义认为，人类社会的任何社会形态，从产生初期到发展壮大，都有一个从弱到强、从不完善到比较完善的过渡过程，在这个过程中，改革无疑是社会发展的重要动力，在当前中国的社会主义初级阶段，改革开放也是推动我国社会发展的重要途径，是中国特色社会主义社会的发展动力。

从马克思主义科学社会主义理论的实践角度来讲，中国特色的社会主义现代化建设，社会主义初级阶段的的改革开放政策，是马克思主义科学社会主义理论的实践新阶段，是马克思主义科学社会主义理论在中国的新发展，是中国人民在践行科学社会主义理论过程中的独特创造。

3. 民生取向——中国特色现代性构建的始基①

自第一次鸦片战争开始，古老的中国被强行拖入到了西方现代性的滚滚洪流之中，西方的炮舰政策和空前的民族危机给中国带来了数千年未有之大变局，先进的中国人启动了尘封数千年的放眼世界的广角程序，所输出的一幅幅西方现代性的成像，使得中国人的自觉意识和历史使命感不断得到激活。由此，中国开启了与西方在政治、经济、文化方面的全面冲突与转化的进程。中国的现代性在民族独立和民族复兴的宏大叙事下，在中西社会价值的冲突与转化机制中渐次展开。

中国传统的社会价值取向是个人的发展从属于社会的发展，个体的主体性只有在集体中才能得到体现和认同。所以，西方学者认为中国传统中"无我"（Hall &Ames, 1988）。中国传统中所言的个体并非是西方意义上的权利、民主、法律的那种作为独立实体存在的个人，而是一种社会关系的个人，即从属于某个群体（最基本的单位是家族），并在其中承担某种道德角色的个人，因此，中国

---

① 本部分见马兵《中国以民生为始基的现代性构建探论》，《理论月刊》2012年第8期。

"中国模式"的哲学研究

的个人,强调的是人伦理道德主体性。虽然孔孟儒家也强调个人的自信和自立精神,如"舜何人也?予何人也?有为者亦若是","当今之世,舍我其谁",但其实质则是在讲究个人对社会应尽的责任和义务,而个人的发展只有通过道德的修养而不是对权利的要求,才能获取平等而充分的条件,只有这样,个人才能体现出对社会秩序和社会发展的价值。而"礼"作为对道德主体自由的规范或者说是限制,实际上形成了一种道德的外化。"但'礼'一旦外化,也极易沦为当权者维持自身权力的工具。"当只强调个人的工具性意义时,主体的迷失自然不可避免地发生了。对此,梁漱溟评论道:"在以个人为本位之西洋社会,到处活跃着权利观念。反之,到处活跃着义务观念之中国,其个人几乎没有地位。此时个人失没于伦理之中,殆将永,被发现。自由之主体且不立,自由其如何得立?"因此,在中国近代以前,虽有顾炎武、黄宗羲、王夫之、龚自珍等启蒙思想家开始反省宋明理学,提倡对个人权利重视与个性的解放,但是,儒者伦理的国家信条难以解构,中国社会中对"人的发现"总是姗姗来迟。

然而,鸦片战争以后,中国与西方的接触突破了军事上的冲突,而扩展至经济、政治和社会生活的各个层面。"现代性最初是一种'外力的'强制方式,嵌入到中国社会结构之中的,使现有的中国的社会结构发生了裂变,在打破已有平衡下,由被动地到主动地接受现代性。"[①] 中国从睁眼看世界,转换为广泛地输入西方的观念。西学东渐的进程全面启动。尤其是中日甲午战争以后,中国的启蒙思想家们逐步完成了对个人与权利观念的接纳与重构。"五四"新文化运动之前,思想家对于西方现代性观念的引进、吸收是不彻底和并非完全西方意义上的,而是经过中国传统的儒家伦理道德的染色的。从康有为、谭嗣同的注重平等权利意识的伸张,到严复、梁启超、章太炎等以"仁"释平等,以"群己"释权利,由私推"公"等,这些对个人与权利形成系统的、深层的言说,实际

---

① 熊元清:《魅力中国》2011年第11期,第379页。

第五章 "中国模式"与新型现代性

上在处理个人与国家这个现代性的结构性论题上，都没有给予个体真正意义上的主体资格，而是被"国民"所取代。当然，除了儒家传统伦理道德的影响，中国当时的历史境遇即抵御西方列强的侵略和殖民，空前的民族危难与屈辱，促使中国人的群体意识逐步觉醒，形成了群体中心秩序的诉求，则是另一个重要的核心因素。正如梁启超所言："我中国今日最缺者而最继续者，在有机统一与有力统一之秩序，而自由平等直其次耳。"[①] 所以，不难看出，近代以来，中华民族独立和民族复兴的宏大叙事所书写的，都不是以具体的个人为中心的，而是围绕民族独立、复兴和民众生存、富裕为中心的民生观念来展开的。由于近代以来对于引进西方器物与制度的失败，先进的知识分子自新文化运动始，对儒家的伦理道德进行了彻底批判和全盘否定。儒家价值系统变得难以维持中国自主性的平衡状态。随着辛亥革命的失败，思想界对甲午战争之后所竭力营造的集体（"公"、"群"）认同表现出了强烈的怀疑和抗拒，儒家文化遭到了彻底的质疑和清算，全盘反传统主义盛行。西方的个人和权利观念由此真正得到重视与提倡。个人主义的话语权不断得到确认。陈独秀率先举起了"个人利益为本因"的大旗。他说："个人之自由权利，载诸宪章，国法不得而剥夺之，所谓人权是也。人权者，成人以往，自非奴隶。悉享此权，无有差别。此纯粹个人主义之大精神也。"他认为，西方是彻底地个人主义的民族，而国家存在的目的是为了保证个人的利益和幸福的。新文化运动的另外一个旗手胡适，对易卜生个人主义推崇备至，他所强调的是一种既有个人自由意志，又要自负责任的真正纯粹的为我主义。要想完全实现个人，个人绝不是去做"国民"，而是需从国家的束缚中解放出来，因为"社会最爱专制，往往用力摧折个人的个性，压制个人的自由独立的精神；等到个人个性都消灭了，等到自由独立的精神都完了，社会自身也没有生气了，也不会进步了。"鲁迅认为，"凡一个人，必以己为中枢，亦以己为终极：即立我性为绝对之自由者

[①] 梁启超：《饮冰室合集》·文集之十三，中华书局1989年版，第69页。

也。""若其道术，乃比尊个性而张精神。""五四"时期的这些启蒙思想精英对于个人和权利观念的提倡与普及，不但使个人和权利观念成为颠覆儒家伦理道德的利器，而且推动了当时的思想界对西方现代性的核心价值观念的普遍接受。个人主义无疑已"承担了立人与立国、改造个人和改造社会的双重理论旨趣"。

然而，第一次世界大战的爆发充分暴露出了西方现代性的阴暗和弊端。大力推崇的个人权利，鼓励竞争，竟然导致了各国之间的残酷战争。巴黎和会上的外交失败，更让中国人难以接受"公理战胜强权"之"公理"被现实无情的扭曲。西方帝国主义的霸权击破了中国人学习西方的痴迷。西方的现代性价值已经受到全面的质疑，而不再是天道了。在国内，西方列强对华侵略的日益加深，执政当权者也毫无作为，国内战事不断，社会矛盾日益激化，民不聊生，劳苦大众虽终日辛劳，却连起码维持生计都不可能，中国大多数民众的生存权都难以保障，又如何谈得个人自主性呢？"权利不再是个人观念不可缺少的核心，或者说个人不是用权利主体来界定的。"因此，西方现代性的核心价值——个人和权利已不再被视为具有无可置疑的正当性，社会契约论在中国思想界失去吸引力。既然权利系属富人的专利，而劳苦大众并不可欲，那么，权利的阶级属性自然被先进的思想家们所认同。他们发现，原来人家的诉求是民族的独立，而不仅仅是个人的自主，是全体的解放，而不仅仅是个人的解放。正在先进的思想家们刚刚发现西方的现代性价值并不能解决中国的民族独立和民众的吃饭问题即生存时，俄国"十月革命"的炮声给我们送来了以消灭阶级差别，注重全体解放，以实现每个人自由全面发展为核心民生理念的马克思主义。由此五四运动的先进精神领袖们开始了他们的价值转型。以陈独秀为代表的早期中国共产党人，自1919年开始大力宣扬马克思主义。开启了以革命意识形态"对社会生活中的问题做一个根本的解决"的新纪元。

中国以民生为始基的现代性建构觅求到了与马克思主义的"历史契合点"，并逐步确立起了中国共产党人马克思主义民生观的生成逻辑。马克思主义从此肩负起了实现中华民族独立和民众共同富

第五章 "中国模式"与新型现代性

裕的双重任务。而西方资产阶级的平等、自由、民主等现代性价值，虽然得到了借鉴与吸收，但始终未能避免在中国不能得到全方位复制的命运。中国人放弃完全借鉴西方而引进了马克思主义，并对其进行了中国式的转化，用以化解中国的社会问题，表明中国的传统的社会价值观——社会价值重于个人价值的文化因子始终未遭到舍弃。

中国现代性的构建是以民生为始基的，并烙有中国文化价值和马克思主义印记的现代文明秩序。这是"中国现代性自觉"，它告诉我们，中国现代性从何而来？实质为何？又将把我们带向何处？中国现代性构建的民生基础，在多元现代性的视阈中寻找到了适合自己的位置，并在持续的调试和发展中不断得到加固。时至今日，中国的"现代性方案"仍然是一项未竟的事业。1949年，伴随新中国的成立，中国共产党人成功解决了民族独立的"宏观民生"问题，而随后的以"实现四化"与"共同富裕"来完成"微观民生"建设的脚步始终没有停止过，并且必将迈向实现中华民族伟大复兴的"终极民生"目标。

4. 中国特色——中国的现代化必须坚持走自己的路，决不走封闭僵化的老路，也决不走改旗易帜的邪路

构建中国特色的新型现代性，建设有中国特色的现代化，决不能走西方的现代化老路，要避免西方现代性之路的种种曲折和弊端，超越原有的"现代性"理念之中的偏激、极端和缺陷，在当前，中国的现代化之路，重要的出发点必须考虑到目前中国最大的国情是社会主义的初级阶段，生产力比较落后，曾经经历了两千多年的封建社会，遭受了帝国主义列强的欺辱侵略，经历了近一百年的半封建半殖民地的屈辱，在中国共产党的领导下才建立了社会主义的新中国。因此，中国具有自己独特的民族历史、制度形态、和传统文化，要走现代化之路，必须从这些实际情况出发。

在纪念"十一届三中全会召开30周年"的大会上，胡锦涛同志曾经指出："我们要始终坚持党的基本路线不动摇，做到思想上坚信不疑、行动上坚定不移，决不走封闭僵化的老路，也决不走改

旗易帜的邪路,而是坚定不移地走中国特色社会主义道路。"并且在十八大报告中又再次强调指出:"我们坚定不移高举中国特色社会主义伟大旗帜,既不走封闭僵化的老路,也不走改旗易帜的邪路"。中国特色的社会主义伟大旗帜,主要包括三个方面:中国特色的社会主义道路;中国特色的社会主义理论体系;中国特色的社会主义制度。十八大的这个鲜明提法,具有明确的针对性。

在现代化建设的道路选择上,必须坚持中国特色的社会主义道路,决不能走封闭僵化的老路。"封闭僵化"的老路,是指有一些人,因为长期以来较"左"的思维习惯,在改革开放过程中,当出现一些问题和社会矛盾时,便"因噎废食",把所有的根源都归结为是因为改革开放,就想要放弃,想要退回到改革开放以前,回到封闭僵化的高度集中的计划经济时代,这就是走老路,是必须坚决避免的。

在现代化建设的道路选择上,决不能走改旗易帜的邪路。当前的国际形势,虽然和平与发展仍然是时代的主题,但同时也应清醒地看到,国际形势、国内环境极为复杂。目前的国际形势现状,西方发达国家在各个方面包括综合国力等方面的实力比较强大,资本主义比社会主义仍然强大得多,西强我弱的总局面没有根本的改变。1989年"东欧剧变"、"苏联解体"以后,世界上目前仅存五个社会主义国家。中国特色的社会主义毋庸置疑是最具代表性的社会主义国家。改革开放以来,中国的社会主义现代化建设已经取得了举世瞩目的成就,中华民族在中国共产党的领导下正在走向繁荣富强,但是西方某些顽固的反华势力、社会主义的敌对势力仍然还有顽固"和平演变"思维,希望中国也发生类似苏联和东欧那样的动乱,走所谓"和平演变"的道路,这就是条邪路。曾经在1989年就有某些居心不良的西方政治家,预言中国在很短的时间内就会走东欧和苏联的老路。但是中国特色社会主义事业的蒸蒸日上和中华民族正在走向繁荣富强的现实,让他们的企图没有得逞。但值得我们警惕的是,这种不怀好意的思想家或政治家仍然存在。

回到封闭僵化的高度集中的计划经济时代、走改旗易帜的邪路都是绝对行不通的。邓小平曾经指出：不改革开放就是死路一条。"决不走封闭僵化的老路、改旗易帜的邪路"，这个观念的提出有很深的历史和现实背景，是针对党内外、国内外一些错误的思潮出现而作出的对改革开放正确性的强调和论述。十八大召开之前，各种错误思潮、和偏激观念沉渣泛起，集中表现在以下三个方面：历史虚无主义；新自由主义；民主社会主义。这些观念无非是鼓吹西方的私有制和资本主义社会的所谓"优越性"，实质就是改旗易帜。

中国和世界的历史实践证明，中国要想健康发展，实现现代化和国富民强，超越西方传统现代化的弊端，构建一种全新的具有中国特色的、适合中国国情的现代性，必须走出一条既适合中国国情、又适应国际国内时代要求的新道路。因此在我国这样一个有着十几亿人口的发展中大国，如何实现现代化，并没有现成的可资借鉴的模式，所以我们必须依靠自己坚持不懈的努力和探索，探索出一条适合中国国情的科学发展的道路。这一点无论任何时候，都是我们探索发展道路的出发点和落脚点。

5."扬弃"——对发源于西方的现代性内容和现代化模式必须取其精华去其糟粕

在当代中国解决现代性问题，既要克服西方现代性的弊端，例如：主体性的无限发展、人为设置的"理性的牢笼"、对个体性、差异性的压制，同时又要吸取西方现代性中体现人类文明发展进步的因素和肯定成果，例如：主体性的倡导、理性的倡导、对知识和科学的崇尚，以及后现代主义关于人和自然融合的整体观、提倡多元的文化包容、使人口和产品的总量保持恒态的经济模式等，确立中国对西方现代性扬弃的路径。由于中国直接跨越了资本主义高度发达的生产力阶段，新民主主义革命胜利后直接选择了社会主义的社会制度，虽然社会主义社会是人类历史上最先进的社会制度，但这种跨越"卡夫丁峡谷"的选择，落后的生产力水平是毋庸置疑的现实，这种客观事实与马克思所设想的社会主义的制度特征和高度发达的生产力水平有着很大的差距，这种差距就需要在社会主义社会的制度体制内来完善和解决，这就需要一方面学习资本主义现代性文明的优越性和可资借鉴的宝贵经验；另一方面抛弃资本主义现代文明所暴露出来的各种缺陷和弊端，探索出一条新型的科学的现代化发展之路。

因此，在对待西方现代性文明时，既不能全面否定也不能全面肯定，既有分析又有选择，既有批判又有扬弃，既有借鉴又有超越。从根本上来讲，西方先发的现代性文明并不是抽象的、一般的共性，更不可能是普遍的必须照抄照搬的模式，而是一种具体的、历史的、特殊的现代性模式。因此，无论对中国现代性的建构，还是对西方现代性的批判，都应本着建设性的态度，正如郑杭生教授所言："社会建设特别需要有一种建设性的反思批判精神。所谓'建设性批判反思精神'，是指对社会现象的分析研究要有这样一种精神或态度，即通过反思批判的理性思维活动，实事求是地肯定该肯定的东西，否定该否定的东西，并根据这种分析提出积极的建设性的改进意见和方案，以增促社会进步，减少社会代价。"

6. 共性和个性相结合——遵循现代化建设的基本规律并和中国的具体实际紧密结合

按照马克思主义关于事物矛盾问题的普遍性和特殊性的辩证关系原理，普遍性寓于特殊性之中，共性寓于个性之中，现代性的共性寓于个性之中，现代性的共性要通过各个国家的个性来表现出来。现代性的共性要在多元的现代化模式中体现出来。中国特色新型现代性既有现代性的普遍特点，又有自己的特殊性，是普遍性与特殊性的有机结合，在"中国模式"所包含的现代性中，既包含着现代性的共性，也有中国自己的个性。因此，中国的现代化建设必须既要遵循现代化建设的普遍规律，又要和自己的实际紧密结合。

在中国的现代化建设过程中，现代化建设理念、现代化建设实践、现代化建设模式、现代化建设规律这四者之间有着紧密的联系。现代化建设理念来源于并指导现代化建设实践，现代化建设理念与现代化建设实践的具体统一凝结为现代化建设模式，而现代化建设模式最终符合现代化建设规律。规律从根本上制约模式、理念，并指导实践。在这个意义上，可以说，离开对现代化建设规律的把握，对实践、理念的理解将成为无源之水，无本之木。而对现代化建设规律的把握必须建立在对共产党执政规律、社会主义建设规律和人类社会发展规律这三大规律的认识和把握上。

在现代化建设规律的把握上，首先要遵循人类社会发展的一般规律，这是人类社会发展的普遍规律，现代化建设也是人类社会发展过程中的一个特殊时期，但是也脱离不开一般规律的制约，人类社会发展的最一般规律是生产关系要适应生产力发展状况的规律，上层建筑要适应经济基础状况的规律。所以在现代化建设过程中，理念的确立、模式的制定、实践的尝试不能脱离这些基本规律的原则。首先，中国生产力水平相对较低，经济水平发展不平衡，仍然处于社会主义初级阶段这个国情就是我们生产力水平的客观真实体现。因此，我们的现代化建设理念、模式、实践都要从这一根本点出发，才能达到预期的现代化建设效果。其次，要遵循社会主义建设规律，要用中国特色社会主义理论体系为指导，探讨在社会主义制度下建设现代化的创新性和艰巨性，深刻认识自己肩上的历史使命，把马克思主义的科学社会主义事业推进到一个新的阶段。最后，要遵循共产党的执政规律。共产党执政规律和人类社会发展规律、社会主义建设规律是普遍和特殊的关系，坚持共产党的执政规律和坚持人类社会发展规律、社会主义建设规律并不矛盾。共产党执政规律，是处于执政地位的共产党活动和建设的规律。现代化建设事业是整个中华民族复兴的必然选择，这个伟大的创举必须在中国共产党的领导下，在全体中华民族的共同参与下才能完成。因此，把握共产党的执政规律，就成为顺利完成这一伟大事业的重要保证。这些规律其中主要包括：保持同人民群众的鱼水关系，巩固共产党的执政基础；加强党的执政的合法性，坚持依法执政的领导方式和执政方式；始终坚定不移地坚持"三个代表"，做到执政为民；从严治党，保持党的先进性和纯洁性，不断提高党的凝聚力、创造力、战斗力等。这些规律和原则的贯彻执行为中国特色社会主义现代化建设事业提供了坚强的后盾和保障，事实已经雄辩地说明，在中国共产党的领导下，我们已经取得了一个又一个人类历史上从未有过的伟大胜利，而现代化建设和中华民族的伟大复兴这个艰巨的任务也必将在中国共产党的领导下圆满完成。

7. 人与社会的全面协调、可持续发展——中国特色现代性构建的根本目标

人的自由而全面的发展既是共产主义理论的价值目标，也是现代性价值的根本指向，更是当代中国现代性建构的重要内容。我们要把现代性的追求内化于追求人的全面发展的根本目标之中，促进社会的全面进步。

现代性发展到今天，一方面使人类的生产能力大为提高，人们的物质生活条件大为改善，另一方面又使人类面临着价值、情感、信仰等方面的危机；一方面促进了社会经济的快速发展，另一方面又对社会公正、伦理规范、精神生活等产生了强烈的冲击和挤压。从人与人的关系维度看，与现代化的发展进程相伴随的世界范围的贫富两极分化，普遍道德观念的弱化以及冷战和后冷战时代持续不断的军事冲突，不同宗教信仰的民族之间的冲突，等等，归根到底都不过是人与人之间矛盾恶化的结果和表现。所以说，建构以人为本的，全面发展为目标的现代性是中国现代化社会发展的关键。

三　"中国模式"新型社会主义现代性的特点

十一届三中全会以来，中国的改革开放已经取得了举世瞩目的成就，主要的原因之一是把工作重心转移到经济建设和探索现代化发展道路上，成功地确立并坚持了四项基本原则，坚持马克思主义基本理论和中国实际相结合，已经成功的初步建构起了具有中国特色的社会主义的现代性。主要集中表现在以下几个方面：

（一）把现代化、社会主义和中国特色统一起来，是具有中国特色的社会主义现代性，与资本主义的现代性有本质的区别

首先，是具有社会主义本质特征的现代性。十一届三中全会确定改革开放的政策以来，邓小平曾反复强调，"在四个现代化前面

有'社会主义'四个字,叫'社会主义四个现代化'"[1],"我们搞四个现代化建设,人们常常忘记是什么样的四个现代化,是社会主义现代化。这就是我们今天做的事"[2]。"我们现在所干的事业,就是努力把中国变成一个现代化的社会主义国家。"[3] 邓小平同志的论述表明,他一直在关注和提醒着我们,中国特色社会主义现代化建设不能在扬弃苏联模式的同时,却又滑向了资本主义,顶礼膜拜资本主义的现代社会发展模式。

其次,是具有典型中国特点的现代性。毫无疑问,中国现代化的建设以及新型现代性的构建必须从中国的实际情况出发,无论过去、现在或者将来,中国在社会发展的各方面所遇到的困难和要解决的问题肯定与西方有很大的区别和差异,我们不能用西方出现过的问题来假设或设想中国也同样会出现类似问题。在当代中国现代化的历史进程中,既要解决生产力发展不足、社会生产落后带来的各种社会发展问题,又要警惕和注意因为强调和注重高速发展而产生的各种消极影响;不仅要注意和兼顾城乡之间、区域之间发展的平衡性问题,又要注意和解决发展过程中容易出现的阶段性的突出性问题;既要注意用信息化来带动工业化的发展进程,也要注意和防止因为工业化而产生的生态环境问题。

最后,与资本主义现代性有本质区别。中国的改革开放绝不是简单接纳、复制"西方现代性"的过程。邓小平曾经在论述现代化时,把现代化的种类做了划分:一种是资产阶级干的现代化;另一种是社会主义干的现代化。邓小平同志的这种区分很明显是在社会制度上做的根本性质的区分,强调和指出了我们搞的是社会主义性质的现代化,与资本主义的现代化有着本质的区别。因此,我们当前所构建的新型现代性是社会主义基本制度下的现代性,是社会主义制度的内在必然要求,是和社会主义制度有机结合在一起的、社会主义建设的重要内容。社会主义社会的新型现代性的目的是服务

---

[1] 《邓小平文选》第3卷,人民出版社1993年版,第138页。
[2] 同上书,第173页。
[3] 同上书,第259页。

于社会主义社会；资本主义制度下的西方先发的现代性是资本主义社会的重要内容，目的是服务于资本主义社会。

（二）在经济方面，开辟了中国经济的市场化道路，初步构建了中国经济的现代化

新中国成立以后，我国实行了高度集中的计划经济体制，这基本上是对苏联高度集中的计划经济体制的效仿，在新中国成立初期确实发挥了它的优越性，对新中国经济的发展以及经济社会各方面步入正轨起了极大的促进作用。但是，随着经济社会的发展和我国生产力的进步，其中的很多方面已经不再适应现实社会发展的需要，甚至有些方面已经成为社会发展的瓶颈和制约，成为现代化进程的障碍。中国的社会主义市场经济体制的改革被实践证明是成功的，虽然在表面看来跟西方资本主义社会的市场经济有很多特点相类似，但在本质上我们的市场经济是社会主义社会的市场经济，与社会主义制度紧密结合在一起，是为社会主义生产力的发展保驾护航的。而西方的市场经济则与社会主义市场经济根本不同，它是与资本主义制度紧密结合在一起，是为资本主义社会和资产阶级的统治服务的。社会主义的市场经济是为了解放和发展社会主义社会的生产力，满足人民群众不断增长的物质和文化需要，并最终实现全体人民的共同富裕；而资本主义社会的市场经济最终的结果是产生贫富两极分化。

客观地来说，市场经济体制的有效运行是目前世界上效率最高、资源配置能达到最优化的经济体制，社会主义市场经济体制的有效运行，能够充分发挥和调动人的积极性、主动性、创造性；同时，另外，市场经济的平等、公开、民主、法制相配套的理念为社会的发展和进步也提供了极大的动力源泉。

（三）在政治方面，确立了中国政治民主化目标，初步建构了中国政治的现代化

邓小平指出："没有民主就没有社会主义，也就没有社会主义现代化。"① 这一重要论断对我们当前的现代化建设具有重要的指导意义。实现现代化无疑是我国重要和艰巨的历史任务，而现代化是全社会现代化其中包括一个很重要的方面就是人的现代化，不能把现代化简单地归结为仅仅是经济的现代化，仅仅从物质一个层面理解现代化，而对政治现代化、制度现代化、精神现代化以及人的现代化等诸多层面往往忽略掉，这是值得我们重视和深思的问题。社会主义政治民主化是社会主义现代化的重要内涵，不仅是社会主义社会本质特征的重要内容，也是实现社会主义经济现代化、社会全面现代化的重要手段和制度保障。

1. 确立了比西方民主更优越的社会主义现代化政治民主形式

改革开放以来，我们在中国特色社会主义理论指导下，对政治体制各方面进行了有条不紊的改革，在民主发展、法制健全等各方面都取得了明显的改进，政治民主化、社会法制化的进程大大加快。同时我们在政治民主化的进程中，以马克思主义基本理论为指导，区分社会主义民主与西方民主的本质区别，资本主义民主实质上是资产阶级的民主、是统治阶级的民主、是垄断资本的民主，西方所标榜的民主一般来讲就是"多党竞选"、"三权鼎立"、"两院制"等形式；而我们的政治制度则是全国人民代表大会制度，是中国共产党领导下的具有中国特色的人民民主制度，决不能搞西方资本主义所谓的民主那一套。从社会历史发展的进程来看，西方目前正在运行的种种所谓民主的模式，在人类社会从封建社会进入到资本主义社会过程中，确实起了积极的推动作用，包含有历史进步的因素。但社会主义与资本主义不同，社会主义是比资本主义优越得多的更高级的社会形态，不仅不能不能照抄照搬，而且还要超越西方所谓的种种民主模式，具体原因主要有以下几个方面：

第一，西方目前正在运行的所谓民主形式，是生产资料私有制的产物，民主的实质主要以财富为衡量的标准和核心，是资产阶级或有产阶层之间的利益博弈。在西方一些所谓的民主国家，各种各

---

① 《邓小平文选》第2卷，人民出版社1983年版，第154页。

样、各种级别的竞选活动，虽然普通民众也有投票的机会和权利，但要真正落实起来，却需要资金和财富的支持才能真正实现。而竞选获胜方必然会在竞选结束和上任以后和进行回报。投票前普通公民"一人一票"的巨大力量不容小觑，但在选举后普通公民往往就成了"微弱的多数"。2011年11月，美国的《华尔街日报》进行了一项调查，结果显示，接近四分之三的多数选民认为，目前美国的政治、经济等各方面对富人更为有利。实质上，正像美国的广大选民看到的那样，西方民主社会所谓的民主、自由、人权，在实质上更加有利于一小部分富人，使这一小部分富人在激烈的市场竞争中，凭借自身掌握的金钱资本进而获取更多的政治资本，利用手中的政治资本又反过来帮助他们赚取更多的金钱资本，资本主义的民主实质上就是"金钱的民主"。

第二，西方的政治民主形式效率较低，运行成本较高，不能有效保障绝大多数民众的根本权益。目前西方的民主形式，无论执政党还是在野党，为获得更多的执政资源和权力，花费大量的时间和精力去制造党派纷争，执政之后也不能用长远的态度对待国家和经济社会发展问题。例如很多国家的党派在竞选时相互攻击、抹黑；而执政者为了维护自己的执政优势，在施政中往往为了一党之私而假借民意，忽视国家和地方的长远发展利益。在对待有关广大人民群众切身利益的重大问题上，经常表现出迟缓与失责的状态，而这种现象就是西方所谓民主制度种种弊端的集中体现。而在应对类似问题上，中国政府的有力、高效、负责与西方所谓民主社会形成了鲜明对比。中国特色的社会主义政治体制是全国人民代表大会制度和中国共产党领导的多党合作和政治协商制度，这种政治体制是以民主集中制为原则，在充分发挥民主、制定科学合理发展战略的同时，也能确保国家坚强有力的统一领导。党中央和中央政府不仅勇于承担政治责任，而且能从容应对各种改革的困难和挑战。党中央和中央政府通过基层党组织牢固的凝聚力和坚强的战斗力，能够有效地动员和保证党的各项路线方针政策贯彻实施。因此，社会主义的政治民主制度是民主和效率有机统一，在现代化进程中，在保障社会稳定、促进经济发展、维护民众权益方面都已经作出了巨大贡献。

第三，西方的政治民主模式并不能从根本上解决腐败问题，并不能产生清廉的执政党和政府。腐败是伴随着私有观念和私有制的产生而产生的，资本主义的生产资料所有制是私有制，为腐败的产生提供了营养和土壤。在西方的政治民主模式下，虽然说相互制衡的政治体制在某种程度上能够减少一部分腐败现象的发生，但并没有从根本上消灭腐败产生的根源，腐败反而以更加间接和隐蔽的方式存在，例如选举过程中的政治捐款等现象就是集中表现。社会主义制度的中国，从根本上消灭了腐败赖以产生的土壤——生产资料私有制的生产关系，为彻底铲除腐败提供了可靠的政治制度的保障。但不容忽视的是，目前社会很多领域中还存在着腐败现象，但这种现象只是社会转型时期的极少数人，并不代表社会的主流，是因为这一部分人理想信念不够坚定而产生的消极后果，与社会主义民主政治体制不具有必然的联系。十八大以来，中国共产党反腐败的力度越来越大，正在从源头上探讨根治腐败的有效途径，尝试了一些新的做法和措施，如巡视组巡视的有效运作，加强网络监督和舆论监督，健全和完善反腐倡廉的长效机制等措施，已经取得了突破性的成就和效果。

2. 构建了中国特色的社会主义政治道德新范式①

政治道德一般是指调节人们的政治关系及政治行为的道德规范和准则，是对政治生活参与者规定的善与恶、是与非、荣与辱、权利与义务等政治道德准则和要求。这些道德规范成为社会舆论评估人们政治行为的道德标准。政治道德概念是发展的，在我国每一个历史时期所代表的含义及所指称的对象而有所不同。不同的社会发展阶段上的政治道德形态，其阶级实质和历史内容也互不相同。随着社会经济制度和政治制度的历史性变革，社会的政治道德也必然

---

① 本部分参见王栋《我国"政治道德"主体性现代化进程与新范式探究》，《内蒙古社会科学》（汉文版）2011年第6期。

从一种历史形态向另一种历史形态转化。

当前我国正在进行的廉政建设、"以德治国""依法治国"和基层民主建设中,政治道德方面的建设主要是指党和政府工作人员的道德自律,廉洁从政。然而,随着中国民主政治的进步,公民参与政治的机会与渠道越来越多,并在其中发挥着愈来愈重要的作用。其实,适应这一现状的需要,一些相应的西方概念如"公民意识""公民美德"等已先后引入到我国政治生活。这些概念和理念主要停留在如何保障公民政治参与权利和如何增强公民政治参与意识层面,而对加强公民本身政治参与中的道德要求却存在欠缺或概念模糊。同时,"公民意识""公民美德"等西方语言概念是西方文明发展的产物。这些概念进入中国后,在某些层面起到了积极作用。但是在实际实施过程中,由于带有西方的语言风格和思维意识,这就给它在更广泛层面的推广和利用带来了不便,特别是对于中国广大农民等文化素质并不高的人群,接受起来存在理解障碍。再者,中国特色社会主义公民政治道德新范式与引进的"公民意识""公民美德"等外来概念有内涵指称上的不同,不能简单代替使用。"公民意识"概念强调的是公民的宪法和法律规定的基本权利和义务以及自己在国家政治生活和社会生活中的主体地位,所指中心含义是"权利与义务及主体地位",所使用范围是"整个国家和社会生活"。"公民美德",指公民个体在社会公共生活中应该具备的具有示范意义的公共性美德,所指中心含义为"公共性美德",所适用范围为"整个社会公共生活"。而公民政治道德所指中心含义即"公民在政治参与中的道德性要求",所使用范围仅指"公民政治参与过程"。因此,公民政治道德概念无论在中心含义和使用范围上都与外来概念"公民意识""公民美德"不同,不能简单代替使用。所以,批判的吸收,创造性思考,建构适合中国本土的政治语言文化概念体系,显得尤为迫切和重要。

加强公民政治参与中道德的建设对于当前我国现代化民主政治建设是一重要内容创新,特别是对当前扩大公民有序政治参与提供重要的理论补充。必将对以上活动的实施起着积极推动作用。如果说，社会主义民主政治的改革实践构成了我国当代政治文明建设的制度性条件，那么，公民政治道德的建设则无疑是这一新的社会改革实践中最基本、最复杂、最漫长的道德文化工程，在整个中国特色社会主义政治文明建设的系统工程中有着一种深远的"文化政治"意义。

建构的公民政治道德新范式，必须在马克思主义指导下，结合当前马克思主义最新理论成果，借鉴和区别中国以前及现有的政治道德概念内涵，借鉴和区别从西方传入的优秀的文化成果，建构具有中国特色社会主义的公民政治道德新范式。这种道德的内容，以中国特色社会主义核心价值体系为基本原则，以毛泽东思想和中国特色社会主义理论体系为主题内涵，以中国特色社会主义政治现状为基本背景，以当前中国政治建设和的发展指导思想为核心精神。公民政治道德建设这一重大课题引起人们的重视并不太久，对它的研究还是刚刚起步。因此，需要我们不仅认识到它的重要性和紧迫性，同时应该积极行动起来，加大研究力度，并结合现实问题，提出有效的对策，为我国民主政治建设和社会和谐稳定，作出积极贡献。①

综上所述，坚定不移地走中国特色的民主政治道路是我们的必然选择。实质上，一个国家究竟应该采取哪种形式的政治制度更加有效，是和本国的实际情况和历史发展紧密联系在一起的。包括西方一些比较发达的资本主义国家，彼此之间也并不是相互照抄照搬的。例如，英国的君主立宪制在先，后来出现了法国的激进共和制，更后来出现了美国的联邦制，各个国家都有自己不同的民族历史、民族文化和民族背景。我们党坚持中国特色的社会主义民主政治制度，在坚持党的领导的同时，坚持人民当家作主和依法治国，坚持这三者的高度统一完全是从中国的实际出发的。中国共产党的领导地位，是历史形成的，是我们党带领人民群众经过28年的浴

---

① 以上内容来自于王栋的论文：《我国"政治道德"主体性现代化进程与新范式探究》，《内蒙古社会科学》（汉文版）2011年第6期。

血奋战，在付出了几百万共产党人和革命群众的生命代价后建立了新中国。我们党的长期执政能力，也是现实证明了的，是我们党带领人民实现了中华民族的伟大复兴，使中国进入了历史上最好、人民群众得实惠最多的时期。即使偏见很深的西方政治家，也没有人提出，在中国谁可以取代中国共产党的领导地位和作用。

（四）实行对外开放，吸收发达国家先进的技术成果

改革开放的思想智慧体现了中国现代化进程必须与全球化浪潮紧密结合的战略性思维。实践证明，闭关锁国是半封建半殖民地旧中国落后于世界先进文明脚步的重要原因之一，邓小平同志紧握时代的脉搏，高瞻远瞩地指出："要实现四个现代化，就要善于学习，大量取得国际上的帮助。要引进国际上的先进技术、先进装备，作为我们发展的起点。"[①] 因此，实行改革开放的伟大战略是决定中国命运的重大决策，如果我们没有实行改革开放的战略决策，就会与世界文明发展进步的声音相隔绝，中国的经济社会和生产力等各个方面，就不可能实现跨越式的快速发展，就只能跟在资本主义国家的屁股后面亦步亦趋。所以，正是因为改革开放的战略决策，我们今天已经开辟了一条全新的社会主义现代化建设之路——中国特色社会主义道路。这条全新的社会主义现代化建设之路使中国的经济、政治、教育、军事、文化等各个方面，已经取得了举世瞩目的伟大成就，在提高广大人民群众的生活水平、增强我国的综合国力的同时，也为拉动全世界经济的复苏和发展作出了重大贡献。

（五）强调人的现代化，确立了人的主体性地位，形成了以人为本的价值追求

新型社会主义的现代性重视人的因素在现代化建设中的作用，注重促进了人的全面发展。改革开放以来，尤其是最近一段时间，我国在人的现代化进程方面脚步明显加快，具体表现在：社会管理

[①] 《邓小平文选》第3卷，人民出版社1993年版，第139页。

参与意识越来越浓、社会责任感逐步上升、民主法治意识逐渐增强、创新意识越来越明显，等等。在现代化建设中，针对人的现代化邓小平曾强调指出：要培养社会主义的"四有新人"，即有理想、有道德、有文化、有纪律；"四有新人"的重点就是注重和培养人的综合素质，实现人的全面发展。这一思想也是对马克思主义基本理论的坚持和贯彻，马克思在对共产主义的特征进行描述时，曾经把人的自由全面的发展作为共产主义社会基本和重要的特征。西方发达资本主义国家的先发现代性中，虽然在人的自由、生存方式、独立性、自我意识等方面比封建社会要进步了很多，但同时也产生了新的人身依附、金钱拜物教、物质依赖等恶果，又出现了新的更多的"人的异化"现象。而社会主义制度下的新型现代性非常注重人在社会主义现代化中的主体地位，并形成了以人为本的现代化价值追求。

（六）在社会发展战略上选择科学发展的价值取向

党的十六大以来，党中央以国际国内的新变化和新形势为出发点，以国家未来发展的全局意识和战略高度，在马克思主义基本理论指导下，提出了"科学发展观"的重要思想，这是十六大以来我国进行现代化建设的具有里程碑意义的理论成果。"科学发展观"的提出，对我们当前在社会主义现代化建设中遇到的一系列新问题和新挑战，都具有很强的现实针对性，有重大的指导意义。

任何国家的现代化进程都是一个不间断的、渐进的历史过程，中国也不例外。中国共产党成立以来，尤其是社会主义新中国成立以后，我们经过"党的三代领导集体"的不懈追求和艰辛探索，社会主义现代化建设逐渐走上正轨。因此，"科学发展观"重要思想的提出，一方面和"党的三代领导集体"在现代化建设方面的思想理论成果是一脉相承的；另一方面也是对社会主义新型现代化建设道路的继续探索，是对马克思主义、毛泽东思想、中国特色社会主义理论的丰富和发展，标志着我们党对人类社会发展规律、社会主义建设规律、共产党执政规律认识的深化。正像胡锦涛同志曾经指出的：科学发展观，是对党的三代中央领导集体关于发展的重要思想的继承和发展，是马克思主义关于发展的世界观和方法论的集中体现，是同马克思列宁主义、毛泽东思想、邓小平理论和"三个代表"重要思想既一脉相承又与时俱进的科学理论，是我国经济社会发展的重要指导方针，是发展中国特色社会主义必须坚持和贯彻的重大战略思想。

综上所述，自社会主义新中国成立以来，中国共产党的领导人在坚持马克思主义基本理论与中国实际相结合的同时，也在努力探索一条能够超越西方"传统现代性"的新道路，建立一种前无古人的新型现代化模式。实践已经证明，正是由于我们艰苦努力的探索，中国特色社会主义现代化建设正在得到不断发展，并且被不断地推向一个又一个新高潮。

第六章 "中国模式"与中国传统哲学

"中国模式"是马克思主义基本原理与中国具体实际相结合最全面、最集中的理论概括和成果反映，其哲学的本源思想基础应该主要包括两个方面：一个是马克思主义哲学；另一个是中国传统哲学的优秀部分。"中国模式"植根中国大地、中国人民、中国传统文化，是具有浓郁中国特色、中国气派、中国风格的实践体现和理论话语体系，深深浸染着中国传统哲学因子，传承和光大了中国传统哲学的精华，可以说，"中国模式"是根植于中国传统哲学土壤而生长起来的。当然，"中国模式"的形成、发展和完善，既是吸收中国传统优秀文化的过程，也是对中国传统文化进行认真清理的过程，取其精华去其糟粕，因此，"中国模式"的形成和发展也必将赋予中国传统哲学更多时代新意，不断增添新的时代气息，不断丰富、拓展和深化其内涵，从而推动中国传统哲学的现代转型。

一 中国传统哲学主体思想与"中国模式"概述

中国传统哲学是中华民族在五千多年的历史发展长河中创造生产生活资料，认识世界、改造世界过程中形成的世界观和方法论的集中体现，既是中华民族智慧的展示，也是人类文明成果的体现。古希腊哲学家亚里士多德曾说过，"哲学起源于好奇，人类是由于好奇而开始哲学思考的。一个对事物感到困惑和好奇的人，就感到自己无知,人们为摆脱无知而进行哲学思考"。英国哲学家、数学家、逻辑学家罗素也曾说过,"哲学不是一般的知识,哲学的起源是由于我们要用一种十分沉毅的企图去追求一种真实的知识"。

  在长期的劳动实践中,为了更好更快更多获取生产生活资料,人类必须对客观物质世界以及自身世界,及其主客观世界的关系进行不断地认识,伴随人们认识世界、改造世界的过程,哲学随之产生。人类认识世界是一个简单到复杂的循序渐进过程,在这个过程中,主要涉及四个方面的认识和解释活动,第一个方面,主要解决的是"世界是什么,世界是怎么样的";第二个方面,主要解决的是"人类与世界的关系是什么样的";第三个方面,主要解决的是"处理好人类与世界关系的方法是什么";第四个方面,主要解决的是"人类自己应该怎么办"即"人类自身如何实现自身的价值追求",这其实与哲学体系中唯物论、认识论、辩证法、价值论等思想形成的具有高度的契合性。当然,在现实实践活动中,这四个方面的认识和实践活动并没有明显的时间分界,往往是交叉融合在一起同时进行的。中华民族在认识和解释世界的四个方面活动中,逐渐形成并概括总结出了"阴阳五行"、"天人合一"、"中和中庸"、"修身克己"的唯物论、辩证法、认识论和价值论思想。这四大思想构成中国传统哲学的主体。

  阴阳五行学说主要解释了"世界是什么,世界是怎么样的"的命题。阴阳学说认为世界是由物质性的"气"构成的,"气"又有对立统一的阴阳两个方面构成,物质世界是在阴气和阳气二气相互推动的作用下滋生、发展和变化的。五行学说认为金、木、土、水、火这五种最基本的物质是构成整个世界不可缺少的元素,五种物质既相互滋生又相互制约,这种相生相克的关系总是处于不断的运动变化之中。阴阳属于阴阳五行学说立论的基础。阴阳与五行属于形式与内容的关系。无论阴的内部或阳的内部包括阴阳之间都具备着木火土金水五种物象表达的那种生克利害的基本关系。换句话来说,即阴阳的内容是通过木火土金水物象反映出来的,五行属于阴阳内容的存在形式。阴阳五行学说是中国古代朴素唯物论和自发

第六章 "中国模式"与中国传统哲学

辩证法思想的集中体现,它是中华民族远古祖先采用的直观的逻辑思维方式,对世界的存在方式进行了简单的认识,但是其在人类认识史上是却具有不可忽视的作用。它不仅在当时的历史条件下达到了历史的新高度,而且也是人类萌发出辩证法规律真正的发源地之一,对后来中国乃至世界唯物主义哲学发展都有着深远的影响。

"天人合一"学说主要解释了"人类与世界的关系是什么样"的命题。"天"就是客观存在的自然界的一切,"人"就是整个人类,"合"字用季羡林先生的话解释就是"互相理解,结成友谊"。中华民族祖先对天人关系的认识起源于中华民族特有的创世学说。中国远古的创世学说认为,盘古开天辟地创造了天(包括自然界的一切)和人。因此天与万物、与人在结构上、在功能上都具有一致性,这就是"合一"的思想来源。到了秦汉时期,这一思想得到进一步的发展,不仅认为天人在结构上是一致的,而且由人所构成的人类社会在结构上与天也是一致的,即天与人类社会结构的合一。因此,"天人合一"核心思想就是强调指天、人的和谐统一、相互呼应。"天人合一"思想从总体上看,主要包含两方面的意思,第一,天人一致,或天人相符。即宇宙自然是大天地,人则是一个小天地,人就是自然界的一部分。第二,天人相应,或天人相通。即人和自然在本质上是相同的,也是相通的。天人合一学说表明人性与天道相同,人类应该服从自然界存在的普遍规律,人适应顺从自然规律,最终实现人与自然和谐,这也是中国传统"和"文化的思想根源所在。同时,"天人合一"思想还给出了另外一个启示,天人既然相同,人是天道自然的产物,是天意志的体现,人的存在理应具有"被崇敬性",这是中国传统"民本思想"的根源理论所在。"天人合一"是中国哲学基本精神的重要体现,也是中国哲学异于西方的最显著的特征。它强调的人与天的关系不是简单的主体与客体关系,不是简单的改造与被改造关系,而是处在一种部分与整体、个别与一般的关系之中。它讲人与大自然和谐共处,不讲征服与被征服,这是人本思想和人文精神思想最早的体现。

"中和中庸"学说主要解释了"处理好人类与世界的关系的方

法是什么"的命题。它的本意出自于"执两用中",就是通常讲到的"中庸之道",意思就是不能执一而害二,要在对立的两面中找到同一。"中"与"和"在中国传统文化中常常是联系在一起讲的,在现实生活中,"中庸之道"往往被理解为在做事情时要恰如其分、不偏不倚、无过无不及,要适宜、合宜、适度、合理,要审时度势,即找到一种最适宜的方法,以取得最好的效果,达到"和"的目的。在中国传统文化中,"中"是工具与手段,是方法与途径,而"和"是目的,是归宿。可见,"中和中庸"所体现出的思维方式与非此即彼的对立式的思维方式完全不同,它强调多样性的同一和融会贯通,强调不能偏执于一。"中和中庸"概念及其体现出的思维方式被很多人认为是中国传统哲学的核心,并成为中国智慧的重要源泉,也成为中国人独具特色的、区别于其他民族的生存之道和处世态度。这种思维方式为寻找更多可能性和进行适当选择提供了广阔的思想视野,为不断调整和探寻正确的道路指出了恰当的方法。可以说中和中庸所体现出多样性统一的辩证统一处理方法对后世处理人与自然关系,处理社会问题、人际关系都起到了重要指导作用。

修身克己学说主要解释"人类自己应该怎么办"即"人类自身的价值追求是什么"的命题。它主张通过加强自身修养提高自身价值,实现使人超越原有状态而进入自觉追求更崇高价值的境界。因此,在中国传统哲学思想中,修身往往和养性是联系起来的,通常被合称为"修身养性"。从字面意思理解,修身就是使身体处于健康状态;养性,就是指使心智保持本性,不受外界的污染,呈现浩然之气的善本性。修身离不开克己。克己并不是"禁欲"主义,也不是让人一味消极忍让,而是通过积极的行为克服自身的缺点和弱点,从而不断提高自身能力,以便更大地更充分实现自己的社会价值和个人价值。中国传统政治哲学中"仁学"和"仁政"所强调的"己欲立而立人,己欲达而达人"、"己所不欲,勿施于人"的内在的道德自觉思想,就是对人的本质规定性,"礼之用,和为贵"、"四海之内皆兄弟"的礼义仁爱原则都是修身克己直接的体现。因此，修身克己不仅饱含了为人、修身、处世的智慧，推而广之，也是一个民族和国家言行的道德原则和行为规范。

关于"中国模式"的特征，目前的阐释大致有：一是指相对于传统计划模式的市场模式；二是指相对于20世纪80年代为拉美国家和东欧国家转轨提出的"华盛顿共识"发展模式的"北京共识"发展模式；三是相对于资本主义发展模式的"美国模式"、"日本模式"的适合中国国情的独特的社会主义发展模式；四是指在以计划经济为代表的国家主义和以市场经济为代表的自由主义之间，选择一种中间道路，即第二条道路模式。[1] 上述种种阐释有的侧重从经济角度上讲的，有的侧重从政治角度上讲的，有的侧重从社会制度上讲，但是其在核心问题上具有一致性或相同性，比如，在"中国模式"的时间点界定上，都是以1978年十一届三中全会后中国提出实施改革开放为时间起点，将其与第一代领导集体探索和实践的社会主义发展道路区分开来；在对比的参照标准上，都以西方资本主义的市场经济和苏联的社会主义计划经济为对照。因此，"中国模式"可以说就是指以邓小平为核心的中央领导集体（包括之后领导集体的继承和发展）在推进马克思主义中国化进程中，将马克思主义基本原理与中国具体实际相结合，在摸索和总结中开辟出的一条适合中国自己特点的社会主义发展道路，主要内容包括"社会主义初级阶段理论"、"社会主义本质理论"、"社会主义市场经济理论"，以及围绕这些理论提出的其他一系列命题。其实质就是以中国特色社会主义理论体系为指导的，以中国特色社会主义制度为保障的中国特色社会主义发展道路，因此，"中国模式"也被部分学者称为"中国道路"。

二 "中国模式"的中国传统哲学底蕴

从历史发展沿革来看，任何一种模式的形成和发展都离不开哲

---

[1] 何锡蓉：《"中道"思想与中国发展——对新中国60年发展道路的哲学思考》，《毛泽东邓小平理论研究》2009年第10期。

>>> "中国模式"的哲学研究

学的支撑和影响。"中国模式"是近代中国人民唤起民族觉醒，探索救亡图存，寻求民族独立、人民解放，实现中华民族伟大复兴，追求现代化的产物，这必然受到西方哲学思想的影响。但追本溯源，中国寻求现代化必然的哲学基础是本土哲学，因为任何一种舶来品要扎根中国土壤，都必须与中国传统优秀文化相融合，都必须从中国传统哲学思想中吸取营养成分，以夯实其群众基础。"中国模式"也不例外，它一定与中国人自身独特的观察和认识事物的世界观和方法论密切联系。中国传统哲学关于"阴阳五行"、"天人合一"、"中和中庸"、"修身克己"的思维方式，特别是其中所体现出的"以和为贵，和而不同"的和谐思想，以及"民为邦本，民贵君轻"的民本思想，不仅引领"中国模式"的形成和发展，而且为模式不断进行调整与完善提供哲学依据和方法，使"中国模式"不断向着既定的发展目标前进。因此，探索"中国模式"与中国传统哲学的支撑，是重建民族自尊心和自信心的需要，也是中国成为世界性大国的思想文化基础。温家宝曾经指出，"中国传统文化塑造了中华民族淳厚中和、刚健自强的人文品质和道德标准，不仅对中国的经济和社会发展发挥着巨大的影响，也为中国人的世界观和行为方式的形成奠定了基础"。2013年8月19日，习近平总书记在全国宣传思想工作会议上也强调指出："宣传阐释中国特色，就是要讲清楚每个国家和民族的历史传统、文化积淀、基本国情不同，其发展道路必然有着自己的特色。"[①] 费孝通先生曾经说过："我们常常讲有中国特色的社会主义，那是指马克思主义与中国实践相结合的结果，所以在马克思主义进入中国后变成了毛泽东思想，后来又发展成了邓小平理论，这背后一定有中国文化的特点在起作用。"费孝通先生接着就改革开放后实行家庭联产承包责任制度到家庭工业以及一国两制等，谈到几点："……这不是虚拟的东西，是切切实实发生在中国老百姓日常生活单的真情实事，是从

---

① 习近平：《意识形态工作是党的一项极端重要的工作》，《光明日报》（理论版）2013年8月20日第1版。

中国悠久的文化里边培养出来的精髓……我们现在对中国文化的本质还不能说已经从理论上认识得很清楚，但是大体上说它确实是从中国人历来讲究的'正心、诚意、修身、齐家、治国、平天下'的儒家所指出的方向发展出来的。这里边一层一层都是多年积累下来的经验性的东西，如果能用到现实的事情当中去，看来还是会发生积极作用的，我们中国文化里边有许多我们特有的东西，可以解决很多现实问题、疑难问题"。①

中国传统哲学作为中华民族五千年发展的智慧结晶，它所体现出的科学理性与人文精神始终深刻地影响着每一个中国人的思维方式和行为习惯，它与马克思主义唯物论和辩证法不谋而合的哲学主张，对推动中国特色社会主义发展无疑都具有不可取代的指导作用。

（1）阴阳五行学说强调事物双方的对立统一、相辅相成的辩证法思想，为"中国模式"主张统筹兼顾，要求总览全局、科学筹划、协调发展、兼顾各方的思想，为物质文明与精神文明"两手抓两手都要硬"提供了思想方法，避免了苏联文化发展模式的悲剧之路。

《易》曰："一阴一阳之谓道"。"太极动而生阳，动极而静，静而生阴。静极复动，一动一静，互为其根。分阴分阳，两仪立焉"（《易经·系辞》）。"天地交而万物通也，上下交而其志同也"（《易经·咸·象辞》）。"天地睽而其事同也。男女睽而其志通也，万物睽而其事类也"（《易·睽》）。"天地氤氲，万物化醇者，氤氲，相附著之义，言天地无心，自然得一，唯二气氤氲，共相和会，万物感之变化而精醇也"。（《周易正义》卷八）这些论述都向我们传递着这样的思想，即任何事物都是由既对立又统一的阴阳两方面组成，对立是阴阳二者之间相反的一面，统一则是二者之间相成的一面。没有对立就没有统一，没有相反也就没有相成。阴阳两

---

① 郭齐勇：《儒学与马克思主义中国化及中国现代化》，《马克思主义与现实》2009年第6期。

个方面的相互对立，主要表现于它们之间的相互制约、相互斗争。阴与阳相互制约和相互斗争的结果是取得了统一，即取得了动态平衡。只有维持这种关系，事物才能正常发展变化，否则，事物的发展变化就会遇到问题、困难，甚至遭遇破坏或失败。简单讲就是宇宙中任何事物都是相辅相成，相对而生，阳中有阴，阴中有阳，阴阳交互，相互激荡交融，和而共存。《尚书·洪范》讲到"五行：一曰水，二曰火，三曰木，四曰金，五曰土。水曰润下，火曰炎上，木曰曲直，金曰从革，土爰稼穑，润下作咸，炎上作苦，曲直作酸，从革作辛，稼穑作甘。"西周末史伯在对郑桓公谈话时说道，"故先王以金木水火杂，以成百物"（《国语·周语》）。五行学说认为世界上的一切事物，都是由金、木、水、火、土五种基本物质之间的运动变化而生成的。同时，还以五行之间的相生相克关系来阐释事物之间的相互联系，认为任何事物都不是孤立的、静止的，而是在相生相克的对立统一运动关系之中维持着协调平衡。阴阳五行学说就是主张从事物包含的两个方面考虑，权衡周到，寻求事物在对立统一中运动和发展，这实质与马克思主义哲学所倡导的"两点论"思想高度一致。

新中国成立之后，特别是在社会主义三大改造完成，社会主义在新中国刚刚建立起来的时期，毛泽东特别强调要善于用"两点论"的思想方法来分析和解决问题，他曾经用"两条腿走路"等形象说法来讲社会主义建设的原则和方法。"论十大关系"、"发挥两个积极性"都是这一思想的具体体现。十一届三中全会后，中国作出改革开放的伟大抉择，中国社会主义发展进入转型时期，思想僵化和半僵化被打破，人们的思想空前活跃。解放思想，实事求是，解决"文革"和两年徘徊时期"左"的错误，搞清楚"什么是社会主义，怎样建设社会主义"的首要理论问题成为历史转折时期的重要任务。首要理论问题的实质就是分析社会主义的本质问题，就是怎样实现社会主义经济社会协调发展的问题。邓小平提出"贫穷不是社会主义、发展太慢不是社会主义"的同时，在总结国内社会主义建设经验以及国际社会主义建设成败的历史经验的基础

第六章 "中国模式"与中国传统哲学

上,也提出"精神匮乏也不是社会主义"的观点。"我们要特别注意建设物质文明。与此同时,还要建设社会主义的精神文明",[①]强调物质文明和精神文明建设是相互依存的关系,不能顾此失彼,它们都是现代化建设的重要任务,两方面要综合平衡发展,不能单打一。后来,以江泽民为核心的领导集体和以胡锦涛为总书记的领导集体都反复强调在物质文明建设的同时,要注重精神文明建设,在抓经济体制改革的同时要推进文化体制的改革,要代表先进文化前进方向,实现社会主义文化的大发展和大繁荣,为社会主义建设提供精神动力、思想保证和智力支持。物质文明建设与精神文明建设"两手抓,两手都要硬",为防止和纠正思想方法和工作实践中的片面性,指导人们正确地认识和把握社会主义的基本特征,在改革开放和现代化建设中更加自觉地搞好"两个文明"建设,提供了明确的指导方针,强调"两个文明"之间都存在着相互依存、相互制约、相互促进的关系。物质文明建设强调解放生产力,发展生产力,创造社会主义发展所需的物质财富,精神文明建设为适应物质文明建设创造良好的社会秩序和道德风尚,以及不断提高人的素质,为社会主义发展创造所需的精神财富。"两手抓"思想从本源上讲就是对中国传统阴阳五行哲学学说思想的展开和发展。正是在这一思想方法的指导下,社会主义中国的文化建设才取得了长足的进步和发展,避免了苏联文化发展模式的封闭和僵化,导致新文化的生命力受到极大束缚,文化原创能力遭到了严重的削弱,整个文化的发展环境遭到空前的破坏,文化抵御国内和国外不良文化侵袭能力缺乏,使苏联整个文化体系产生了"信任危机"——"丧失了能够统一群众思想的信仰",[②]最终成为苏联解体悲剧背后的文化因素。社会主义中国物质文明、精神文明的协调发展是阴阳五行学说包含的哲学思想的具体体现和直接运用。

(2)"天人合一"学说强调人与自然的同一性和一致性,这种

[①] 《邓小平文选》第3卷,人民出版社1994年版,第28页。
[②] 唐世刚:《我国现阶段文化安全面临的挑战及文化战略应对》,《重庆师范大学学位论文》2007年第4期。

"中国模式"的哲学研究

人文主义情怀所体现的民胞物与，以民需求为目的、为归宿的民本思想为"中国模式"坚持以满足"人民日益增长的物质文化需要"为主要目标以及社会主义初级阶段理论提供了理论支撑，避免了其他社会主义国家发展模式"左"或右的错误。

天人关系是中国传统哲学重要的研究命题，学术界普遍认为"天人合一"观点是中国传统哲学关于天人关系研究的共同主张。孔子在论述人的"成人"品质时说"七十从心所欲而不逾矩"，荀子讲"制天命而用之"，庄子也曾说"天地者，万物之父母也"、"有人，天也；有天，亦天也"。许多学者认为，"天人合一"是中国哲学的基本精神，是中国哲学区别于西方哲学最显著的特征。天人合一主要强调天的主宰性和至高性，强调人类应该敬畏天、侍奉天，因为天赋予人吉凶祸福，主宰人的命运。这种认识看到了天人合一最重要的一面，即人是天的副本，人是天的产物，人应该顺应天、尊重天。但实际上，"天人合一"学说还强调了人的中心地位，强调人的重要性。比如《易经》中强调"三才"之道，将天地人三者并立起来。《易经》提出，天之道在于"始万物"，地之道在于"生万物"，而人之道的就在于"成万物"，这也说明人的地位之重要。天地人各有其道，但又是相互对应、相互联系的。这不仅是一种"同与应"的关系，而且是一种内在的生成关系和实现原则。天地之道是生成原则，人之道是实现原则，是目的，是最终的归宿。中国哲学里明显包含着对"天"信仰的观念，但却深刻地隐含着对"人"的重视，这种以人为重点的天人之学，可以称为人文哲学。从中国哲学发展历史长河中的各个学派及其代表人物思想来看，虽然在"天人合一"的具体阐述上各有不同，比如儒家侧重人的社会（道德）属性与自然的合一，道家侧重人的自然属性与自然的合一，但是儒道都在本体论意义上强调，人类与自然，或者说人类与天地的同一性，从认识论意义上，人类的精神世界与自然世界的相互交融，在思想认识上要实现天人同一的境界。"天人合一"思想发展到了宋明道学时期，著名唯物主义哲学家张载明确提出，"天人合一，民胞物与"的思想，就是强调天地犹如父母，人

第六章 "中国模式"与中国传统哲学

与世间万物都为天地所生,人民都是万事万物的"兄弟",人与人之间也是"兄弟"关系,万物都是我的朋友,这充分体现了人与自然界、人与万物、人与人的同一关系。因此,"天人合一"学说从实质上讲的也就是一种人学的体现,是人文精神的展示。郭沫若曾讲到"人学就是人的发现",就是强调人的主体性原则,要一切为了人,以人为出发点和落脚点。

马克思主义政党必须坚持以人为本的核心立场,在实践中中国共产党也是这样做的,社会主义初级阶段理论及基本路线的提出都印证着这样的立场。中国的基本国情是人口众多,可耕地面积少,人均占有的资源远远低于世界平均水平。1956年三大改造完成之后,我国在社会主义初级阶段的基本国情表现为,我国是一个发展中的社会主义"大国",社会总体生产力发展水平比较落后,人均国民生产总值处于中低收入国家水平,与发展国家的差距还非常大,要实现社会主义现代化的建设目标,实现国家的富强和人民的富裕,就必须加快社会生产力的发展。针对这一问题,1979年3月,邓小平在《坚持四项基本原则》中指出,"底子薄、人口多,生产力落后,这是中国的现实国情。我们搞建设,必须适合中国国情,走出一条中国式的现代化道路,同时现代化的道路必然是长期的"。[①] 这为社会主义初级阶段理论的形成和社会主义本质理论的形成提供了直接的理论渊源。中国共产党的十三大报告指出:我国正处在社会主义初级阶段,并把人民日益增长的物质文化需要同落后的社会生产之间的矛盾恢复确定为社会主义初级阶段的主要矛盾。

社会主义初级阶段理论及初级阶段主要矛盾理论的提出,为社会主义主要任务"解放生产力、发展生产力,满足人民日益增长的物质文化需要"提供了理论指南。党的十一届三中全会作出改革开放伟大抉择后,党和国家领导人结合20世纪50年代至70年代社会主义建设错误将主要矛盾界定为阶级斗争,不重视生产力发展等

[①] 《邓小平文选》第2卷,人民出版社1994年版,第163页。

问题，提出要大力推动生产力的发展，不断提高人民的物质文化生活水平。20世纪80年代初农村改革拉开了中国全面改革的序幕，家庭联产承包责任制，分产到户极大地提高了农民的生产积极性，粮食产量迅速增加，短期内基本解决了人们的吃饱穿暖问题。党的十五大、十六大、十七大、十八大报告，都强调要认清我国的基本国情没有变，社会主义社会的主要矛盾没有变，要建设社会主义和谐社会，必须首先努力平衡人民过快增长的物质文化需求与社会生产之间的关系。正是在这一思想的指导下，社会主义建设在价值追求上始终坚定不移地坚持以人为本，以不断满足广大人民群众的物质文化需要，促进人的全面发展为目标，大力加强经济、政治、文化、社会和生态文明建设，不断实现中国特色社会主义建设过程同提高广大人民群众经济、政治、文化地位和推进人的自由解放和全面发展过程的有机统一。① 中国根据国情提出社会主义初级阶段理论，避免了苏联将社会主义某些条件的具备，视为社会主义的"建成"，认为"共产主义现在已经不是遥远的理想，而是我们最近的明天"，以致赫鲁晓夫1961年正式提出了的"在20年内基本建成共产主义社会"规划这种极"左"的错误。虽然中国在社会主义建设过程中，特别是在社会主义制度建立起来的初期，也有过大冒进等"左"倾错误，但在改革开放之后都得到了及时地纠正。同时，中国根据社会主义初级阶段主要矛盾，制定改革开放的大政方针，也避免了其他社会主义国家片面强调意识形态，而忽视生产力的解放和发展，导致人民群众物质文化产品极度匮乏，生活水平低下，社会主义优越性无法充分发挥的尴尬局面。社会主义中国的发展避免了社会主义发展历史中"左"和右的错误，是"天人学说"包含的人学哲学思想的具体体现和直接运用。

（3）"中和中庸"学说体现的"中道"思想，强调不偏于一执，要善用从事物自身所处的实际客观环境出发，与事实结合，采

---

① 杨兴林：《"中国模式"是三位一体的统一》，《中国特色社会主义研究》2010年第1期。

第六章 "中国模式"与中国传统哲学

取一种无过和无不及的最适宜的方法,这为"中国模式"主张从中国生产力发展现状、商品经济客观现实出发,走中国特色社会主义市场经济道路,实现计划与市场的有机结合,为撇清经济手段的姓"社"姓"资"误区提供了恰当的方法。

"中和中庸"是中国传统哲学思想的重要组成部分,是中国传统哲学思想方法论的集中体现。《论语·子路》中孔子谈到"不得中行而与之,必也狂狷乎!狂者进取,狷者有所不为也",孔子认为过头和不及是处理事物的两种极端化倾向,或者说两种错误方法,都是不可取。孔子还举例说道,为人之道既不可好高骛远,也不应自攀自弃,强调既要追求理想,又必须面对现实,执政者为政过严或太宽都不好,要"宽猛相济,政是以和"。后来孟子在引述孔子语录时将"中行"说成"中道"。他说,"大匠不为拙工废其绳墨,羿不为拙射变其彀率。君子引而不发,跃如也。中道而立,能者从之"(《孟子·尽心》)。这就是说,"中道"恰到好处地在那里,需要人们去发现它,实践它,而不是让"中道"来适应你。道家的老子亦提出要"守中",要"执两用中"。庄子说,为人做事要"执中用和",并以行"中道"以为常法的养生方法。朱熹《中庸章句》引作程颐之说:"不偏之谓中,不易之谓庸。中者天下之正道,庸者天下之定理",并阐发为"中者,不偏不倚,无过不及之名。庸,常也"。中庸讲"过犹不及",就是强调一种适度,恰当和追求和谐的思想方法和行为方式。因此,"中和中庸"思想实质是包含了两个方面的内容,第一,强调"中"的手段性;第二,强调"和"的目的性。主张要达到不同事物之间整体上"和"的状态,就必须使整体中的每一个事物都符合"中"的要求,保持适度的关系。也就是说"中"主要针对个别事物和同类事物,侧重于讲处理事物的原则和方法,服从和服务于"和"这个总目的;"和"则主要针对不同事物组合时的整体而言,侧重于把握不同事物之间的相互关系,以求得整体的稳定与和谐。由此可知,"中和中庸"思想并不是简单强调要中间路线,不是简单的折中主义,更不是平均主义和妥协主义思想,而是讲要善于从客观事实从发,依据具体的实际，采用一种适当灵活，权变机动的方法来实现目标。因此，在具体事物发展过程中，并不排斥在特定历史时期偏重某一个方面的做法。那种不讲原则、放弃立场讲求"适宜"的行为，实质是貌似中庸，实非中庸的行为，对此，孔子讲"乡愿，德之贼也"。

"中"与"和"的结合所体现出的多样性统一的思想，也是马克思主义中国化进程中唯物辩证法思想所倡导的思维方式。其强调要综合平衡地处理好不同事物的关系，在实践活动中要坚持实事求是，一切从实际出发，坚持理论联系实际，不能从抽象出发，反对本本主义、教条主义，在具体的方法上也要善于坚持原则性与灵活性的统一，不要偏重或偏废于任何一方，这才是马克思主义政党思想路线的精髓所在。纵观中国特色社会主义事业建设和发展的30多年历史，在经济、政治、文化、社会建设中，特别是经济建设过程中对经济体制的选择过程，就是一直探求正确方法，妥善处理计划和市场关系的历史过程。正是在不断地总结历史经验教训的不断调整中，着眼于中国国情，依据生产力发展现实水平，根据商品经济赖以存在的历史条件没有消灭的客观事实，寻找到了处理计划和市场的"中和中庸"之道，开创了中国特色社会主义市场经济发展的成功之路。

社会主义制度在中国确立起来之后，我国在社会主义建设的经济体制选择上，由于没有现成的社会主义建设经验，加上对革命时期根据地建设时期成功的范例等历史经验的盲目推崇，中国共产党不可能先知先觉地选择社会主义市场经济体制。因此，自觉不自觉地陷入到了苏联模式当中，盲目追求"一大一公"、"纯而又纯"的公有制，取消商品生产和商品交换。虽然在特定历史阶段，计划经济体制能集中有限的资源，在短时间内迅速集中社会资源，快速建立起国民经济体系和工业体系，壮大社会主义国家的军事实力。但随着生产力的发展，计划体制的弊端日益突出：生产资料所有制形式单一、限制、排斥甚至消灭非公有制经济，排斥商品货币关系，忽视价值规律和市场的作用；经济决策权和管理权高度集中于

第六章 "中国模式"与中国传统哲学

中央，企业没有生产经营的自主权；政企不分，主要依靠行政手段管理经济；分配上搞平均主义，吃大锅饭，等等，严重束缚了社会主义生产力的发展，社会主义制度的优越性无法发挥出来。"文化大革命"结束后，邓小平提出要根据我国的具体国情，并根据这一国情寻找一条最合适发展社会主义社会生产力的经济体制，而不是照搬照抄地搞本本主义、教条主义或者主观主义。1979年11月，邓小平就指出，"说市场经济只存在于资本主义社会，只有资本主义的市场经济，这肯定是不正确的。社会主义为什么不可以搞市场经济，这个不能说是资本主义。我们是计划经济为主，也结合市场经济，但这是社会主义的市场经济"。"市场经济，在封建社会时期就有了萌芽。社会主义也可以搞市场经济"。[①] 在这一思想指导下，我国在经济方式调整中始终注重采用"中""和"之道的协调与平衡原则，对计划和市场的关系进行再认识。在计划经济向市场经济的转型过程中，坚持市场对资源配置具有优势则发挥市场的优势，计划对资源配置具有优势则发挥计划的优势，逐步形成了以社会主义+市场机制的社会主义市场经济运行模式。始终坚持市场和计划相互补充，坚持以市场在资源配置中起决定性作用，强化市场对生产要素的配置，调动和激励了生产者的生产积极性，促进社会财富的增加，同时又坚持必要的政府宏观调控职能，强调行政计划手段对市场盲目性和短期性等消极作用的弥补，注重社会公平正义和共同富裕，体现了社会主义的本质。

中国特色社会主义市场经济体制的形成和发展是"中和中庸"学说"中"、"和"之道的具体体现和直接运用，这也使中国在发展过程中避免了"苏联经济发展模式"，即高度集中的计划经济体制，把一切经济活动置于指令性计划之下，用行政命令手段管理经济——它以国家政权为核心，以国家工业发展为唯一目的，以行政命令代替经济政策，以行政手段为运作方式，片面发展重工业，用剥夺农民和限制城市居民改善生活的手段，短期达到高积累多投资

[①] 《邓小平文选》第2卷，人民出版社1994年版，第236页。

的目的。① 但是长期忽视农业、轻工业发展导致物质产品极度匮乏，人民对社会主义产生动摇，最终使苏联走上了解体的悲剧之路。同时，这一形式特征，也使我国的经济体制区别于"美国模式"、"日本模式"过分依赖市场，忽视政府行政手段在关键时期，关键领域，关键行业的调控作用，中国能在现代化进程中顺利实现转型，历史上两次率先从严重的全球经济危机中走出来就是最好的佐证。

（4）修身克己学说强调从自我角度的修身养性，主张自我修养的目的在于提升自己，并在提升自我的过程中要敢于要善于"传道"，传递的思想是在不断提高自身能力的同时敢于承担历史责任，绝不恃强凌弱，这为"中国模式"主张和平发展，构建和谐世界，为避免大国沙文主义、霸权主义提供理论依据。

"修身"按照中国传统文化的理解，就是使自己的内心得到净化、心灵实现纯洁，从而体现自己的自然本性。克己是实现修身的具体的途径和方法，强调通过自我的反省和体察，在确立公共道德意识和道德自觉性的前提下，以道德理性制约感官的无意志活动。同时，还要主动自觉地减少和克制对物质需求的私欲，以降低它们对于良心、善端的消极影响，使身心达到完美的境界。如孟子所说："耳目之官不思，而蔽于物。物交物，则引之而已矣。心之官则思，思则得之，不思则不得也。此天之所与我者。先立乎其大者，则其小者不能夺也。此为大人而已矣。""养心莫善于寡欲。其为人也寡欲，虽有不存焉者，寡矣；其为人也多欲，虽有存焉者，寡矣"（《孟子·尽心下》）。"古之欲明明德于天下者；先治其国；欲治其国者，先齐其家；欲齐其家者，先修其身；欲修其身者，先正其心；……心正而后身修，身修而后家齐，家齐而后国治，国治而后天下平"（《礼记·大学》）。此外，我们对修身克己的认识不能简单停留在仅仅只是自我的道德约束和道德规范上，它

---

① 李士坤：《对模式和"中国模式"的思考——兼论中国特色社会主义发展道路》，《毛泽东邓小平理论研究》2010年第3期。

还有更高层次的道德理想和追求。"修身,齐家,治国,平天下",这才是完整的中国传统文化所奉行的人生价值追求,修身最终要走向或者叫达到平天下。因此,完整理解传统道德价值观才能充分认识到其对当代社会倡导的社会价值观的启示作用。修身克己是事业发展的前提和基础,不能克己修身,则不能成就"功名"。通过修身克己,不仅对内能不断发展壮大自己,提升自己承担责任的能力,同时对外还有利于树立良好的国际形象,为进一步发展提供良好的外部条件,而这正是修身克己的最终归宿。

随着新兴国家的发展壮大,世界局势相对缓和,世界和平力量的增长超过了战争因素的增长,同时,经济全球化的迅速发展,科技革命成为遏制世界大战的主要因素,在这种时代大环境下,战争和革命失去了客观依据,我国适时提出时代的主题是"和平与发展"。1985年,邓小平在会见日本工商会议所访华团时指出,"现在世界上真正大的问题,带全球性的战略问题,一个是和平问题,一个是经济问题或者说发展问题。和平问题是东西问题,发展问题是南北问题。概括起来,就是东西南北四个字"。① 依据这一基本判断,我国提出独立自主的和平外交政策,强调中国走和平发展道路,指出"中国不打美国牌,也不打苏联牌,中国也不允许别人打中国牌"、"不附庸于任何国家,也奉行真正不结盟"。2003年12月,温家宝总理全面阐述了"中国和平崛起"的思想,他明确地把中国选择的发展道路称作"和平崛起的发展道路"。2004年4月起,根据国内和国际新形势发展需要,我国将"和平崛起"改为"和平发展",更体现出与世界各国共享发展的理念。在自我发展的同时,我国也特别强调作为一个发展中大国的世界责任,始终践行"维护世界和平,促进共同发展"。在维护世界多样性,促进国际关系民主化和发展模式多样化;努力营造长期稳定的国际和平环境;谋求建立和平、稳定、公正、合理的国际政治经济新秩序;推动建设持久和平与共同繁荣的和谐世界等方面作出了杰出的贡献。

---

① 《邓小平文选》第2卷,人民出版社1994年版,第105页。

中国倡导和平发展道路，在对外关系上实现了把捍卫国家和人民利益同参与世界经济全球化结合起来，避免了在国际关系处理上的两种比较偏执的历史态度，一种是只求自我发展，在国际舞台上无所作为的独善其身主义；另一种是求发展之后的盲目的狭隘的民族主义。我们强调在一心一意谋发展，把自己事情办好的同时，要承担起与国家实力相当的国际责任和义务。这条道路与苏联模式表现出的严重的大国沙文主义截然相反。苏联在大国沙文主义作祟下，不顾别国的实际情况，以社会主义阵营的老大哥自居，到处指手画脚，甚至采取经济制裁、武力干涉等极端手段干涉别国自主选择发展道路，造成社会主义发展模式的僵化，与资本主义国家差距越拉越大，最终导致社会主义阵营的分裂，社会主义运动进入低潮。事实证明，苏联模式下的外交政策在世界范围内受到普遍的质疑乃至谴责，而中国和平发展则受到广泛称赞。同样，中国和平发展与美国等资本主义大国倡导的大国霸权主义也截然相反。冷战结束后，美国成为唯一的超级大国，在国际政治、经济舞台上有举足轻重的作用，其外交政策不是共谋发展，反而继续推行其霸权主义主张，不尊重弱小国家的主权和独立，蛮横地对别国进行干涉、控制和统治，推行侵略扩张政策，谋求一个地区或世界的霸主地位的行径，这也是美国所推广的经济、政治模式在世界范围内受到质疑的重要原因。中国倡导和平发展，并勇于承担世界责任，避免了苏联模式、美国模式下的大国沙文主义和霸权主义，正是中国传统哲学思想的修身克己学说强调修身养性，在不断提高自身能力的同时敢于承担责任思想的具体体现和直接应用。

三 "中国模式"推动中国传统哲学的现代转型

　　胡锦涛对文化的重要作用作过精辟的概括，他指出，"文化是民族凝聚力和创造力的重要源泉，是综合国力竞争的重要因素，是经济社会发展的重要支撑"。在推动社会主义文化大发展、大繁荣

第六章 "中国模式"与中国传统哲学

过程中,他还特别强调推动传统文化转型的重要性,党的十七大报告中指出:"弘扬中华文化,建设中华民族共有精神家园。中华文化是中华民族生生不息,团结奋进的不竭动力。要全面认识祖国传统文化,取其精华,去其糟粕,使之与当代社会相适应、与现代文明相协调,保持民族性,体现时代性。"在十一届全国人大四次会议闭幕后,温家宝会见并回答中外媒体提问,在回答关于中国将如何发挥"具有悠久历史和文化传统"优势来提升中国国家软实力的提问时说,"我们还要善于把文化传统与时代精神结合起来,把发扬我们国家的文化传统与吸收借鉴外国的先进文明结合起来,使祖国的文化再展辉煌"。胡锦涛和温家宝的这些言论都传达着同一种思想,就是任何社会中有生命力的文化,都必须融合现代元素和传统元素。2013年11月,习近平总书记在曲阜孔府考察时再次强调:研究中国传统文化要坚持古为今用,因势利导,深化研究,使其在新的时代条件下发挥积极作用[1]。因此,中国增强国家综合竞争力,必须要提升文化软实力,这又需要充分发挥中国传统哲学的作用,不断推进传统哲学的现代转型,吸收更多的时代元素。关于中国传统哲学的转型,北京大学教授王中江认为,现代中国哲学话语、言说方式和范式的转变,是通过三种方式展开和进行的:第一种是翻译西方哲学、引入新的哲学术语和学说;第二种是运用新的思想概念对中国古代哲学和术语进行重新翻译和转化;第三种是建立不中不西、亦中亦西的哲学理论,提出新的哲学和范式[2]。由此可知,"中国模式"的发展与完善,在理论上和实践上都有助于推进中国传统哲学的现代转型,这属于实现中国传统哲学转型的第二种和第三种方式。中国共产党人运用马克思主义所揭示的文化融合理论和文化冲突理论,在建设中国特色社会主义过程中,不断地推进中国传统哲学与其他哲学思想的交流与融合,采用"古为今用"、"洋为中用"、"取其精华去其糟粕"等方法论原则,推进了

---

[1] 《习近平孔府论道中华传统文化》,文化中国-中国网(http://cul.china.com.cn,2013-11-28)。

[2] 李承贵:《中国传统哲学的特质及现代转型》,《哲学研究》2011第6期。

中国传统哲学的现代转型。

(一) 从小农思维转向现代思维

中国经历了几千年的小农经济,男耕女织传统劳动模式,因此多数封建王朝都重农抑商,既控制了思想的相互传播,又把农民固定在既定土地上,以确保散沙型的农村结构没有力量与封建政府抗衡,这导致我国社会商业发展滞后。散沙型的农村结构和商品经济的欠发达,造成了中国传统哲学自给自足的小农思维。

中国传统小农思维在日常生活中主要表现为以下两种图式:一种是在人与自然或人与物的关系上,人们往往凭借经验思维和常识思维自在自发地进行,并维持个体生存与再生产的各种活动,这可以称为日常的经验式思维方式或常识式思维方式,它以重复性、自发性、实用性为基本特征,这与非日常思维的自觉性、反思性和创造性特征相区别;另一种是在人与人的主体间关系上,人们基本上遵循世代相承的各种风俗、习俗、礼俗等进行日常交往活动。因此,这种日常思维的基本图式主要表现为礼俗性思维或习俗性思维,它具有礼俗性、情感性、血缘性、不平等性的特征,这与非日常交往活动所具有平等的、契约化的、理性化的思维特征相区别[①]。这也是农业文明与工业文明显著的区别之一。

在中国传统哲学思维中,最重要的"天人合一"的哲学思维是建立在人与自然主客一体的认识论基础上的。它的特点是,人就是宇宙的中心,世界的本质意义内在于人而存在;认识了自身也就认识了自然和宇宙的根本意义,认清人类自身便能穷尽人类和宇宙的一切道理。所以,中国人对世界的把握在于对人自身的经验体悟,而不是概念推理和对自然界对象进行的条分缕析的科学探求。在中国几千年王朝更替中,并没有出现"神权高于王权"的统治形式,一切自然现象的探索和理论阐述都是为封建统治者个人服务,对天人关系的哲学探讨也自然演变成为政治的工具和附庸,这无疑阻碍

---

① 贺苗:《现代性与中国日常思维变革》,《哲学分析》2011 年第 3 期。

了人类对自然进一步了解和人与自然关系深入科学的阐述。从纯哲学意义上讲,天人关系的论述往往使人对"天"的研究长久地被限定在经验的狭隘的空间里,使中国自然科学的发展滞后和萎缩。[①]而在人与人关系的处理上,虽然我们有"老吾老以及人之老,幼吾幼以及人之幼"的道德观念,但是儒家所倡导的"亲亲有术,尊贤有等"影响更为深远,虽然墨家明确指出"亲亲有衰,尊尊有杀",反驳儒家"唯亲"观点,并提出不分亲疏贵贱贫富的举贤任能的"尚贤"主张,但自从独尊儒术以后,亲亲尊尊成了天经地义之事,官员选拔的机制中有了"荫庇"当官的明文规定,更不要说私下任人唯亲、朋比为奸了,而选定皇位继承人任亲传子不传弟,甚至只能传长子,于是哪怕这位继承人是傻子呆子褴褛孺子等,臣民都要无条件地服从他。从古至今,中国历史中轻视人民群众,将人民群众比作"小人"、"野人"的论述,怀才不遇的怨曲,冯唐易老李广难封成了千古悲叹,腐儒和阴谋家等实例屡见不鲜……曾经的强国在近代沦落到任人宰割的境地也就不足为奇。

中国传统哲学小农思维比较明显的缺陷是容易产生局限性思维,即容易从自身的角度进行思维,个人情绪往往影响思维的方向和效率,也容易从局部的角度进行思考,从而不能实现效率和效益的最大化,"亲亲有术,尊贤有等"就是明显的实例。在中国特色社会主义的发展过程中,即在"中国模式"的不断发展和完善中,我们运用马克思主义哲学的世界观和方法论,完成了对中国传统哲学的升级和改造,使中国传统哲学在理论形态上从传统小农思维向现代思维的质性转变,形成一种崭新的哲学形态,其创造性的贡献体现在传统哲学思维方式和理论内容的现代化。比如,在天人关系的认识,既肯定要尊重自然规律,也倡导要顺应规律、认识规律、利用规律,同时还特别强调充分发挥人的主观能动性。在中国社会主义建设过程中,我们并没有墨守成规、本本主义的坚持只有生产

---

① 朱松美:《中国"天人合一"哲学思维的智慧与困境》,《东岳论丛》2005年第1期。

力发展到一定程度才能进入社会主义的论断,而是继承和发展了列宁关于"落后国家可以率先进入社会主义社会"的判断,通过充分发挥人民群众的主体性作用,发挥人的主观能动性,在半殖民地半封建社会的基础上,在一穷二白的国情下建立起来了社会主义制度。党的十一届三中全会后,"中国模式"在不断地发展和完善过程中,始终强调尊重人类社会发展规律,社会主义建设规律和共产党执政规律的同时,不断丰富和完善无产阶级政党的群众观点和群众路线,丰富了马克思主义的唯物史观,推动传统民本哲学的转型。比如,通过推进马克思主义的中国化,利用马克思主义的实践哲学改变了中国传统哲学局限性思维,反对从个人角度、局部角度进行思维,形成了具有民族特色的马克思主义认识论和实践论。中国特色社会主义正是在继承毛泽东提出的"只有人们的社会实践,才是人们对于外界认识的真理性的标准","判定认识或理论之是否真理,不是依主观上觉得如何而定,而是依客观上社会实践的结果如何而定。真理的标准只能是社会的实践"……一系列论断基础上,强调社会主义建设要敢于、要善于实践,"摸着石头过河"就是佐证。同时,中国特色社会主义道路强调要坚持唯物的群众观,充分发挥群众智慧,坚持人民群众在社会主义建设中的历史地位和历史作用,以"群众满不满意"为衡量工作的标准,"情为民所系,权为民所用,利为民所谋"等主张就是实例。

(二) 从经验思维转向理性思维

经验思维是中国传统哲学思维的一种常见的形态。经验思维,顾名思义就是在思考问题、作出判断以及逻辑推理过程中,将感性经验即在实践中通过感觉器官获得的认识作为依据,并将这种看待事物、解决问题的思维倾向和思维方式泛化、固化。不可否认,经验和经验思维在人们认识世界、改造世界,创造生产生活资料过程中起着重要的作用。经验是推动感性认识上升到理性认识的基础,也是理性认识运用于实践,获取新认识的桥梁,因此,经验思维是人类思维重要的组成部分,是人类认识事物现象、把握事物本质的重要途径和方式。从人类思维的发展阶段来看，经验思维在人类认识史上起过重要的作用：它不仅是科学发展初期人类所运用的主要科学研究方法之一，而且在17世纪至19世纪上半叶，典型的经验思维模式成为当时科学界的主导性思维形式[1]。经济基础是哲学产生、变迁及发展的基础，中华民族在上下五千年的历史发展长河中，创造了灿烂的中华文明，但这种文明是建立在自给自足自然经济基础之上的农耕文明。农耕文明贴近自然、依赖物候、顺天应命的特点决定了哲学思维方式的特点和偏向是重视感觉经验，关注实际效用。这种传统的经验思维方式使人们过分信赖通过自己眼耳口鼻舌身等感觉器官获得的直接感受来认识事物、把握事物。从伏羲观天象察万物而画八卦到神农氏食五谷尝百草而定药性，从孔子讲"多闻多见"到孟子讲"耳目之官感"，从老子讲"道法自然"到庄子讲"万物一齐"，从墨家"尚同尚贤"的内涵界定到名家"历物十事"、"辩者二十一事"，等等，都体现了中国古人在生产和生活实践中依赖经验体察事物内部的、必然的、固有的和本质的联系的思维方式。中国传统哲学主体思想的阴阳五行、天人合一、中和中庸和修身克学说既是经验思维的产物，也是经验思维的集中表现。在这里，现实生活中一切常规性的事物的存在都被上升到"理应如此"的哲学高度。一切"自然而然"的观念消解了对"何以为然"、"之所以为然"认知的探求。以四大主体哲学思想为据，董仲舒提出"君权神授，春秋大一统"、"天不变道亦不变"，讲人是自然的副本，人类社会的运行是自然界的翻版，到程朱理学主张"一理万殊"、"存天理灭人欲"、"格物致知"，讲人类社会原则实质是自然普遍法则的特殊表现。这些传统思维基于经验的类比推衍，把客体与主体联系起来，用客体现象去解释主体之吉凶祸福，从而也消解了对异常现象本身进行认知的必要性[2]。

事实上，中国传统哲学也存在着理性思维，古之先贤们也肯定

---

[1] 张东江：《论经验性思维的局限性》，《河北学刊》1996年第6期。
[2] 孙长虹：《我国传统经验思维方式及其影响》，《江西社会科学》2012年第4期。

>>> "中国模式"的哲学研究

经验基础上理性认识的重要性,比如孔子讲"学而不思则罔,思而不学则殆",老子讲"五色令人目盲,五音令人耳聋",墨子讲"循所闻而得其意,心之察也",孟子讲"耳目之官不思,而蔽于物"……再到宋明道学讲"心统性情",这些都强调了理性思考的重要性。但是,在农耕文明下,人们对实践活动的重视与观察,对已有实践经验的检验与修正,既大大增加了经验知识的可靠性,夯实了经验思维的基础,也极大排挤了理性思维在知识领域的运用与发展。因此,从总体上看,中国传统哲学在思维方式上走的是一条经验思维的道路。在生产力发展水平相对落后的农耕文明时代,由于缺乏系统的科学基础理论,理论推理与抽象思维对生产生活的影响还非常有限,作为人类知识重要来源的实践经验则因其直观性、直接性、形象性而获得强大生命力。中华文明也据此占据世界领先地位,并长期处于世界领先水平。随着社会进步,科学技术发展的更加快速化和频繁化,使传统经验思维轻逻辑、轻推理的弊端更加凸显。中国传统经验思维从主体对客体的依附为出发点,将人的认识活动集中于人性伦理的探讨之中,这将导致社会发展到达一个阶段之后很难再跃上新的水平。正如恩格斯所说,"一个民族要想站在科学的最高峰,就一刻也不能没有理论思维。"[①] 当科学技术发展进入更加依靠理性思维阶段,而我国的科技发展依然停留于经验思维阶段,国家落后、民族落伍就在所难免。黑格尔曾说,中国没有一点思辨的哲学[②]。此判断虽是西方中心论在哲学思维上的体现,言论有失偏颇,但也指明了中国传统哲学重经验轻思辨、重伦理轻科技的鲜明特征,恰恰是这种倾向限制了抽象思维的发展,把人类的认识活动集中于社会伦理纲常的解释与维护,客观上回避对客观世界及其规律的科学探索,致使科学技术领域的发明与创造被遏制,使中华民族在自然科学领域无法形成一个严密的理论系统,这正是中国社会在17、18世纪的封建社会晚期发展缓慢,并最终陷

[①] 《马克思恩格斯选集》第3卷,人民出版社1972年版,第467页。
[②] 黑格尔:《黑格尔哲学史讲演录》第1卷,贺麟、王太庆译,商务印书馆1959年版,第119页。

第六章 "中国模式"与中国传统哲学

入落后挨打的重要原因。

由于传统文化潜移默化的影响，经验思维在今天仍然主导着一部分国人的思维方式，这势必影响中国特色社会主义建设事业。一方面，开放的世界需要中国以更加积极主动的思维方式与国际接轨；另一方面，国内正处于全面深化改革的关键期和攻坚期需要我们以全新的思维方式攻关克难。这都促使我们要进一步解放思想，与时俱进，要从传统的经验思维方式中解放出来。事实上，"中国模式"的提出与发展，从理论上和实践上都推动了国人经验思维向理性思维的转变，能有效避免经验思维可能造成的危害。"中国模式"使中国在经济、政治、文化、社会和生态领域取得了举世瞩目的成绩，创造了一个又一个的"中国奇迹"，这得益于"中国模式"对中国传统经验思维的辩证转化，使中华民族的思维有了更多的理性因素。"中国模式"是党把马克思主义基本原理与当代中国具体实际紧密结合的产物，它坚持辩证唯物论和历史唯物主义，运用唯物辩证法，将社会主义的一般特性与中国国情的具体特征结合起来，不仅从理论上回答了什么是社会主义、怎样建设社会主义，建设什么样的党、怎样建设党，实现什么样的发展、怎样发展等重大时代性课题，改变了经验思维对社会主义"左"和右的认识，不断推动着中国特色社会主义理论体系的发展和完善。而且在实践中锐意进取、敢试敢闯——构建和谐社会、统筹区域发展、倡导公平正义、强调民生建设、追求生态文明，等等，杜绝了经验思维只看眼前利益不看长远利益，只看局部利益不看整体利益的做法，更加注重发展的全面性、协调性和可持续性，更加关注改革成果的共享性，使社会主义中国的发展走上了科学发展之路，这本身既是道路的创新，也是理性思维本质体现和价值展示。当前，以习近平为总书记的新一届中央领导集体提出了协调推进全面建成小康社会、全面深化改革、全面推进依法治国、全面从严治党，推动改革开放和社会主义现代化建设迈上新台阶的治国理政总体框架[1]。这是"中

---

[1] 《高清图解："四个全面"战略布局是怎样形成的》，人民网，2015-03-09。

国模式"最新的政策选择、方向展现和制度构建,是发展理性与人本理性,工具理性与价值理性结合的典范,为中国经济社会的持续健康发展提供了系统的理论支撑和理性的行为支持。

"中国模式"成功的背后离不开理性思维的支撑。这种理性思维是对中国传统经验思维的转化和提升,这根植于马克思主义实践理性对中国特色社会主义理论、制度和道路的建构,从而创新了系统化、理论化的制度和政策,适应了中国现代化建设的客观规律与运行机制。因此,"中国模式"促进了中国传统经验思维向理性思维的转变,不仅能实现中华民族伟大复兴的中国梦,也必将进一步实现思维方式在中国特色社会主义事业的伟大实践中的飞跃。

(三) 从人治思维走向法治思维

人治,就是指统治阶级凭借个人的意志和旨意进行国家的治理和社会的管理。在传统社会,人治的合法性来源于最高统治者个人权威或历代相传的权力规则。因此,人治是建立在社会成员对最高统治者忠诚基础上,或是对传统统治规则的情感认可上。当然,人治并不排斥法律和制度的规定和约束,但是法律和制度的制定、修改以及执行都听命于最高统治者的个人意志,在现实中法律与制度的主观性和灵活性极强,表现为以人立法、以言代法,总之,权大于法。人治思维则就是指在国家统治中,统治者和被统治者都接受、认可,甚至是推崇最高统治者个人或少数人依靠个人意志治理国家与社会的思想观念和思维方式。

中国传统社会以自然农业为经济基础,以宗族宗法为社会基础。在这种经济社会基础上,中国传统社会形成了家国一体的国家治理模式,它以氏族关系为依据、以血缘关系为纽带建立起国家制度,其特点是由家及国,家为国的本位与原型,国只是放大了的家。这种"国家"既有浓厚的家族色彩,也有鲜明的政治本质[①]。

---

① 樊浩:《人治与法治——中西方法律精神的比较》,《学习与探索》1992年第4期。

因此，在中国传统社会的国家统治中，特别重视伦理习俗的约束和自我修养的约束，实质是社会成员主动对封建等级特权的维护。这为中国的家长制、官僚制统治体制提供了文化的设计与支撑，并最终形成一种人治体系。中国传统哲学生于斯长于斯，加上受传统经学解释学的影响，其强于对传统思想的诠释，弱于对传统思想的积极批判，这使中国传统人治思维和观念主要是在思想舆论影响下的生成与发展，而不是外力强制的结果。儒家主张以仁义礼智信等道德规范来实现国家的统治，强调统治者通过"礼"和"德"来治理国家、管理社会，被统治者则按照统治者规划的"礼""德"规范和要求设计人生言行。统治者是天生的道德化、伦理化的"圣人"，先天具有"良知"和"良能"，孔子认为统治者"博施于民而能济众"则天下可治（《论语·雍也》）。为进一步论证人治的合理性与合法性，儒家文化以天人合一、天人感应学说为统治者的统治意志披上神圣的外衣，不仅帝王的统治上承于天，而且其制定的规章制度也是天意的体现。在儒家思想主导的传统文化影响下，中国古代国家治理、社会管理和司法实践中人治思维和人治观念得到了强化。人治的核心体现就是最高统治者制定规章制度，各级官吏执行规章制度取决于自己的情感和欲望。故中国传统文化历来强调修身、齐家、治国、平天下的内圣外王之道。历史上所歌颂的尧、舜、禹、文、武等的统治都是人治的典范。当然，这种典范型人治局面的出现也是对被统治者修身克己的向善从善德性的肯定。

不可否认，在中国传统文化中，也存在法治思维，比如由道家衍生而来的黄老之学，其重要的思想包括"道生法"、"君臣贵贱上下皆从法"（《管子·任法》）、"官不私亲，法不遗爱"、"骨肉可刑，亲戚可灭，至法不可阙也"（《慎子》），主张统治者要因民立法，强调法律的普适性。兵家思想也蕴含着丰富的法治思维和法治精神，孙武强调统治者治国、治军、治官皆依法，他说，"法者，曲制，官道，主用也"（《孙子兵法·计篇》）。法家的法治思维和法治精神就更突出，不仅强调法治对国家政治稳定和社会发展的重要性，而且强调法律的严肃性，明确反对以言代法、以情害法。韩非子指出,"能去私曲而就公法者,民安而国治;能去私行行公法者,则兵强和敌弱"(《韩非子·有度》);商鞅也认为,"以法治者强,以政治者削"(《商君书·去强》),"法已定矣,不以善言害法"(《商君书·靳令》)。上述中国传统文化包含的法治思维与法治精神,与现代社会的法治要求存在本质的区别,因为在古代社会,没有哪一朝哪一代的统治者真正是按照民意来立法和执法的,实际上还是由最高统治者意志决定,其国家治理设计的基本取向仍然是人治,这与儒家文化所设计的人治亦是相通相融的。

人治思维是最高统治者依靠个人意志实现国家统治和社会治理的思想观念和思维方式,它与社会主义的本质要求背道而驰。当前,依法治国、建设社会主义法治国家已经成为现代化建设的重要内容,这必须走出人治思维的误区。"中国模式"是在总结社会主义建设成功经验与失败教训基础之上而逐步形成和发展起来的。邓小平特别针对社会主义建设在历史上出现的个人崇拜、权力滥用、践踏法律等错误做法指出:"要继续发展社会主义民主,健全社会主义法制。这是三中全会以来中央坚定不移的基本方针,今后也决不允许有任何动摇。我们的民主制度还有不完善的地方,要制定一系列的法律、法令和条例,使民主制度化,法律化。"[1] 后来,针对社会不正之风和违法行为,他再次指出,"纠正不正之风中属于法律范围、社会范围的问题,应当靠加强法制和社会教育来解决。"[2] 党的十三届四中全会以来,江泽民进一步继承和发展了邓小平关于社会主义主义法制建设的思想,在1996年2月,他提出了"依法治国"思想,党的十五大深刻阐述了依法治国的含义,提出"建设社会主义法治国家"的历史任务,不仅将依法治国与加强和改善党的领导统一起来,并强调了法律的权威性和神圣性。江泽民指出:"依法治国把坚持党的领导、发扬人民民主和严格依法办事统一起来,从制度和法律上保证党的基本路线和基本方针的贯彻

---

[1] 《邓小平文选》(第2卷),人民出版社1994年版,第359页。
[2] 《邓小平文选》(第3卷),人民出版社1994年版,第163页。

实施，保证党始终发挥总揽全局、协调各方的领导核心作用。"
"维护宪法和法律的尊严，坚持法律面前人人平等，任何人、任何组织都没有超越法律的特权。"① 为进一步发挥中国特色社会主义法制的威力，胡锦涛指出："改革发展稳定的任务越是繁重，越要增强依法治国、依法执政的自觉性和坚定性，越要注重维护法制的统一和尊严，依法处理和解决各种矛盾和问题，引导和规范各种社会行为，为全面建设小康社会、不断开创中国特色社会主义事业新局面提供有力的法制保证。"② 党的十八大报告强调全面推进依法治国，保证有法必依、执法必严、违法必究，任何组织或者个人都不得有超越宪法和法律的特权，绝不允许以言代法、以权压法、徇私枉法。党的十八届三中全会提出了建设"法治中国"的目标和任务，强调指出，"建设法治中国，必须坚持依法治国、依法执政、依法行政共同推进，兼职法治国家、法治政府、法治社会一体建设。"③

"中国模式"的成功离不开法治的支撑，法治思维贯穿于"中国模式"发展的始终，这是对中国传统人治思维的超越，是中国特色社会主义的鲜明特征。它不仅表明了中国共产党作为执政党对法治的基本治国方略的坚守，也表明了中国共产党作为执政党全面落实依法治国的坚定决心。从执政思维的角度来看，还表明了中国共产党作为执政党执政思维的一种时代转型，这种转型就是要"摆脱以'人治'来解决问题的旧思维、旧方式"。④

（四）从朴素辩证法转向科学辩证法

在"中国模式"的发展中，中国共产党创造性地运用马克思主

---

① 《江泽民论有中国特色社会主义（专题摘编）》，中央文献出版社2002年版，328页。

② 胡锦涛：《始终坚持依法治国依法行政，提高全社会法制化管理水平》，人民日报，2004-04-28。

③ 《中共中央关于全面深化改革若干重大问题的决定》，人民出版社2013年版，第32页。

④ 《专家呼吁培训领导干部法治思维》，《检察日报》，2012-11-13。

义的唯物辩证法改造中国传统哲学朴素辩证法，使之成为现代哲学辩证法，更具科学性。

朴素辩证法是古代人类在认识自然、改造自然过程中形成的原始的辩证法。它直观地认识到世间的一切事物都处于普遍的联系和永恒的运动变化之中，比较直觉地意识到事物包含对立面的统一和斗争。朴素辩证法具有直观性、感觉性和猜测性，它缺乏系统的论证和完整的科学根据。中国传统哲学中的朴素辩证法思想源远流长，内容深刻。起源于殷周时期的《易经》，明确提出"一阴一阳谓之道"，"夫乾，其静也专，其动也直，是以大生焉。夫坤，其静也翕，其动也辟，是以广生焉。广大配天地，变通配四时，阴阳之义配日月，易简之善配至德"，同时，还列举了若干对立统一的矛盾范畴，如吉凶、乾坤、泰否、动静，等等。到了春秋战国时期，诸子百家都有过相关辩证法思想的论述，特别是老子的《道德经》更是一部极富辩证思维的著作。老子在《道德经》中不仅提出了一系列矛盾的概念，还提出了若干正言若反的辩证法论述，如"有无相生，难易相成，长短相形"、"千里之行始于足下"、"反者道之动，弱者道之用"，等等，这些论述阐明了自然界和人类社会各类现象之间对立同一，相互转化的关系。孔子的思想虽与老子有所区别，但是其辩证法思想同样博大精深。比如孔子的中庸之道，他从"过分和不及"这两极来找一个中极，就是恰到好处，是过犹不及，过分跟不及是一样的，所以中庸又有"用中"的意思，在实际工作机要强调一切从实际出发，寻找最恰当的方法和方式解决问题。这些都表明，在中国古代，中华民族已充分认识到对立统一现象的普遍性。进入封建社会以后，辩证法思想更加丰富，特别是在宋明道学时期，著名的唯物主义者张载提出："一物两体，气也。一故神，两故化，此天之所以参也"，"造化所成，无一物相肖者，以是知万物虽多，其实一物；无非阴阳者，以是知天地变化，二端而已"。中国古代的辩证法思想生动而直观，对事物所包含的对立、转化及发展等辩证关系理解较为准确。但此思想使用的概念还不够科学、明确，思想本身缺乏完整的论述和科学的实践论证，因此缺乏系统性，还只是一种素朴的思想阐述。到了近代，许多哲学家希望通过自己的努力实现中国传统哲学的转型，但是直到马克思主义传到中国，中国共产党运用马克思主义理论来分析和解决中国的实际问题，实现"马克思主义基本原理与中国具体实际的结合"、"马克思主义中国化"，特别是中国特色社会主义道路的开辟，才真正将中国传统哲学的朴素辩证法推到了新的科学高度。

在实践中国特色社会主义道路过程中，中国共产党人认识到了中国古代朴素辩证法的不足，没有将辩证法思想停留在简单的直观思维层面上，而是上升到理性思维高度，从而将对事物简单的对立统一关系论述上升为全面系统的矛盾学说。比如，在社会主义发展的动力上，中国特色社会主义始终坚持内外因相结合，科学辩证地看待资本主义发展对社会主义建设的影响，坚持实行对外开放的基本国策。这是从事物之间的动态关系中审视到事物的两重性、两面性，这使中国传统的"矛盾"理论更具有灵活性、内涵也更为丰富，无疑是中国矛盾学说史上的一次重大的哲学革命。在坚持对外开放基本国策的基础上，中国特色社会主义建设更强调"内部矛盾是事物发展的根本动力"，强调在社会主义现代化建设上始终要将出发点和落脚点放在依靠本国力量上。将"两点论"与"重点论"结合起来，是科学辩证法与朴素辩证法，更是与形而上学的最根本的区别。

更为直接的是，"中国模式"即中国特色社会主义道路本身就是对中国传统朴素辩证法的基本范畴升级和改造的体现。"中国模式"体现出了更为深邃、更为科学的辩证思维。在中国传统哲学思想中，对矛盾的个性与共性、个别与一般，即关于矛盾的特殊性与普遍性这对范畴的阐述已经比较丰富，但是传统哲学并没有直接概括出一般与个别这样的哲学范畴。如墨家提出"同异交得放有无"（《墨子·经说上》）；到了宋明道学时期，这种论述更多，程颢、程颐提出具体事物各有其不同的理，这就是万殊，但最后又殊途同归，统一于一理，二程说："二气五行刚柔万殊，圣人所由惟一也。"（《二程遗书》卷六）"理则天下只有一个理，故推至四海而准。须是质诸天地，考诸三王不易之理"(《二程遗书》卷二上)。朱熹则直接以"理一分殊"来阐述矛盾的普遍性与特殊性，他说："总天地万物之理便是太极"(《语类》卷九十四)。"上天之载，无声无臭，而实造化之枢纽，品汇之根柢也，故曰无极而太极，非太极之外复有无极也"(《太极图说解》)。"合而言之，万物统体一太极也；分而言之，一物各具一太极也。(同上) 人人有一太极，物物有一太极"(《语类》卷九十四)。中国特色社会主义正是在马克思主义哲学关于个性与共性、个别与一般、特殊性与普遍性相联系和转化思想指导下而提出的，也是矛盾普遍性与特殊性的直接体现。社会主义作为一种社会制度，有其自身的一般规定性，在政治上，它强调无产阶级掌握国家政权，建立无产阶级专政的国家政权，在经济上，它强调公有制经济，实现生产资料归公所有，实行按劳分配，实现共同富裕，在文化上，强调马克思主义的指导地位。从中国的具体国情看，我国生产力总体水平比较低，生产力发展不平衡，这是中国建设社会主义的基本国情。这就要求中国在社会主义建设上不能简单照搬照抄社会主义一般规定性，在具体的运行机制和运行方式上要根据客观实际，坚定走自己的路，这是社会主义的特殊规定性。因此，在政治上，"中国模式"强调人民民主专政，实行人民代表大会制度，坚持中国共产党领导的多党合作和政治协商制度，在经济上，实行公有制为主体，多种所有制经济共同发展，分配制度上实行按劳分配为主体，多种分配方式并存；在共同富裕问题上，强调先富带后富，最终实现共同富裕；在指导思想上，强调马克思主义的指导地位，不搞指导思想的多元化，也强调要解放思想、实事求是，在弘扬主旋律的同时要倡导多样化。中国特色社会主义不仅是矛盾普遍性与特殊性辩证统一思想的体现，也对矛盾的这一对范畴进行了深化，同时也是对运动与静止、原因与结果、必然与偶然等辩证法范畴的深化，将辩证法思想推向新的高度。

党的十一届三中全会以来的30多年，是我国经济社会发生翻天覆地变化的30多年，也是"中国模式"形成和发展的30多年。

第六章 "中国模式"与中国传统哲学

"中国模式"发展到今天,取得了辉煌的成绩,但是也应该看到目前存在的诚信和品性的危机,表明当代中国的国民缺少了中华民族传统性的品质;缺少了具有约束力的信仰系统和价值体系;缺少了伦理共识、文化认同、终极关怀;缺少了敬畏之心,这都需要我们进行批判和反思。反思我们对待中华民族祖先创造并传承下来的文明遗产和中华文化精神态度,反思当代社会的大众文化,反思当前的功利主义、拜金主义和个人中心主义,反思当前的道德评价体系……这些反思,需要发挥传统文化,特别是传统哲学倡导的思维方式和行为准则的作用。张岱年先生曾经说过:"建设社会主义的新中国文化……必须认识中华民族文化长期延续发展的根基。中华民族延续五千年,必然有其精神支柱,精神力量,这一点应当充分认识,这就是民族自觉"。"如果否认本民族的优良传统,把过去的历史都看成一团糟,那也就失去了前进的基础,今后的发展将成为无源之水、无根之木了……唯有了解自己的优良传统,才能保持高度的民族自信心"。[①]

同时,我们也应该看到,现在的世界处于开放和对话的时代,我们必须以开放的姿态审视和接纳中国传统哲学所体现出的思维方式和行为准则,促进古与今之间的对话和融合。社会主义发展到今天,马克思主义中国化、时代化、大众化已成为紧迫的课题,如何实现经济社会更科学地、全面地、协调地和可持续地发展;如何构建公平、正义、和谐的社会;如何构建社会主义的核心价值体系,这些都需要推进中国传统哲学智慧及文化资源的现代转型,充分发挥传统哲学思想中关于人与自然、人与社会、人与人、人与内在自我诸关系的思想和观念。

[①] 张岱年:《文化与哲学》,《海外华文教育》2004年第1期。

第七章　完善和发展"中国模式"的哲学思考

前文从哲学的角度深入论述了"中国模式"成功的深刻原因。但是"中国模式"不是凝固不变的，而是具体的历史的。随着历史条件的变化和实践的发展，"中国模式"必须与时俱进，不断完善，进行转型。当前中国经济社会发展面临众多问题的考验，尤其不协调、不平衡、不可持续的问题十分突出。这呼唤"中国模式"的转型。"中国模式"要转向何方，遵循什么样的原则，选择怎样的转型路径等，是当前中国社会亟待面对和解决的问题。

本章将从哲学的高度来论述"中国模式"转型的原因、方向、原则、路径等内容，运用马克思主义的立场、观点、方法，准确把握当今世界和当代中国发展大势，坚定不移走自己的路，坚持在实践中探索、在探索中前进，不断完善适合我国国情的发展道路和发展模式。

一　"中国模式"转型的实质

（一）温饱型向全面小康建设阶段的转变

关于我国社会发展战略的阶段划分，党的十三大就明确而系统地提出了"三步走"的发展战略，即第一步，从1981年到1990年实现国民生产总值比1980年翻一番，解决人民的温饱问题；第二步，从1991年到20世纪末，使国民生产总值再增长一倍，人民生活达到小康水平；第三步，到21世纪中叶，人均国民生产总值达到中等发达国家水平,人民生活比较富裕,基本实现现代化。

从哲学角度来看,社会发展是连续性和阶段性的统一。我国正处在并且将长期处在社会主义初级阶段,在这个历史过程中基本实现现代化,实现中华民族的伟大复兴,这将是一个动态的发展过程,会呈现出阶段性特点。我国提出"三步走"的发展战略,是从我国经济社会发展现状出发的必然走向,充分体现了我们党对新世纪新阶段我国经济社会发展阶段的科学定位,是对发展状况、发展机遇、发展目标的深刻把握,体现了我国一切从实际出发,实事求是的思想。现代化建设"三步走"战略,我们清楚地认识到这是一个循序渐进的过程,不可能一蹴而就,我们必须要遵循事物发展的客观规律性,围绕实现现代化这个总体布局,分阶段,分步骤地去实现,体现了我们始终坚持处理好整体与部分的关系。但同时我们提出"三步走"战略思想,也体现了我们具有主观能动性,可以通过自己的努力来实现现代化建设的宏伟目标。也就是说,从温饱型发展阶段向全面建设小康阶段转型,充分体现了社会发展客观规律性和历史主体能动选择性的统一,是马克思主义唯物辩证法的深刻体现。马克思从来就既承认历史决定论,又承认主体选择性。他一方面认为社会历史发展有其确定不移的规律和趋势,是一种"自然历史过程";另一方面承认历史发展也有其特殊表现,反对把"关于西欧资本主义起源的历史概述彻底变成一般发展道路的历史哲学理论",[①] 认为社会规律给人的活动所提供的并不是一种唯一的现实可能性,而往往是一个由多种现实可能性组成的可能性空间,至于何种可能性成为现实,则取决于人的自觉选择。

经过我们的不断努力,到20世纪末,总的来看,我们胜利实现了现代化建设"三步走"战略的第二步目标,人民生活总体上达到了小康水平。这时候我们所达到的小康,是低水平的、不全面的、发展很不平衡的小康。所谓低水平,就是虽然我国经济总量已经达到一定规模,但人均水平还比较低。所谓不全面,就是目前的

[①] 《马克思恩格斯选集》第3卷,人民出版社1995年版,第341页。

小康基本上还处于生存性消费的满足，而发展性消费还没有得到有效满足，社会保障还不健全，环境质量还有待提高。所谓发展很不平衡，是指地区之间、城乡之间，发展水平差距不小。为了进一步提高民众的生活水平，促进物质文明、精神文明和生态文明的协调发展，缩小城乡、区域、贫富差距，使经济更加发展，民主更加健全，科教更加进步，文化更加繁荣，社会更加和谐，人民生活更加殷实，就必然要实现从温饱型向全面建设小康和富裕型发展阶段的转型。2002年党的十六大明确提出了"全面建设小康社会，加快推进社会主义现代化建设"的战略任务，要求"在本世纪头二十年，集中力量，全面建设惠及十几亿人口的更高水平的小康社会"。这个战略目标的确定，深化了邓小平分"三步走"基本实现社会主义现代化的战略思想。党的十七大提出了增强发展协调性，扩大社会主义民主，加强文化建设，加快发展社会事业，建设生态文明等小康社会建设具体举措，取得了举世瞩目的成就。根据我国经济社会发展的新实际，党的十八大在十七大的基础上，又进一步提出了经济持续健康发展，人民民主不断扩大，文化软实力显著增强，人民生活水平全面提高，资源节约型、环境友好型社会建设取得重大进展等全面建设小康社会新要求。

从温饱型发展阶段向全面建设小康阶段转型是我们党把马克思主义普遍原理与中国具体国情相结合，创造性地进行社会主义现代化建设的伟大实践，这样的社会发展过程既顺应了人类社会发展的必然趋势，也是我们党领导人民群众创造历史的伟大实践。

（二）增长主义发展模式向科学发展模式转变

国家在经济发展初期追求经济增长的规模和数量是无可厚非的，有其合理性。但如果始终把单纯的GDP增长当作压倒一切的目标，为增长而增长，并将其置于人民的福祉之上，一旦超过应有的度，就演化成了增长主义。改革开放以来，我国一直践行着增长主义的发展模式，这一选择是基于当时我国综合国力比较薄弱的现实，也正因为特别强调经济发展，我国GDP总量才得以跃居世界第二，这对我国奠定良好的物质基础、提升综合国力具有重要的历史意义。但是，经济增长一旦从服务于人民福祉的增长转化为置于人民福祉之上的增长主义，就会产生诸多负面效应。一是经济发展严重依赖外需，外需拉动的支撑点是我们廉价的资源、环境和劳动力，一旦这些不再成为我们的优势，发展堪忧；二是简单追求GDP增长的思想支配了相当多地方政府的行为，由此产生了诸多与转变经济发展方式不协调的现象，不惜成本地追求亮点和辉煌，重复建设等现象层出不穷；三是经济增长主义在一定程度上忽视了民生，造成了经济增长与社会发展的失衡，社会保障、医疗、教育、住房等民生问题也亟待我们发展模式的转型。从增长主义发展模式向科学发展模式转变的实质主要体现在以下两个方面：

一是实现经济发展速度与质量效益的统一。在经济建设中，如何处理速度与质量效益的关系，是一个重大的理论与实践问题。从哲学角度看，经济发展速度与质量效益的关系就是量变与质变的关系，量变是基础，质变是目标，量变是质变的必要准备，质变是量变的必然结果，而其中推动事物发展变化的源泉和动力，就是无处不在的事物内部矛盾。保证必要的经济发展速度是社会发展量的积累的重要保障，追求发展的质量和效益是社会健康发展的必然走向与目标，社会发展没有量的积累也就不会有质的飞跃，在量的积累阶段所产生的诸多社会矛盾成为社会走向科学发展的最大动力。因此，要实现从增长主义发展模式向科学发展模式的转变就必须处理好发展速度与质量效益的关系，既要保证必要的发展速度，又要注重发展的质量与可持续性。

早在新中国成立之初，发展速度和质量效益的关系问题就引起了中央的高度重视，曾经提出过"多、快、好、省"的口号。改革开放以来，中央也强调要正确处理经济发展速度与质量效益的关系。但在实际发展过程中，为了片面追求经济的高速发展，忽视了经济发展的质量，高投入、高消耗、高污染、低效益成为我国经济发展的现状与困境。从增长主义发展模式向科学发展模式转型实质上就是要改变当前经济发展的这种现状，转变经济发展方式，调整产业结构，提高经济效益，实现经济发展速度与质量效益的辩证统一。当前，我国正处于全面建设小康社会的关键时期，我们要走的仍然是一条追赶发达国家的经济发展之路，必须继续保持必要的发展速度。就业、稳定等社会问题的解决也有赖于经济增长创造的更多就业机会。但同时，要处理好发展速度与提高效益、扩大经济规模与优化经济结构之间的关系，努力实现速度和结构、质量、效益的有机统一，使经济发展既保持较高速度又有较好效益。没有质量和效益的速度不可能持续，这是我们总结改革开放多年经验和教训得出的重要结论。同样，没有必要的速度也无法实现结构的优化和效益的提高，二者相辅相成，互为一体。

　　二是实现社会发展从单一走向全面。改革开放以来，我国特别强调经济建设的中心地位，经济发展的成就也确实令世界瞩目，但在政治、文化、社会以及生态文明建设方面比较滞后，存在一系列的问题。依据马克思的观点，社会的存在是一种系统的、整体的存在，社会的发展必须处理好系统诸要素之间的关系，才能促进社会全面的发展和进步。也就是说，社会结构诸要素之间，即经济、政治、文化、社会与人之间和社会与自然之间需要协调发展、共同发展，这才是真正意义上的社会发展。从增长主义发展模式向科学发展模式转型，其重要的内涵之一就是要实现社会发展从单一走向全面。这种全面发展，并不是说要平均用力，而是需要综合平衡。我们在做大经济蛋糕的同时，一定要高度重视和着力解决政治、社会、文化以及生态环境等方面存在的问题，这些都是社会健康稳定发展的持续动力。当然，我们的各项工作还是要把经济建设当作中心，因为离开了这个中心，就有丧失物质基础的危险。

　　总之，要实现发展模式的转型，解决发展过程中出现的系列问题，就必须把发展思路统一到科学发展观上，要正确把握我们所处的经济社会发展的新的时代背景，深刻理解新的科学的发展方式。中央在十六届三中全会上明确提出了科学发展观的思想，科学发展模式就是在科学发展观的指导下，寻求经济、政治、文化、社会和生态文明协调推进的发展模式。增长主义发展模式向科学发展模式转变是基于我国发展现状的必然选择，也是我国走向科学发展大道的必由之路。按照党的十七届五中全会的精神和温家宝同志所作的政府工作报告，新的发展方式要求：一是把民生放在第一位，强调富民，保障民生是转变经济发展方式的出发点和归宿点；二是特别强调内需，认为内需是拉动经济的长效机制；三是调整和提升产业结构，提升创新能力，发展现代产业体系，淘汰落后产能，特别重视农业的发展；四是强调资源节约、环境友好；五是强调经济与社会的协调发展，强调公平正义，强调公共服务的均等化，强调统筹兼顾，全面、协调可持续发展。

（三）以"缩差共富"为转型目标

"中国模式"转型为什么要以"缩差共富"为目标，主要是基于以下两方面原因：

一是共同富裕是社会主义的本质要求，是社会主义优越性的集中表现。邓小平曾明确提出："社会主义的目的就是要全国人民共同富裕，不是两极分化。"他说："共同致富，我们从改革一开始就讲，将来总有一天要成为中心课题。社会主义不是少数人富起来，大多数人穷，不是那个样子。社会主义最大的优越性就是共同富裕，这是体现社会主义本质的一个东西，如果搞两极分化，情况就不同了，民族矛盾、区域间矛盾、阶级矛盾都会发展，相应地中央和地方的矛盾也会发展，就可能出乱子。"[①] 我国经过30多年的改革开放，已经使一部分人先富起来了，但最终的目的并不是现在贫富差距急剧拉大的结果，让一部分人先富起来的最终目的是为了激励和带动更多的人实现共同富裕。当然，在经济高速发展的过程中，贫富差距的出现是经济社会发展的必然，但当财富蛋糕已经做大到一定程度的时候，就应该好好思考如何合理分配的问题。

二是由我国贫富差距的现状所决定的。我国经济的快速发展，创造了世界经济的神话，但同时也造就了贫富差距越来越大的社

---

① 《邓小平文选》第3卷，人民出版社1994年版，第364页。

现实。近年国家统计部门和其他研究机构测算数值表明,我国城乡居民的基尼系数为0.445,世界银行认为我国基尼系数已达到0.467。通常,我们把0.4作为收入分配差距的"警戒线",按照联合国有关组织规定,基尼系数0.4—0.5表示收入差距较大。不仅城乡居民收入差距扩大,城镇居民内部收入差距也在扩大,而且不同收入阶层的收入增速呈阶梯式格局,即收入越高的阶层收入增长越快,社会财富越来越向高收入的人群集中。地区之间、行业之间差距也明显拉大。这表明社会各阶层的贫富差距,大体上已由合理差距向过大差距过渡,这些已成为当前我们必须正视的现实问题。如此大的贫富差距给社会的和谐稳定埋下了巨大的隐患,一是容易激发社会矛盾;二是不利于经济的可持续发展;三是有违于社会主义的平等原则,有损于社会的公平正义;四是有悖于科学发展观所倡导的以人为本的基本思想。

我国当前正处于发展阶段的快速转型时期,"中国模式"的发展转型就是为了解决当前我国经济社会发展过程中存在的一系列问题,贫富差距是关系到社会和谐稳定的大事,必须在转型的过程中,在政策制定、制度设计上给予充分的重视。

一是"缩差共富"的长效制度设计必须涉及收入分配、教育、就业、医疗、住房、社会保障、公共产权管理等多个方面。为了保证实现落实的效果,要制定阶段性的任务和目标,政府相关部门要对各个阶段的任务进行有针对性的督察督办,同时,广泛接受社会的监督。

二是扶持农村发展,缩小城乡差距。要加快农村城镇化的进程,加大对农村的基础设施建设投入力度,提升农民生活水平。对农业进行补贴和政策扶持,鼓励和帮助农民大力发展农产品深加工,促进农业产业化,帮助农村发展,增加农民收入。

三是扶持欠发达地区发展,缩小区域差距。要继续通过政策倾斜扶持欠发达地区的发展。西部大开发、中部崛起、振兴东北老工业基地等就是国家出台的很好的扶持措施,要借着这样的机会加大对这些地区的政策扶持力度,尽可能地创造条件缩小区域发展差距。

总之,"缩差共富"相关政策的制定必须以解决实际问题为出发点,政策实施过程的效果要以能否真正解决实际问题为标准。"缩差共富"是社会转型过程中实实在在的长期实践,不能搞成一种运动,仅仅停留在短期行为和口号层面,要真正为民着想、为民办事,提高普通老百姓的生活质量和水平,切实缩小贫富差距、城乡差距和区域差距。

二 对"中国模式"转型方向的思考

对"中国模式"转型方向的思考,必须从解决当前社会发展的突出问题与矛盾作为出发点。科学发展无疑是解决各种问题与矛盾的关键,而加快转变经济发展方式是推动科学发展的必然选择。正如国家"十二五"规划纲要明确提出的,要转变发展方式必须以科学发展为主题,以加快转变经济发展方式为主线。为了确保科学发展取得新的显著进步,确保转变经济发展方式取得实质性进展,"十二五"规划明确提出了我国经济转型的五条发展脉络。

第一,坚持把经济结构战略性调整作为主攻方向。党的十八大报告指出,要推进经济结构战略性调整,必须以改善需求结构、优化产业结构、促进区域协调发展、推进城镇化为重点,着力解决制约经济持续健康发展的重大结构性问题。从改善需求结构的角度来看,需求结构包括消费、投资、出口三大需求,过去我国经济增长主要依靠投资和出口拉动,现在要转为"三驾马车"协调拉动,尤其要千方百计扩大消费需求,形成长效机制,通过增加城乡居民收入特别是中低收入者收入,来提高居民的消费能力;在投资方面,要进一步优化投资结构,提高投资效益,要将投资领域更多投向农业和战略新兴产业,更多转向民生领域;在出口方面,要提高出口产品质量,打造出口产品品牌,提高出口产品附加值。从优化产业结构的角度看,要继续加强第一产业,巩固第一产业的基础地位,提升第二产业,增强第二产业的核心竞争力,大力发展第三产业,让第三产业在国民经济中发挥更大作用。三大产业的产值和劳动力比例由目前的"二、三、一"结构调整为"三、二、一"结构。从要素投入结构调整的角度看,经济增长应当由主要依靠物质资源投入转向主要依靠技术进步、劳动者素质和管理创新提高。从促进区域协调发展方面看,要进一步优化区域经济结构,克服盲目和重复建设,形成全国各地区之间既有分工又有协作的区域经济结构,促进区域经济协调发展。在优化区域经济结构上,要注意处理好东部、中部和西部的关系,要让每一个地区都能够从自身实际出发,发挥各自优势,实现共同发展。同时,各个区域之间要有合理的功能定位。从推进城镇化方面看,要走中国特色的城镇化道路,实施大中小城市和小城镇协调发展战略。要充分发挥大城市带动第三产业发展、节约土地资源、提高经济效益等优势,同时也要充分发挥小城市适合于农民转移,基础设施投资相对较少,便于管理等优势。要制定适合于城市发展的综合政策体系,清除城市发展的体制障碍,提升城市发展质量,增强城市综合承载能力。要促进农村经济社会全面发展,使农村和城市的发展相协调。①

第二,坚持把科技进步和创新作为重要支撑。推动科技进步与创新是转变经济发展方式的重要支撑,这一点从西方国家经济发展的历程中可见一斑。当前,世界正在孕育新一轮技术革命和产业革命,发达国家纷纷提出各种各样的国家战略,力图占领国际竞争制高点,我们必须抓住机遇,推动技术创新和发展方式转型,在国际竞争中争取主动。这就要求我们必须以科教兴国战略和人才强国战略为基础,充分发挥科技第一生产力和人才第一资源作用,提高教育现代化水平,增强自主创新能力,壮大创新人才队伍,建立健全鼓励创新的体质机制,推动发展向主要依靠科技进步、劳动者素质提高、管理创新转变,加快建设创新型国家。

第三,坚持把保障和改善民生作为根本出发点和落脚点。科学

---

① 赵振华:《解读十八大报告:继续推进经济结构战略性调整》,《光明日报》2012年11月16日。

发展的核心就是以人为本，人是发展的目的而非手段，一切发展的好坏都应该以保障和改善民生为尺度。强调发展方式的转变就是要从人民群众的根本利益出发谋发展、促发展，不断满足人民群众日益增长的物质文化需要，切实保障人民群众的经济、政治和文化权益，使发展成果真正惠及全体人民。具体而言，保障和改善民生就是要着力解决民众关心的问题，比如教育、就业、医疗、社会保障、收入分配、社会管理等，要建立和完善解决这一系列问题的制度安排，大力发展各项社会事业，推进基本公共服务均等化，使发展成果能够让全体人民更加公平地分享。

第四，坚持把建设资源节约型和环境友好型社会作为重要着力点。为了切实推进经济发展方式转变，我们应当在建设资源节约型和环境友好型社会方面下更大的功夫。一是要调整产业结构、推进技术进步，淘汰落后产能，逐步形成资源节约型和环境友好型生产和消费模式。比如推动企业发展绿色经济、循环经济，低碳技术等，鼓励生产建设和社会消费各个领域广泛运用节能减排技术，提高资源利用效率；二是通过采取法律、经济和行政等综合性措施，提高资源利用效率，以最少的资源消耗获得最大的经济和社会效益，保证经济社会的可持续发展。

三 "中国模式"转型的根本指导与根本方法

（一）科学发展观是转型的根本指导思想

科学发展观是以胡锦涛为总书记的中央领导集体在十六届三中全会上明确提出的，是中央领导集体对发展内涵、发展要义、发展本质，对中国社会主义现代化发展模式的进一步深化和创新，是在坚持毛泽东、邓小平和江泽民关于发展的重要思想，充分肯定改革开放以来我国取得举世瞩目的发展成就的基础上，从新世纪新阶段的实际出发，适应现代化建设需要，努力把握发展的客观规律，吸取人类关于发展的有益成果，着眼于丰富发展内涵、创新发展观念、开拓发展思路、破解发展难题提出来的。

科学发展观，第一要义是发展，核心是以人为本，基本要求是全面、协调、可持续，根本方法是统筹兼顾。第一要义是发展，就是必须坚持把发展作为党执政兴国的第一要务。要牢牢记住经济建设这个中心，坚持聚精会神搞建设、一心一意谋发展，不断解放和发展社会生产力，实现又好又快发展，为发展中国特色社会主义事业打下坚实基础。在发展经济的同时，推进政治、文化、社会等方面的共同发展，实现各方面事业的有机统一。坚持以人为本，就是要以实现人的全面发展为目标，从人民群众的根本利益出发谋发展、促发展，不断满足人民群众日益增长的物质文化需要，切实保障人民群众的经济、政治和文化权益，真正做到发展为了人民、发展依靠人民、发展成果由人民共享。全面发展，就是要以经济建设为中心，全面推进经济、政治、文化和社会建设，实现经济发展和社会全面进步。协调发展，就是要推进生产力和生产关系、经济基础和上层建筑相协调，推进经济、政治、文化、社会建设的各个环节、各个方面相协调。可持续发展，就是要促进人与自然的和谐，实现经济发展和人口、资源、环境相协调，坚持走生产发展、生活富裕、生态良好的文明发展道路，保证一代接一代的永续发展。统筹兼顾就是要正确认识和妥善处理中国特色社会主义事业中的重大关系，统筹城乡发展、区域发展、经济社会发展、人与自然和谐发展、国内发展和对外开放，统筹中央和地方关系，统筹个人利益和集体利益、局部利益和整体利益、当前利益和长远利益，充分调动各方面积极性。[1]

科学发展观作为一种新发展哲学，系统回答了什么是发展、为什么发展、如何发展等一系列重大理论和现实问题，是中国发展模式转型的重要指导思想。过去的30年，虽然我国以高速的经济增长，创造了世界经济的奇迹，但我们发展模式背后的问题并不比取得的成就少，过度依赖国际市场、轻视国内需求，更多依靠低成本

---

[1] 胡锦涛：《高举中国特色社会主义伟大旗帜 为夺取全面建设小康社会新胜利而奋斗——在中国共产党第十七次全国代表大会上的报告》，《人民日报》2007年10月25日。

比较优势、轻视自主创新能力的发展与提高，重物质投入、轻视资源环境的保护，重物质财富增长、轻视社会事业的协调发展等问题成为制约我国经济持续高速发展的瓶颈，如何突破瓶颈、打破东亚模式的宿命——东亚国家通常经济在高速增长20多年之后，就会出现停止甚至崩溃。"中国模式"需要在科学发展观的指导下进一步完善和发展，实现经济、政治、文化、社会以及生态文明建设的整体协调、有序增长和良性循环，消除经济增长中的不可持续因素，从整体上提升"中国模式"的成熟度。

（二）实事求是：转型的根本方法论

实事求是，是毛泽东同志用中国成语对辩证唯物主义和历史唯物主义世界观和方法论所作的高度概括。坚持实事求是，就是坚持一切从实际出发来研究和解决问题，坚持理论联系实际来制定和形成指导实践发展的正确路线方针政策，坚持在实践中检验真理和发展真理。实事求是作为党的思想路线，它始终是马克思主义中国化理论成果的精髓和灵魂，是中国共产党人认识世界和改造世界的根本要求，是我们党的基本思想方法、工作方法和领导方法，是党带领人民推动中国革命、建设、改革事业不断取得胜利的重要法宝。胡锦涛同志在庆祝中国共产党成立90周年大会上的讲话中对坚持实事求是的重要性作了精辟论述。他说："在历史上的一些时期，我们曾经犯过错误甚至遇到严重挫折，根本原因就在于当时的指导思想脱离了中国实际。我们党能够依靠自己和人民的力量纠正错误，在挫折中奋起，继续胜利前进，根本原因就在于重新恢复和坚持贯彻了实事求是。"以胡锦涛同志为核心的中央领导集体确立了科学发展观与社会主义和谐社会的战略，提出以人为本与和谐发展的理念，正是践行实事求是思想路线的根本体现。习近平同志在此基础上对坚持实事求是的重大意义作了近一步的深刻阐释："实践反复证明，坚持实事求是，就能兴党兴国；违背实事求是，就会误党误国。"因此，中国发展模式的转型也必须以实事求是为根本方法论，才能进一步推动"中国模式"的发展创新。

深刻全面地理解实事求是需要从以下几方面来认识：

一是解放思想就是实事求是。邓小平同志指出："解放思想就是使思想和实际相符合，使主观和客观相符合，就是实事求是"。[①] 中央屡次强调解放思想，这说明了思想解放的极端重要性，也表明了思想解放的难度，改革开放的发展历程就说明了这一点。当前，"中国模式"的发展面临许多前所未有的新情况、新问题，要解决这些问题就必须要以大无畏的勇气破除一切不符合科学发展的思想观念和制度机制，确立符合科学发展要求的新观念、新思路、新机制。

二是一切从实际出发是实事求是的前提和基础。人们为了有效地改造世界，必须正确认识世界，按照事物的本性来从事实践活动，才能达到预期的目的。一切从实际出发就是要坚持彻底的唯物主义立场，坚持客观辩证法，从我国的不断变化的具体国情出发，用联系和发展的观点看待经济社会发展的各种矛盾与问题。

三是理论联系实际是实事求是的根本途径与方法。理论联系实际就是要坚持马克思主义普遍原理与中国具体实践相结合。"中国模式"的转型需要马克思主义的理论指导，只有在马克思主义世界观和方法论的指导下，才能正确认识中国客观实际及其规律，才能依此制定出科学的转型路线与政策，克服转型过程中的各种阻碍。马克思主义理论的丰富和发展同样离不开中国的具体实际，"中国模式"转型的具体实践也必将进一步丰富和发展中国特色社会主义理论体系。

四是在实践中检验和发展真理是实事求是的验证条件和目的。一种认识或理论是否正确、是否是真理，必须而且只能在实践中去检验、验证，并且在实践中去发展。这是马克思主义哲学的一个基本观点和原则。在实践中检验真理和发展真理，是是否坚持实事求是的重要验证条件，而且，实事求是最终目的也是为了用真理指导实践，以实践发展真理。

五是与时俱进是实事求是的内在要求。与时俱进就是党的全部理论与工作要体现时代性、把握规律性、富于创造性。"中国模式"的

[①] 《邓小平文选》第2卷，人民出版社1994年版，第364页。

转型就是要在坚持和发展马克思主义的同时，紧跟时代发展的步伐，运用马克思主义的立场、观点和方法，分析和解决新的社会历史条件下出现的新的矛盾，在实践中作出有创新性的科学结论。

古人云："知之非难，行之惟艰。"知道一个道理并不难，难的是把这个道理付诸实践并取得成效。实事求是，最终要通过广大干部群众的自觉行动和创造性的工作来实现。作为认识和实践主体的人，有可能基于利益和价值的考虑，而不想实事求是；囿于体制和环境的束缚，而不能实事求是；限于素质和水平的制约，而不会实事求是。[1] 要解决这些问题，真正将实事求是作为转型的方法论，必须从以下几个方面做起：一是要遵循经济社会发展规律，深化对科学发展的认识，提高干部群众的理论素质和水平，避免少走弯路，少受挫折，少遭折腾；二是强调实践的重要性。任何好的理论、路线和纲领，不去践行，永远都实现不了。践行得不好，政策措施也会走样，我们要摒弃一些干部只会讲理论，不愿或不善于实际操作的现状，要多动脑筋、多想办法，力求在科学发展观的指导下解决实际问题。三是要与时俱进、勇于创新。实事求是需要勇气、决心和献身精神，不能拘泥成法。要以敢闯的锐气与会闯的睿智突破种种束缚发展的陈规陋习，解套制约发展的各种瓶颈，大胆摒除各种不合时宜的做法。只有这样才能将科学发展观的思想落到实处，真正实现发展模式的成功转型。

（三）群众路线是社会模式转型的根本工作方法

中国共产党在长期的革命斗争中创造和发展起来了群众路线的根本工作方法，这条路线的主要内容概括来说就是，一切为了群众，一切依靠群众，从群众中来到群众中去。中国共产党创造性地将唯物史观群众观点或人民主体论运用到实践中去，形成了科学有效富有中国特色的根本工作路线。群众路线充分体现了中国共产党

---

[1] 刘细云：《实事求是是科学发展观的理论精髓》（http://zxz.rednet.cn/c/2008/09/09/1589009.htm，2008-9-9/2013-8-29）。

的马克思主义性质和巨大创造能力,是毛泽东思想活的灵魂的重要部分,是中国共产党根本的领导方法和工作方法,也是中国共产党的优良传统与政治优势。详细解读中国共产党的群众路线,需要突出两点:第一,人民群众是历史的创造者和真正的英雄,是社会和历史的主人,因此,没有什么救世主,人民群众必须自己解放自己,无论社会变革还是社会转型,人民群众都是决定性的力量;第二,作为人民群众自己的政党,中国共产党必须倾听群众的意见、了解群众的要求、集中群众的智慧,在此基础上形成正确的理论和政策,然后,再去宣传群众、发动群众、组织群众,在人民群众的实践中实现人民群众的根本利益。

群众路线是毛泽东思想中关于党的科学领导的灵魂。在新民主主义革命时期,在漫长而艰苦的战争年代,正是因为我们党长期依靠群众、团结群众、扎根群众,才保证了共产党最终取得了革命的胜利。新中国成立以后,我党继续坚持走群众路线,依靠群众的力量,用三年的时间治愈了战争的创伤,并将中国的经济迅速恢复,后来,我们党同样是在广大群众的支持与努力下,发挥社会主义的优越性,克服困难、团结各族人民,最终建成了一个初步繁荣的新中国。党的十一届三中全会以来,我们坚持以经济建设为中心、坚持四项基本原则、坚持改革开放,用短短三十年的时间取得了世界瞩目的成绩。回顾历史,可以发现,我们党在新民主主义革命时期和新中国成立后的每一次失误,都在一定程度上与脱离群众、脱离实际、违背群众路线有关。邓小平同志在总结党的历史经验教训时指出:"群众是我们力量的源泉,群众路线和群众观点是我们的传家宝,党的组织,党员和党的干部必须同群众打成一片,绝对不能同群众相对立,如果哪个党组织严重脱离群众而不能坚决改正,那就丧失了力量的源泉,就一定要失败,就一定会被人民抛弃。"由此可见,意义深远而巨大的社会发展模式转型和改革开放是人民群众自己的事业,人民群众一方面是改革的直接受益者;另一方面是改革的主要推动者。习近平同志深刻地认识到了这一点,他在党的群众路线教育实践活动工作会议上一再强调:"实现中华民族伟大复兴的中国梦，必须紧紧依靠人民，充分调动最广大人民群众的积极性、主动性、创造性。"实践证明，我国新时期持续30多年的各项改革事业，每一步都离不开人民群众的积极支持和热情参与。将群众路线作为转型"中国模式"的基本工作路线，这既是对我党优良工作经验的沿袭，也是适应时代发展要求的具体体现。

党的领导实质上就是为充分发挥人民群众主体性服务。因此"中国模式"转型要处理好体现党的领导这个"顶层设计"与"民意推动"这个群众路线两个方面的关系，做到两者有机结合。具体工作应从以下几方面开展：

第一，把转型中国发展模式的政策设计与群众参与有机地结合起来。"中国模式"转型要充分调动和激发人民大众的主体性和积极性，这是转型与变革的深层而根本的动力。只有建立在人民群众觉醒和尊重群众利益的转型和变革政策设计，才能获得人民群众的真心拥护、支持，也才能吸引群众积极参与，从而形成变革和转型的巨大实践力量。改革开放后，农村改革取得巨大成功的根本奥秘就在于，改革政策来自于农民的愿望和智慧。以邓小平为代表的中国共产党人顺应亿万农民的呼声，开启了农村改革，积极推行家庭联产承包责任制，农民从"土地承包"体制中切实感受到自己是土地的主人和国家的主人，切实感受这种改革是为了自己的利益、发展自己的利益，因而他们积极支持和参与这场变革。由于政策设计与群众参与形成了良性互动和有机结合，所以才在短短3年左右的时间里，迅速解决了农村温饱问题，创造了经济持续快速增长的奇迹。这场成功的改革实践，是我们今天探讨"中国模式"转型时必须认真总结、记取和借鉴的。

第二，把人民群众对转型"中国模式"的热切期盼和积极参与相结合。当前，"中国模式"在创造了傲人的GDP神话的同时，伴随其中凸显的腐败问题、医患冲突问题、食品安全问题、环境污染问题、社会道德急速滑坡问题也备受诟病。群众在肯定我党经济建设优异成绩的同时，也热切期盼党和政府转变有悖以人为本的发展模式和政策措施，切实转变发展模式，解决各种突出矛盾。要珍惜和充分利用这种民意，它是改革的根本动力。如果不加快改革和转型，如果权力腐败、环境污染、贫富分化等等问题不及时有效解决，人民群众就会对改革、对党和政府失望，改革和发展的热情就会逐渐消失。因此，改革和转型要在涉及人民群众权利和利益的突出问题上不断有所作为，用改革和转型的实际成效凝聚人心、取信于民。

第三，必须确立"中国模式"转型的正确路线与方向。转型"中国模式"需要进行经济、政治、社会等方面的体制的改革，而这些改革必须选择正确的方向和路线，这是重要的历史经验，也是重要的现实原则。要完成"中国模式"向新型发展模式的转变必须创新改革思路，激发民众智慧，普遍听取民众诉求，同时也应该坚持正确的转型改革方向与路线，尤其是政治体制改革，必须坚持正确的方向，因为政治体制改革直接涉及党和国家的权力体系和领导体制，直接涉及政治权力的合理配置与运用，因而既重大又敏感。政治体制改革绝对不能照搬西方模式，世界许多国家的经验教训启发我们，照搬西方政治模式必然引起混乱、倒退和灾难。中国历史发展的改革的正反两方面的经验表明，深化和推进政治体制改革，必须始终坚持中国共产党的领导，充分发挥中国共产党在政治体制改革中总览全局、协调各方的领导核心作用；必须坚持社会主义基本政治制度，坚持人民代表大会的根本政治制度，坚持中国特色的协商民主制度，走出中国特色的社会主义政治发展道路，即坚持中国政治模式。

四 "中国模式"转型的策略与重点

（一）充分认识转型过程的复杂性

发展模式转型作为一个整体的社会变迁过程，是一个复杂的充满选择与创造的历史过程。首先，社会系统是一种复杂的有机系统，社会的进化过程是独特的、不可逆的，具有很大的不确定和易变性，因而，人们不可能对转型的过程作出准确无误的设计，并按照这种预定的设计加以实施,发展模式转型的道路必然在一定程度上带有"摸着石头过河"的特征或演进主义的性质。其次,从根本上来说,转型道路的形成是社会结构中的经济、政治和文化系统之间相互作用和不同个人与不同利益集团在一定条件下为实现自身利益的最大化而进行博弈的结果,是一个典型社会选择的过程,在不同的国家和不同的社会结构中,这一选择的过程必然各不相同。最后,过去与现在、现在与未来是密切相连的,既定的社会结构和社会条件作为历史的沉淀物,在很大程度上制约着人们选择和行动的自由,这就是所谓的"路径依赖"现象,由于不同国家在改革中面临的初始条件各不相同,因而它们在具体的改革路径上也必然会存在差别。因此,发展模式的转型并不存在某种简单明了的模式和最优化的道路,这一过程必然是复杂多样和丰富多彩的。

(二) 坚持渐进式改革方略

转型"中国模式",作为一个世纪性的棘手课题,必须坚持渐进式改革的方略,有领导、有步骤、有计划地推进。中国 30 多年经济建设取得骄人成绩的一个重要原因是坚持渐进性改革,在保证社会稳定的前提下以经济建设为中心,稳步推进各项改革和发展事业。概括而言,世界各国转型和改革一般有两种方式:一种是激进方式。有的依靠大规模群众运动急风暴雨地推进改革和转型,有点采取"休克疗法",希望一夜之间完成改革和转型,以迅速实现根本制度的根本变革。事实证明,这种方式风险极大、隐患极多,很容易导致混乱甚至社会、国家的崩溃和解体,付出了沉重的代价。另一种方式是渐进式转型,首先坚持基本制度,坚持稳定作为改革和转型的前提条件,根据条件的成熟程度、社会承受力的程度和社会成员的期望,相机推进改革,"稳扎稳打",循序渐进。中国采取的是后一种方式的改革和转型,这种改革方式风险较小、代价较低,适合中国国情。事实证明,坚持渐进性改革方略,改革就顺利进行,就能有效发挥政治对经济和社会发展的保证和促进作用;反之,如果急于求成,采取激进式改革方式,改革、转型和发展事业就会遭受曲折,甚至引发社会秩序混乱，对国家和人民利益造成巨大损害。

（三）正确处理好经济改革和政治改革的关系

转型"中国模式"，就要对传统"中国模式"进行扬弃，就需要进一步深化改革。但需要强调的是，中国的转型和改革必须妥善处理经济改革和政治改革的关系。经济是基础，经济基础决定上层建筑，但是上层建筑对经济基础有反作用，从而形成经济与政治的相互作用的关系，因此，政治与经济必须相互适应，单独进行经济改革或单独进行政治改革都无法成功。苏联改革的教训，不仅改革背离了社会主义的方向，而且改革是政治改革孤军推进，脱离经济改革一味推进政治改革，不顾经济改革和经济发展所可能提供的时机和条件，不顾社会承受力的程度，急于推进大规模政治改革，结果导致国家政权剧烈震荡和社会动荡不安，直至陷入失控和无序状态，最终导致改革和转型的失败。当然，如果只进行经济改革而不触动上层建筑，那么政治制度和政治体制中的弊端长期积淀，妨碍经济改革和经济发展的政治体制无法及时清除，则会导致经济与政治的激烈冲突，最终形成严重的经济社会政治危机。中国没有像苏联那样实行经济改革的"休克疗法"或政治改革的孤军冒进，我国的经验是：把推动经济基础变革与推动上层建筑改革结合起来，一方面坚定不移地抓住经济体制改革这个首要的、基础的环节；另一方面适时、有效、有序推动政治体制改革，而且政治体制改革采取渐进方式，同时注重与经济体制改革的力度、进程相配合、相衔接。由于党和政府正确地处理了经济改革和政治改革的关系，才确保了近30年来中国特色社会主义建设的顺利推进。从毛泽东时期到现时代，中国社会已经产生了根本性变化，在历史的转变过程中，尽管目前还存在诸多困难与挑战，但我们仍然坚信，中国能够平稳地完成社会模式的转型，最终进入一种使普通民众受益的新型社会模式。

（四）切实转变政府职能

切实转变政府职能就是要简政放权，进一步向市场、向社会放权,以建立服务型、廉洁型政府为目标。以往,我们的政府对经济干预过多,甚至有些时候既当裁判员又当运动员,严重影响了市场作用的发挥以及政府的办事效能,不利于社会的公平正义。转变政府职能,就是要合理定位政府角色,做到该管才管,注重激发社会与市场的潜能和活力,为经济社会发展提供一个秩序良好的平台和环境。为此,一是要深化行政审批制度改革,重点是减少审批,理顺事权,提高透明度,提高政府效率和效能,使政府能更好地提供公共产品与服务,维护社会的公平正义;二是要提高宏观调控水平。政府宏观调控是维护市场机制作用充分发挥的重要保障。转变政府职能需要政府不断提升宏观调控水平,为市场经济的正常运行提供足够的制度保障,面对纷繁复杂的国际国内经济形势,提高政府驾驭市场经济和应对国际经济风险的能力;三是要进一步推进政企分开、政事分开、政资分开、政社分开,切实减少政府对资源配置作用以及对经济行为的过多干预,更好地发挥市场在资源配置中的基础性作用;四是要建立科学全面的政绩考核指标体系。对政府和官员的政治考核,不能单纯以 GDP 的增长为主要指标,应该统筹考虑社会事业的发展情况,建立体现科学发展理念的政绩考核指标体系。

总而言之,"中国模式"的转型是一项复杂的系统工程,涉及经济、社会、政治、文化以及生态文明等多个领域,没有固定的模式可依,也没有现成的道路可走,本文从哲学角度对"中国模式"的转型原因、方向、原则和路径的探讨,有很多的不足之处,只希望能为"中国模式"的转型提供一种思考的方向和借鉴。

五 历史唯物主义视野中的"中国模式"转型[①]

以历史唯物主义为指导,从利益的角度审视中国发展模式的转

---

① 参见詹宏伟、唐世刚《利益格局调整与中国发展模式转型——历史唯物主义视野中的中国发展模式转型》,《人民论坛》(学术前沿) 2011 年第 2 期。

型，可以深刻揭示发展模式转型的实质和根本条件，揭示发展模式转型与利益格局调整之间的内在联系，并帮助我们制定正确的转型策略。

（一）利益格局调整与发展模式转型之间的关系

发展模式与利益格局的关系实质上是生产力与生产关系的关系。这里有三个相互联系的理论问题需要明确：首先，生产关系的实质是人们之间的利益关系，因此一定的生产力对应一定的生产关系实质上是一定的生产力对应一定的利益格局。"生产关系实质上是指人们在自己的生活的社会生产中发生一定的、必然的、不以他们的意志为转移的经济利益关系。'经济利益'是生产关系的灵魂，它贯穿在生产力全过程中，……如果抽掉经济利益，由不知道追求自身利益的'机器人'去进行社会劳动，所形成的只能是作为生产力的劳动作业关系，而绝非生产关系。"[1] 既然生产关系的实质是利益关系，那么，一定的生产力对应一定的生产关系实质上是一定的生产力对应一定的利益格局；调整利益格局就是改革生产关系，制度安排实质上就是安排利益在人们之间的分配。其次，一种发展模式对应着一种水平的生产力。粗放型发展模式与我国生产力水平低、科技落后、劳动者素质低这样的生产力相适应，集约型发展模式与科技水平高的新生产力相适应；转变发展模式本质上是我国生产力水平再上新台阶的客观要求，是顺应新生产力发展要求的举措。最后，发展模式与利益格局之间存在着紧密的内在的联系。既然一定的生产力对应一定的利益格局，一定的发展模式对应一定的生产力，那么一定的发展模式就对应一定的利益格局。同时也可推知，新生产力的发展要求采取新的发展模式，而新的发展模式要求破除旧利益格局的掣肘，构建有利于新发展模式的新利益格局。因此，新生产力和新发展方式取代旧生产力和旧发展模式实质上就是新利益格局替代旧利益格局。新利益格局的合理性和合法性在

---

[1] 鲁品越：《生产关系理论的当代重构》，《中国社会科学》2001年第1期。

于，它保证新生产力主体、新发展模式主体获得更多的利益，从而激励人们发展新的生产力和采取新的发展模式。

综上可知，发展模式转型与利益格局调整，两者之间存在着一种内在的互动关系：转变发展模式必然要触动和改变现有利益格局，调整现有利益格局是促进发展模式转变的根本条件。这一联系反映的是发展模式的转变规律。

（二）转变发展模式需打破旧利益格局、构建新利益格局

我国现有利益格局严重制约发展模式的转型。客观形势逼迫我国必须尽快转变发展模式，由过去以 GDP 为中心的增长主义发展模式转变为新的科学发展模式。① 但是，与增长主义发展模式相适应的利益格局严重阻碍着发展模式的转变。具体表现在：国民收入过多向政府和资本倾斜的利益格局制约着内需的扩大，阻碍投资主导型发展模式向消费主导型发展模式的转变；出口导向政策下形成的利益格局阻碍内需主导型发展模式的形成；以 GDP 增长为重心的官员政绩考核体系阻碍着科学发展观的深入贯彻；受益于高碳发展模式的利益主体是阻碍向低碳发展模式转型的力量；受益于"三高"（高消耗、高排放、高污染）发展模式的利益群体是阻碍节能降耗、绿色发展的力量；推行集约发展方式会受到得益于粗放发展的群体的阻力；调节收入差距过大，实现均衡的、共享式的发展，受到来自既有的高收入群体和地区的阻力；调整垄断行业既得利益，实现公平竞争和公平发展，受到垄断行业的阻力；政府主导型发展模式转向市场或民众主导型发展模式，需要政府自我改革、自我收缩既得利益，难度极大。总之，靠旧生产力营生的人们会阻碍新生产力的生成发展，新旧生产力主体之间的利益矛盾，反映在新旧制度之间的矛盾上。

要转变发展模式，就必须打破与旧发展模式相适应的利益格

---

① 参见迟福林《第二次转型——处在十字路口的发展方式转变》，中国经济出版社 2010 年版。

局，构建符合科学发展观要求的、与新发展模式相适应的新利益格局。主要包括：统筹城乡发展、区域发展，调整利益在城乡和地区之间的分配，如推进城乡一体化，公共服务城乡均等化，要求城市居民放弃利益特权。切实改革收入分配关系，改变收入向资本、政府和垄断行业过多倾斜的利益格局，增加劳动、民众和低收入行业的利益所得。压缩粗放经济主体的利益，鼓励集约型经济主体。压缩乃至取消黑色发展、高碳发展主体的利益，构建鼓励绿色发展、低碳发展利益主体的利益机制。

（三）调整和转换利益格局的方法与策略

马克思说：人们奋斗所争取的一切，都同他们的利益有关。既然调整利益格局必然会触动既得利益，那么一定会产生阻力。为此，必须采取正确的方法和策略。第一，提高人们的思想认识。通过思想政治工作、理论研究、宣传教育工作，让全社会尤其是不当得利人群明白现有发展方式及相应的利益格局的不合理性、危害性、不可持续性，理解新发展方式及相应的利益格局的合理性和科学性。虽然不能指望单凭思想工作就能完全解决问题，但思想工作至少可以减少调整利益格局的阻力。新制度经济学代表人物诺斯揭示的意识形态对于降低交易成本的重要作用，就证明了这一点。诺斯认为，"维持一个现存秩序的成本反而涉及对现存体制合理性的理解。在社会成员相信这个制度是公平的时候，……规则和产权的执行费用机会大量减少"。[①] 同理，如果人们认识到旧利益格局的不合理性，并理解新利益格局的合理性，那么调整利益格局就具有合法性，人们就容易支持这种调整。改革开放以来我们注重利用经济手段解决发展中的问题，这是正确的，但不能由此走向片面，忽视甚至放弃思想政治工作。毛泽东当年说，思想政治工作是经济工作和其他工作的生命线。这话仍然闪耀着真理的光芒。第二，调整

---

① 诺斯：《经济史中的结构与变迁》，陈郁、罗华平等译，上海三联书店1994年版，第59页。

第七章 完善和发展"中国模式"的哲学思考

利益格局既要有"硬措施",更要有科学的策略。如果说思想工作是调整利益格局的"软措施"的话,那么还需要"硬措施"的跟进。仅靠思想工作是无法实现利益格局调整的,当然不排除少数觉悟和境界高的先进分子自觉放弃不合理的既得利益。但总体而言,还是需要实际的、建制化的调整利益格局的"硬措施"。但是,为了获得好的效果,我们在实际调整利益格局时也需要讲究策略。改革开放以来我们取得了宝贵的成功经验,有学者将其概括为"渐进式改革"和"增量改革"。这对今天如何顺利地破除既有利益格局、构建新的有利于科学发展的利益格局也是富有启发的:其一,"渐进式改革"坚持改革、发展、稳定的统一,改革的力度、发展的速度要与人们的承受力相适应。这启发我们既要坚决调整不合理的利益格局,构建适应科学发展的新利益格局,又要理性考虑利益受损人们的承受能力,调整利益格局的步骤要循序渐进,调整的力度与人们的适应程度要大体保持一致。例如,我们早就深知我国资源价格偏低,不利于科学发展,但调高资源品价格会涉及千家万户消费者的直接利益,增加资源消费主体的成本,如果调整的幅度过大,步骤过急,就会超过人们的承受力,因此我国的实际做法是循序渐进、分步实施,给人们和企业一个适应和消化的过程。其二,"增量改革"启发我们尽量避免"零和"策略。从哲学上看,"增量改革"的实质是积极化斗争性为主的矛盾与同一性为主的矛盾,减少调整利益格局的阻力和成本。要以和谐的方式解决同一性为主的矛盾;要创造条件促进矛盾性质的变化——把斗争性为主的矛盾转化为同一性为主的矛盾,然后努力用和谐的方式加以解决。在博弈论看来,"增量改革"就是创造条件,积极地把"零和博弈"转化为"共赢博弈",通过"共赢"的方式解决矛盾推动发展。这种解决矛盾的方法阻力较小,成本较低。第三,充分发挥我国的政治优势,保证利益格局的顺利转换。中国共产党的优良传统和性质、宗旨,决定了执政党的超脱性,可以超脱利益集团的羁绊,站在全体人民和社会总体利益、长远利益、根本利益的高度执政。这是西方各种政党所不具备的优势,也是中国发展模式的一大特点和优势，用姚洋先生的话说就是我们有一个"中性政府"。[①] 因此，加强共产党执政能力和先进性建设是保持中国改革和发展继续向前的重要条件，是调整和优化利益格局的重要保证。

[①] 姚洋：《中国模式与中性政府》，《北京日报》2008年10月13日。

后　　记

　　本书是国家社科基金项目"中国模式的哲学研究"的结题书稿。本书出版获得重庆三峡学院"马克思主义与当代中国发展问题研究"创新团队研究基金的资助。

　　本书是研究团队分工合作的结晶，具体分工是：课题开题报告的撰写、结题书稿详细写作大纲的制定、写作过程的组织协调与修改沟通、结题书稿的详细修改等，由詹宏伟教授负责，同时，詹宏伟教授还撰写了本书导论、第一章、第三章、第七章的第五节、本书简介、各章引言部分；本书第二章由徐承英教授撰写，第四章由郭学军教授撰写，第五章由孔凡芳教授撰写，第六章由唐世刚教授撰写，第七章的第一至第四节由潘勇教授撰写。

《中国模式的哲学研究》课题组
2016 年 4 月 30 日